Gesundheitsökonomische Beiträge

Begründet von
Univ.-Prof. Dr. Dr. h.c. Gérard Gäfgen †
Univ.-Prof. Dr. Dr. h.c. Peter Oberender †

Herausgeber:
Univ.-Prof. Dr. Wolfgang Greiner, Bielefeld
Univ.-Prof. Dr. Jonas Schreyögg, Hamburg
Univ.-Prof. Dr. Volker Ulrich, Bayreuth

Band 58

Dieter Cassel | Volker Ulrich

AMNOG-Check 2017

Gesundheitsökonomische Analysen der Versorgung mit Arzneimittel-Innovationen

Schwerpunktthema: Gefährdungsmomente der GKV-Versorgung bei AMNOG-Präparaten

Die Deutsche Nationalbibliothek verzeichnet diese Publikation in
der Deutschen Nationalbibliografie; detaillierte bibliografische
Daten sind im Internet über http://dnb.d-nb.de abrufbar.

ISBN 978-3-8487-4546-3 (Print)
ISBN 978-3-8452-8799-7 (ePDF)

1. Auflage 2017
© Nomos Verlagsgesellschaft, Baden-Baden 2017. Gedruckt in Deutschland. Alle Rechte, auch die des Nachdrucks von Auszügen, der fotomechanischen Wiedergabe und der Übersetzung, vorbehalten. Gedruckt auf alterungsbeständigem Papier.

Vorwort

Fast sieben Jahre sind es her, seit das „Arzneimittelmarktneuordnungsgesetz" – inzwischen besser bekannt unter dem Kürzel „AMNOG" – am 1.1.2011 in Kraft getreten ist. Nach der Festbetragsregelung für Medikamente mit patentfreien Wirkstoffen (Generika) aus dem Jahr 1989 sollten mit ihm endlich auch die Medikamente mit patentgeschützten Wirkstoffen (Patentpräparate) einer Preisregulierung unterzogen werden; denn bis dahin bekam der Hersteller den Preis seines Produkts, den er bei der Markteinführung frei setzen konnte, für die Dauer des Patentschutzes ohne Weiteres von den Kostenträgern der Gesetzlichen Krankenversicherung (GKV) erstattet. Dies sollte mit dem AMNOG ein Ende haben.

Die Höhe der Erstattung von Patentpräparaten hat sich seitdem nach dem zusätzlichen Patientennutzen gegenüber bestehenden Therapiealternativen zu richten („Money for Value"). Dieses Prinzip gilt jedoch entgegen der ursprünglichen Absicht nur für neu eingeführte Produkte (Arzneimittel-Innovationen), nachdem schon Anfang 2014 patentgeschützte Bestandspräparate aus Praktikabilitätsgründen hiervon ausgenommen wurden. Seit 2011 werden somit neu in Deutschland zugelassene und ausgebotene patentgeschützte Wirkstoffe (AMNOG-Präparate) einer sogenannten Frühen Nutzenbewertung durch den Gemeinsamen Bundesausschuss unterzogen.

Mit ihr soll die Höhe des Zusatznutzens eines neuen Produkts gegenüber einer vorhandenen zweckmäßigen Vergleichstherapie festgestellt und daran anschließend im Verhandlungswege zwischen GKV-Spitzenverband und Hersteller ein Erstattungsbetrag vereinbart werden. Bei Nichteinigung wird der Erstattungsbetrag von der AMNOG-Schiedsstelle festgesetzt. Dieser Prozedur kann sich der Hersteller nur dadurch entziehen, dass er sein Produkt erst gar nicht in Deutschland einführt oder es nach der Nutzenbewertung oder Preisfindung wieder vom Markt nimmt.

Eine solche nutzenorientierte Preisfindung erscheint zwar plausibel und praktikabel, steckt aber im Anwendungsvollzug voller Tücken. Schließlich bleibt sie auch nicht ohne unerwünschte Neben- und Folgewirkungen, die umso deutlicher zutage treten, je mehr Erfahrungen mit dem AMNOG-Verfahren gemacht werden. Es ist deshalb ein Gebot rationaler Politik, dass ein so komplexes Projekt wie die „Pharmawende" im Sinne einer

Vorwort

wissenschaftlichen Erfolgskontrolle begleitet wird. Denn nur dann, wenn Defekte der Regulierungsstruktur (Governance) oder Fehler in der Handhabung (Practice) rechtzeitig erkannt und behoben werden, kann sich das AMNOG als „lernendes System" bewähren.

Nachdem wir schon vor zwei Jahren eine Zwischenbilanz vorgelegt haben, die unter dem Titel: „AMNOG auf dem ökonomischen Prüfstand" als Band 56 der gleichen Reihe im NOMOS Verlag erschienen ist, setzen wir nun die kritische Begleitung der Pharmawende mit dem vorliegenden „*AMNOG-Check* 2017" fort. Dieser Expertise vorausgegangen ist eine Informationsplattform mit dem Titel: „*AMNOG-Daten* 2017". In ihr werden ausgewählte Ergebnisse zum Stichtag Ende 2016 vom BPI Market Access, Reimbursement and Intelligence System (BPI-MARIS) statistisch dokumentiert und von uns kommentiert.

Sie bilden damit die empirische Grundlage für die Behandlung des diesjährigen Schwerpunktthemas: „Gefährdungsmomente der GKV-Versorgung bei AMNOG-Präparaten". In den sechs Abschnitten des zweiten Kapitels gehen wir aus gesundheitsökonomischer Sicht der Frage nach, ob und inwieweit das AMNOG-Verfahren versorgungsrelevante Neben- und Folgewirkungen hat, worauf sie gegebenenfalls zurückzuführen sind und wie man ihnen reformpolitisch begegnen könnte. „Mondpreise", „Einsparpotenziale", „Mischpreise" und „Nutzenorientierte Erstattung" sowie „Verfügbarkeitslücken" und „Verordnungslücken" sind dabei die erkenntnisleitenden Stichworte.

Diese Studie wurde vom Bundesverband der Pharmazeutischen Industrie (BPI) e. V., Berlin, angestoßen und finanziell unterstützt, wobei wir dessen Geschäftsfeldleiter Markt- und Versorgungsanalysen *Veit Anton* und der Referentin für digitale Kommunikation *Katrin Thiele* für ihre technische Hilfe zu besonderem Dank verpflichtet sind. Seitens des BPI wurden uns keinerlei Vorgaben bezüglich Schwerpunkte, Methoden, Quellen und Ergebnisse der Analyse sowie der daraus abgeleiteten Reformvorschläge gemacht.

Umso zuversichtlicher sind wir, dass die von uns aufgezeigten Schwächen der nicht mehr ganz so neuen Preisregulierung und die daraus resultierenden Gefährdungsmomente für die GKV-Versorgung mit Arzneimittel-Innovationen auf genügend reformpolitisches Interesse stößt, um dem AMNOG endlich zu dem Erfolg zu verhelfen, das es verdient.

Duisburg und Bayreuth, im Juli 2017
Dieter Cassel und Volker Ulrich

Inhaltsverzeichnis

Abkürzungsverzeichnis 9

Zielsetzung 13

Summary 17

Kernaussagen 23

1. Sechs Jahre AMNOG: ein Regulierungssystem mit Lernschwächen 34
   AMNOG als lernendes System – Wechselnde Problemfelder – Pharmadialog und AMVSG – Alte und neue Reformbaustellen – Fazit

2. Problembereiche des AMNOG: Mythen und Fakten 44

   2.1 „Mondpreise" als Ausgabentreiber? 44
   Mythos „Mondpreise" – Ungebremste Ausgabendynamik? – Patentpräparate zu Generikapreisen? – Was treibt die Preise von AMNOG-Präparaten? – Das „AMNOG-Paradoxon" – Abnehmender Mond bei Sovaldi & Co. – Fazit

   2.2 Einsparpotenziale und Einsparziele 64
   Genese der Potenzialberechnungen – Einsparpotenziale im Arzneiverordnungs-Report – Problematik der Potenzialberechnung im internationalen Preisvergleich – Politische Instrumentalisierung der Einsparpotenziale – Einsparpotenziale im Sunset-Modus – Externe Autoren mit neuer Berechnungsmethodik – Außer Spesen nichts gewesen – Zweifelhafte Einsparziele und faktische Einsparungen – Fazit

2.3 Nutzenorientierte Erstattung statt Mischpreise? 81

Slicing und Value-Based Pricing – Mischpreislogik und ihre Anwendungsbedingungen – Können Mischpreise wirtschaftlich sein? – NoE als Mischpreisalternative – Funktionsweise der NoE – Preisfindung im NoE-Konzept – Risiken und Nebenwirkungen – Effektivere Mischpreisregelung als Goldstandard – Fazit

2.4 Landessozialgericht Berlin-Brandenburg: sind Mischpreise rechtswidrig? 105

Juristische Leitsätze zur AMNOG-Preisfindung – Eperzan: geringer Zusatznutzen mit brisanten Rechtsfolgen – Mischpreisfindung der Schiedsstelle – Tenor auf dem ökonomischen Prüfstand – Mischpreise sind sehr wohl „nutzengerecht" – Mythische Mischpreiswirkungen – Verordnungseinschränkungen als Gegengift – Fazit

2.5 Verfügbarkeitslücken bei AMNOG-Präparaten 122

Versorgungseffekte der AMNOG-Regulierung – Verfügbarkeits- und Verordnungslücken – Detailanalyse: Markteintritts-Barrieren – Detailanalyse: Marktaustritte – Detailanalyse: Produktverfügbarkeit – Detailanalyse: Produktverfügbarkeit im Ländervergleich – Produktverfügbarkeit – ein Spiegelbild der Nutzenbewertung? – Fazit

2.6 Verordnungslücken bei Innovationen mit hohem Zusatznutzen 138

„Vollversorgung": ein Mythos? – Verordnungslücken als theoretisches und normatives Paradigma – Unvermeidbare und vermeidbare Unterversorgung – Datenbasis und Methodik – Empirische Evidenz für Verordnungslücken – Hepatitis-C-Präparate – Präparate mit hohem Verordnungsgrad – Präparate mit niedrigem Verordnungsgrad – Unterversorgung: viel Licht, aber auch Schatten – Fazit

3. AMNOG nach den Wahlen – was bleibt zu tun? 182

Empirische Befunde und Lerneffekte – Erforderliche Kurskorrekturen Gesundheitspolitische Reformagenda – Fazit

Literaturverzeichnis 194

Autorendaten 204

Abkürzungsverzeichnis

AIS	Arztinformationssystem
AkdÄ	Arzneimittelkommission der deutschen Ärzteschaft
AM	Arzneimittel
AMI	Arzneimittel-Innovation
AMK	Arzneimittel-Nettokosten
AMNOG	Arzneimittelmarktneuordnungsgesetz
AM-NutzenV	Arzneimittel-Nutzenbewertungsverordnung
AMVSG	GKV-Arzneimittelversorgungsstärkungsgesetz
ÄndG	Änderungsgesetz
AOK	Allgemeine Ortskrankenkasse
AOK-BV	AOK-Bundesverband
AP	Abrechnungspreis
ApU	Abgabepreis pharmazeutischer Unternehmer / Herstellerabgabepreis
ASS	Acetylsalicylsäure (Aspirin)
ATC	Anatomisch-therapeutisch-chemisch
AV	Außer Vertrieb
AVP	Apothekenverkaufspreis
AVR	Arzneiverordnungs-Report
AWMF	Arbeitsgemeinschaft der Wissenschaftlichen Medizinischen Fachgesellschaften
Az	Aktenzeichen
BARMER GEK	BARMER GEK Ersatzkasse
BfArM	Bundesinstitut für Arzneimittel und Medizinprodukte
BIP	Bruttoinlandsprodukt
BMG	Bundesministerium für Gesundheit
BP	Basispreis
BPI	Bundesverband der Pharmazeutischen Industrie
BPI-MARIS	BPI-Market Access, Reimbursement and Intelligence System
BRAF	Humangenom mit dem Protein B-Raf
BSG	Bundessozialgericht
cHCV	chronischer Hepatitis-C-Virus
COPD	Chronisch obstruktive Lungenerkrankung
CTLA-4	Cytotoxic T-lymphocyte-associated Protein 4
DAK	Deutsche Angestellten-Krankenkasse

Abkürzungsverzeichnis

DDD	Defined Daily Dose
DE	Deutschland
dggö	Deutsche Gesellschaft für Gesundheitsökonomie
DGHO	Deutsche Gesellschaft für Hämatologie und medizinische Onkologie
DICE	Düsseldorf Institute of Competition Economics
$	US-Dollar
EB	Erstattungsbetrag
EBM	Einheitlicher Bewertungsmaßstab
EMA	European Medicines Agency
ESP	Einspar-(Effizienz-, Rationalisierungs-, Wirtschaftlich-keits-)Potenzial
EU	Europäische Union
EUnetHTA	European Network for HTA
€	Euro
FAZ	Frankfurter Allgemeine Zeitung
FDP	Freie Demokratische Partei
Fn	Fußnote
FNB	Frühe Nutzenbewertung
F&E	Forschung und Entwicklung (R&D)
FR	Frankreich
GB	Großbritannien (hier: England und Wales)
G-BA	Gemeinsamer Bundesausschuss
GDP	Gross Domestic Product
GEK	Gmünder Ersatzkasse
GKV	Gesetzliche Krankenversicherung
GKV-ÄndG	GKV-Änderungsgesetz
GKV-AMVSG	GKV-Arzneimittelversorgungsstärkungsgesetz
GKV-SV	GKV-Spitzenverband
GSK	GlaxoSmith Kline
HCV	Hepatitis-C-Virus
HIV	Humanes Immundefizienz-Virus
HTA	Health Technology Assessment
IGES	Institut für Gesundheits- und Sozialforschung
IMS	Institut für Medizinische Statistik (Institute of Medical Statistics)
iPV	Internationaler Preisvergleich
IQWiG	Institut für Qualität und Wirtschaftlichkeit im Gesundheitswesen
IVP	Internationaler Vergleichspreis
IXOS	IXOS Apothekenmanagementsystem
JT	Jahrestagung

Abkürzungsverzeichnis

JTK	Jahrestherapiekosten
KBV	Kassenärztliche Bundesvereinigung
KGaA	Kommanditgesellschaft auf Aktien
KKS	Kaufkraftstandard
KV	Kassenärztliche Vereinigung der Länder
KZN	kein Zusatznutzen
LSG BB	Landessozialgericht Berlin-Brandenburg
MiP	Mischpreis
Mrd.	Milliarden
MTX	Methotrexat
MwSt	Mehrwertsteuer
nAWG	neues Anwendungsgebiet
NBE	New Biological Entity
NCE	New Chemical Entity
NICE	National Institute for Health and Clinical Excellence
NL	Niederlande
NME	New Molecular Entity / Chemical or Biological Entity
NoE	Nutzenorientierte Erstattung
nPV	nationaler Preisvergleich
NS5A	Nonstructural Protein 5A
NSTEMI	Infarkt ohne ST-Streckenhebung
OPG	Operation Gesundheitswesen
PBAC	Pharmaceutical Benefits Advisory Committee
PBS	Praxisbesonderheit
PKV	Private Krankenversicherung
pU	Pharmazeutischer Unternehmer (Hersteller)
PZN	Pharmazentralnummer
QALY	Quality-Adjusted Life Year
R&D	Research and Development (F&E)
RV	Rahmenvereinbarung nach § 130b (9) SGB V
SE	Schweden
SG	Subgruppe
SGB V	Sozialgesetzbuch Fünftes Buch (Gesetzliche Krankenversicherung)
SLE	Systemischer Lupus Erythematodes
SMC	Scottish Medicines Consortium
STEMI	ST-Streckenhebungsinfarkt (ST-Elevated Myocardial Infarction)
Tz	Textziffer
UK	United Kingdom (Vereinigtes Königreich)
US/USA	Vereinigte Staaten von Amerika

Abkürzungsverzeichnis

VBP	Value-Based Pricing
VerfO	Verfahrensordnung
vfa	Verband Forschender Arzneimittelhersteller e.V.
VG	Versorgungsgrad
VO	Verordnung
VO-Grad	Verordnungsgrad
VO-Menge	Verordnungsmenge
WIdO	Wissenschaftliches Institut der AOK
WIP	Wissenschaftliches Institut der PKV
ZG	Zurückgezogenes Präparat
ZN	Zusatznutzen
ZNA	Zusatznutzenaufschlag
ZNP	Zusatznutzenpreis
ZP	Zielpopulation
ZVT	Zweckmäßige Vergleichstherapie

Zielsetzung

In einem früheren Gutachten mit dem Titel: „AMNOG auf dem ökonomischen Prüfstand" vom Mai 2015 haben wir im Auftrag des BPI eine erste Zwischenbilanz zu Funktionsweise, Ergebnissen und Reformbedarf der Preisregulierung für Arzneimittel-Innovationen nach dem 2011 in Kraft getretenen Arzneimittelmarktneuordnungsgesetz (AMNOG) vorgelegt. Im Sinne einer wissenschaftlichen Erfolgskontrolle haben wir das bis dahin Erreichte, aber auch die im Laufe der Umsetzung entstandenen Problemfelder bei der Nutzenbewertung und Preisfindung aufgezeigt.

Dabei sind wir auf eine Reihe grundsätzlicher Schwächen und Konstruktionsfehler des neuen Regulierungssystems gestoßen und haben deren mögliche Neben- und Folgewirkungen aus ökonomischer Sicht analysiert. Daraus hat sich ein breites Spektrum dringender Reformerfordernisse ergeben. Da das AMNOG den Anspruch erhebt, ein „lernendes System" zu sein, haben wir schließlich auch umfassende und tiefgreifende Reformoptionen zur Diskussion gestellt, die uns zur Verbesserung der Regulierungsstruktur („Governance") und ihrer praktische Handhabung („Practice") in den Bewertungs- und Verhandlungsabläufen geeignet erschienen. Das Gutachten wurde 2015 auch als Band 56 in der Reihe „Gesundheitsökonomische Beiträge" des Nomos Verlages veröffentlicht.

Inzwischen befindet sich die mit dem AMNOG eingeleitete „Pharmawende" im siebten Jahr, das ja gemeinhin als „verflixt" gilt: Nach Überwindung der Anlaufschwierigkeiten und einer Reihe gesetzgeberischer Kurskorrekturen – zuletzt durch das in wesentlichen Teilen am 1. April 2017 in Kraft getretene Arzneimittelversorgungsstärkungsgesetz (AMVSG) – sind zwar die Standardprozeduren des AMNOG – wie die Nutzenbewertung des G-BA, die bilateralen Preisverhandlungen und die im Falle ihres Scheiterns vorgesehenen Schiedsverfahren – zur weithin akzeptierten Routine geworden. Gleichzeitig haben sich aber bei der praktischen Umsetzung des komplexen Regelwerks alte Probleme verschärft und neue ergeben.

Dabei treten die Probleme mit jedem Jahr deutlicher in Erscheinung und sind empirisch immer besser belegbar. Als unerwünschte Neben- und Folgewirkungen von Governance-Defekten, die noch nicht behoben sind oder zwischenzeitlich erst durch Gesetzesänderungen oder Rechtspre-

Zielsetzung

chung geschaffen wurden, stellen sie die Gesundheitspolitik immer wieder vor neue Herausforderungen. Die aktuelle gesundheitspolitische und fachwissenschaftliche Diskussion über die Validität der Frühen Nutzenbewertung, die Wirtschaftlichkeit von Mischpreisen und die Relevanz von Versorgungslücken bei Arzneimittel-Innovationen ist ein beredter Hinweis darauf.

Die erwünschten Lerneffekte und nötigen Kurskorrekturen lassen es sinnvoll erscheinen, die Pharmawende systematisch mit wissenschaftlichen Analysen zu begleiten und damit zur Rationalität der reformpolitischen Entscheidungen beizutragen. Von daher versteht sich das vorliegende Gutachten als Fortsetzung unserer AMNOG-Expertisen zu verschiedenen pharmaökonomischen Themenschwerpunkten (*Cassel/Ulrich* 2012,1; 2012,2; 2015,1; und 2015,3). Eine wichtige Datenbasis dafür bilden die von BPI-MARIS statistisch dokumentierten und von uns kommentierten Ergebnisse der bis Ende 2016 abgeschlossenen AMNOG-Verfahren. Sie wurden bereits als *AMNOG-Daten* 2017 publiziert und werden künftig jährlich in aktualisierter Form vorliegen.

Ergänzend dazu sollen unter dem Titel: „AMNOG-Check" gesundheitsökonomische Analysen der Versorgung mit Arzneimittel-Innovationen zu wechselnden Schwerpunktthemen erscheinen. Darin werden wir zu aktuellen Problemen und Kontroversen gutachterlich Stellung nehmen und uns mit pragmatischen Lösungsvorschlägen an die Öffentlichkeit wenden. Ziel dieser Projekte ist es, zum Verständnis eines so komplexen Regulierungssystems wie dem AMNOG beizutragen, auf Fehlentwicklungen hinzuweisen und reformpolitische Korrekturen im Interesse der Versicherten und Patienten an einer fortschrittlichen und bezahlbaren Arzneimittelversorgung anzustoßen.

Im *AMNOG-Check* 2017 mit dem Schwerpunktthema: „Gefährdungsmomente der GKV-Versorgung bei AMNOG-Präparaten" greifen wir eine vielschichtige Problematik auf, die erst vereinzelt in der Öffentlichkeit wahrgenommen und seitens der Krankenkassen noch weitgehend verdrängt oder negiert wird, aber im Laufe der letzten Jahre immer stärker zutage getreten ist. Dabei geht es um Lücken in der GKV-Versorgung mit Arzneimittel-Innovationen, die als Folge- oder Nebenwirkungen des AMNOG entstehen können: Zum einen handelt es sich um Verfügbarkeitslücken, die als Marktreaktionen der pharmazeutischen Unternehmer – wie unterbleibende Markteintritte oder Wiederaustritte von Produkten – auf für sie inakzeptable Prozeduren und Ergebnisse des AMNOG in Erscheinung treten; zum anderen bestehen sie in Verordnungslücken, die durch unterbleibende ärztliche Verordnung therapeutisch fortschrittlicher Produkte nicht oder zeitlich verzögert zur Anwendung beim Patienten gelangen.

Zum Nachweis von Prävalenz und Ursachen sowie zur Vermeidung dieser Gefährdungsmomente sind wir im Hauptteil des Gutachtens auf Mythen und Fakten in der aktuellen Debatte über drei eng miteinander verflochtene Problemfelder eingegangen:

- hohe Launchpreise und Erstattungsbeträge als Ausgabentreiber, die Höhe von Einsparpotenzialen und die Auswirkungen von Kostendämpfungsstrategien auf die Finanzierbarkeit des pharmatherapeutischen Fortschritts;
- Ergebnisse der Frühen Nutzenbewertung (FN) bei stratifizierten Wirkstoffen, Kalkulation, Wirtschaftlichkeit und Legitimität von Mischpreisen, Nutzenorientierte Erstattung (NoE) als Alternative zu Mischpreisen, Effekte auf die Arzneimittelversorgung;
- Marktdurchdringung neuer Arzneimittel, Nutzenbewertung und Preisfindung als Markteintrittsbarrieren und Marktaustrittsmotive; Verordnungslücken und Unterversorgung bei Präparaten mit hohem Zusatznutzen.

Die in den Detailanalysen gewonnenen Erkenntnisse und Befunde bilden abschließend die Basis für die Ableitung von Reformerfordernissen und Reformoptionen, die auf der gesundheitspolitischen Agenda der nächsten Legislaturperiode nicht fehlen sollten.

Summary

1. The Pharmaceutical Market Reorganisation Act (AMNOG), which came into force in 2011, is a new regulatory system in Germany for determining the price of pharmaceutical innovations according to the principle of "money for value". The authorities now have had almost six years of experience with the entirely new procedures. They involve the early benefit assessment in determining the additional benefit of a new drug and for price determination via negotiations. This has resulted in a series of design flaws and undesirable outcomes. The focus of the reform debate was initially the methodological aspects of the benefit assessment and the procedural questions during price negotiations and arbitral awards (governance problems). Now, the focus is increasingly on supply-related effects of the AMNOG regulation (provision problems). This expert report follows a previous expertise (*Cassel/Ulrich* 2015,1) and concentrates on the following key issues: "astronomical prices", "savings potentials", "mixed prices", and "supply gaps".
2. After 228 assessment procedures between 2011 and 2016 the empirical results are as follows: in 43 % of the assessments the Federal Joint Committee (G-BA), the highest decision-making body of the German statutory health insurance system (GKV), concludes that there is no additional benefit proven.[1] With regard to subgroups of stratified substances, the figure increases to 61 % and even to 76 % regarding the relevant patient populations. These figures have been increasing over the past few years.
3. Most products failed the certification of having an "additional benefit" because the Federal Joint Committee considered the data submitted as not being sufficient in 78.5 % of the assessments by subgroups. This means that in only 11.5 % of the subgroups the result of "no additional benefit" was actually based on the findings of study outcomes. Furthermore, based on the number of potential patients to be treated, "no additional benefit" was found at 76 % of the patients. In

---

[1] A detailed analysis of the assessment results can be found in *AMNOG-Daten* 2017.

Summary

all other cases there was a lack of evidence. The data provided were classified by the G-BA as incomplete or unsuitable, so that according to the current legislation, the additional benefit was judged as being "not proven".

4. The discussion of "astronomical prices" focuses on the issue of prices of new drugs and warns of an excessive financial demand on the Statutory Health Insurance System. What added to the discussion was the market introduction of the hepatitis C drug Sovaldi® (*Sofosbuvir*) in 2014, which was launched in the German market at a retail price of over € 700 per tablet. In our report we analyse why at the end the budget effect was a lot less dramatic.

5. The manufacturer lost his therapeutic monopoly after a short time. Due to the resulting price and innovative competition worldwide he lost over 50 % of his market value in the last two years. Although pharmaceutical innovations are protected by patents, giving manufacturers only a temporary monopoly, they are constantly under threat due to therapeutic competition. Seen overall, the drug expenditures of German sickness funds have increased in line with the GDP – mainly because decreasing prices of generic products are offsetting the budget effects of AMNOG drugs.

6. This overall impression is also confirmed when cancer drugs, which have become increasingly available over the years, are viewed in isolation. As finished products or parenteral preparations, they are often highly stratified and used as a combination in numerous subfields of oncology. Many view them as the actual "cost drivers" among the new medicines. Here too, the share of aggregate sales increased only moderately under the AMNOG from 2013 to 2015.

7. Concerning increasing prices of AMNOG drugs one gets the impression that a magic circle (circulus vitiosus) has started: the regulations aiming at price and cost containment of drugs result in higher prices in the subsequent product generation. Health policies react to this with even stricter price regulations and thereby triggering the next price increase. We call this the "AMNOG Paradox": the more successful AMNOG is with its price containment regulations, the higher the launch prices will have to be if patients are not to suffer from stagnation in pharmaceutical innovations and the corresponding lack of therapeutic progress.

8. The Drug Prescription Report (AVR), which is published annually in Germany, interprets "savings potentials" as assumed efficiency re-

Summary

serves resulting from prescriptions being sold at the lowest domestic and international prices, respectively. Based on national and international price comparisons, savings potentials aim to provide hypothetical information on how far the pharmaceutical expenses could be reduced without negative effects on the provision of healthcare.

9. The calculations show how unrealistic the hypothetically calculated savings potentials are; this does not consider the serious mistakes made in the calculations, such as the failure to deduct statutory rebates of pharmacies and manufacturers in favour of sickness funds before 2010 and the selective rebates which manufacturers grant based on discount agreements with individual sickness funds. After the AVR had corrected this error and switched its calculations from (gross) sales to (net) costs, the savings potential from national price comparisons has continued to decrease, and has been more than halved in only three years. The *AVR* 2016 indicates a savings potential of only € 1.4 billion for 2015, compared with € 12.1 billion in 2010.

10. As a pharmaceutical product is marketed at a single price, therefore various constellations in the subgroups are covered by defining a so-called "mixed price". This applies to all subgroups of a product regardless of the size of the additional benefit. Mixed prices replace the case-by-case analysis of a medical prescription with an average assessment across the entire patient cohort.

11. Mixed prices are generally considered as being not cost-effective by sickness funds in line with the "money for value" principle on a per-case basis when an active substance is prescribed in subgroups with and without additional benefit. As an alternative, the National Association of Statutory Health Insurance Funds (GKV-SV) has developed the specific concept of "Benefit-oriented Reimbursement" (NoE). Our results show that this concept contributes to excessive bureaucracy, because this will lead to a growing number of partial decisions that will be increasingly difficult to assess in future.

12. Furthermore, each time a physician prescribes a drug in a subgroup having shown no additional benefit according to the G-BA, doctors will need to anticipate the possibility of an audit request or even legal recourse. Hence, the patients may not receive the new drug and the economic risk will increase for the manufacturers. From their perspective, three quarters of reimbursed drugs in subgroups at a low generic price would imply an economic loss with regard to refinancing R&D expenditures if current assessment results continue.

Summary

13. Only recently, the Higher Social Court of Berlin-Brandenburg pronounced a verdict concerning the unlawfulness of mixed prices in a legal dispute between the National Association of Statutory Health Insurance Funds and the AMNOG Arbitration Board (file no. L 9 KR 213/16 KL and L 9 KR 437/16 KL ER). The primary justification for the unlawfulness of the arbitration ruling was that it was based on insufficient justification. Moreover, the Senate commented on the legality of the mixed prices and declared them to an unlawful measure in certain cases. If this verdict is confirmed it bears a risk for physicians that sickness funds may submit audit requests for prescriptions in subgroups without additional benefit threatening legal recourse and ultimately put the entire AMNOG price determination on trial.

14. Hence, legislation should add a clarification to section 130b SGB V (Social Security Code) that in the case of stratified products a mixed price is to be agreed upon which is to be defined across all subgroups and which is to be defined — in a legally binding fashion — as cost-effective in the case of prescriptions in these subgroups. Such mixed prices would ensure certainty in day-to-day pharmaceutical provision, as the physician would know that he would issue a cost-effective prescription even if his patient is in a group for which an additional benefit was not approved by the G-BA. By allowing the physician to issue patient-specific prescriptions independent of economic considerations, this would guarantee patients free access to the entire range of stratified product subgroups.

15. The initial effects of benefit assessment and pricing on the supply of newly patented drugs can be empirically verified in a number of ways as "supply gaps". This means that certain drug innovations are not available in Germany (availability gap) or those which are available are not prescribed to the extent desired (prescription gap). Availability gaps occur when manufacturers do not launch drug innovations approved by the European Medicines Agency (EMA) in Germany. Another reason is that manufacturers take their products off the domestic market after the early benefit assessment (opt-out), or after the price agreement or an arbitration ruling (withdrawal). Another reason has to do with increased exports of AMNOG products, which may result in supply shortages for pharmacies in Germany.

Summary

16. The report gives empirical evidence for all aspects: the data shows that with AMNOG the availability rate has dropped from 98.5 % to 82.4 % due to manufacturers not entering the German market. However, even after market introduction, market exits also occur during or at the end of the AMNOG procedure. Therefore, a total of 28 products are no longer available on the German market.
17. Analysing the prescription gap a theoretical approach has been developed. Based on the theory of market penetration (diffusion) of products, a normative framework has been created for the development of the penetration rate of new drugs with so-called considerable and major additional benefits over time. Since the beginning of the early benefit assessment these categories have been certified for 52 AMNOG products by the end of 2016. Of those 19 products were included in the analysis.
18. The penetration rate of those innovations lie in a wide range of 0.14 % for the hepatitis C drug Olysio® and 126.42 % for Triumeq® against HIV. For 8 drugs the penetration rate was under 10 %, for 10 drugs — more than half the products investigated here — it was below 20 %. On the other hand, 6 products have shown a rate exceeding 50 %, of which 3 reached a value exceeding 90 % already by the second year after launch. Based on the rate of new products with high benefits which are prescribed in Germany, it is apparent that among the selected 19 products there are great differences with regard to the development over time. These need to be clarified in order to be able to diagnose an "undersupply" in individual cases.
19. With the existing assessments it can be said that the AMNOG procedure is a learning system which has undergone numerous adjustments and further developments over the past six years. However, the expert report shows that despite everything that has been achieved by now, there continues to excist a significant need to take action. In order to solve the problems that have become apparent concerning the regulatory structure and its specific implementation with regard to benefit assessment, to price negotiations and subsequent market diffusion.

Kernaussagen

Einführung
Der ökonomische Kern der Regulierung innovativer Arzneimittel ist seit der Einführung des Arzneimittelmarktneuordnungsgesetzes (AMNOG) im Jahr 2011 eine nutzenorientierte Preisfindung nach dem Prinzip „Money for Value". Dazu wird der Zusatznutzen (ZN) des neuen Medikaments gegenüber einer vorhandenen Vergleichstherapie ermittelt und daraufhin ein Erstattungsbetrag zwischen dem Spitzenverband der Krankenkassen und dem Hersteller vereinbart. Das AMNOG befindet sich im siebten Jahr, d. h. es liegen inzwischen mehrjährige Erfahrungen mit den 2011 neu eingeführten Regulierungsinstrumenten Frühe Nutzenbewertung (FNB) und Preisverhandlung (bzw. Schiedsstellenentscheidung) für innovative Arzneimittel in Deutschland vor. Standen anfangs methodische Aspekte der Nutzenbewertung und Verfahrensfragen bei Preisverhandlungen und Schiedsentscheidungen im Zentrum der Reformdiskussion – insbesondere sogenannte Governance-Probleme –, rücken neuerdings zunehmend versorgungsbezogene Wirkungen der AMNOG-Regulierung in den Vordergrund. Das Gutachten schließt diesbezüglich an das Gutachten aus dem Jahr 2015 (*Cassel/Ulrich* 2015,1) an und diskutiert im Anschluss an die bisherigen Ergebnisse der Nutzenbewertung insbesondere folgende aktuelle AMNOG-Baustellen:[2]

- „Mondpreise",
- „Einsparpotenziale",
- „Mischpreise" und
- „Versorgungslücken".

Ergebnisse der Nutzenbewertung
1. Nach den bislang vorliegenden Auswertungen über die abgeschlossenen Verfahren lässt sich feststellen, dass das AMNOG-Procedere im Sinne eines lernenden Systems zahlreiche Anpassungen und Weiterentwicklungen in den zurückliegenden 6 Jahren erfahren hat. Das

---

[2] Eine ausführliche Analyse der Bewertungsergebnisse der FNB findet sich in: *AMNOG-Daten* 2017.

Kernaussagen

Gutachten zeigt allerdings, dass bei allem, was erreicht wurde, weiterhin erheblicher Handlungsbedarf besteht, um die sichtbar gewordenen Probleme der Regulierungsstruktur und ihrer konkreten Umsetzung mit Blick auf Nutzenbewertung, Preisverhandlung und anschließende Marktdurchdringung (Diffusion) lösen zu können.
2. Nach 228 Bewertungsverfahren (Stand 31.12.2016) hängt eine Beurteilung der AMNOG-Effekte letztlich von der jeweiligen Einschätzung ab, d. h. man kann darüber streiten, ob das Glas als halb voll oder halb leer anzusehen ist. In 57 % der Verfahren erkannte der G-BA nämlich einen ZN für mindestens eine Teilpopulation, in 43 % dagegen nicht. Bezogen auf die untersuchten 486 Subgruppen, attestierte er in 61 % der Gruppen und bei 76 % der Patienten keinen Zusatznutzen. Mit Blick auf Subgruppen und Patienten, die von den neuen Medikamenten profitieren, wird das Glas also zunehmend leerer.
3. Weiterhin fällt auf, dass die meisten Präparate ohne belegten ZN nicht etwa wegen mangelnder therapeutischer Vorteilhaftigkeit derart bewertet wurden, sondern weil aus Sicht des G-BA unzureichende Daten vorlagen: Nur für 11,5 % der Subgruppen wurde das Ergebnis „kein Zusatznutzen" aus den bewerteten Studienergebnissen abgeleitet. Bezogen auf die Anzahl der potenziell zu behandelnden Patienten, lautete das Ergebnis sogar für 76 % der Patienten „kein Zusatznutzen belegt". In allen anderen Fällen fehlten Nachweise oder die vorgelegten Daten wurden vom G-BA als unvollständig oder ungeeignet eingestuft, so dass der ZN nach der Gesetzeslage als „nicht belegt" gilt.
4. Das AMNOG-Verfahren ist zudem nicht versorgungsneutral, d. h. nicht für alle Indikationsgebiete gleichermaßen geeignet. Unsere empirischen Ergebnisse zeigen, dass das AMNOG-Verfahren zur Ungleichbehandlung bei der FNB führt: So wurde in der Onkologie für 34 % der potenziell betroffenen Patienten kein Zusatznutzen festgestellt, bei Stoffwechselerkrankungen betrifft dies dagegen über 80 % der Patienten. Die FNB bedarf in diesen besonders häufigen Indikationsgruppen weitere Analysen, um die zunehmende Diskussion über möglicherweise verzerrte Bewertungen unterlegen zu können.
5. Der Vergleich mit ausländischen Bewertungsergebnissen zeigt, dass unterschiedliche Basisinformationen und Bewertungsmaßstäbe in anderen Ländern zu erheblich divergierenden Ergebnissen führen. So unterscheiden sich die untersuchten Länder vor allem darin, wie Studienendpunkte bewertet und ob Surrogatparameter akzeptiert werden, welche Vergleichstherapien man ansetzt, oder wie man damit um-

geht, wenn keine ausreichende Evidenz verfügbar ist. Die Entscheidung über den (Zusatz-)Nutzen ist deshalb immer auch eine Entscheidung unter Unsicherheit. Auf dieser Gratwanderung findet letztlich die Bewertung von Arzneimitteln in allen Ländern mit nutzenorientierter Erstattung statt.

6. Von den bisherigen Erstattungsbeträgen (120) wurde die überwiegende Mehrzahl (99) im Verhandlungsweg erzielt, lediglich 21 Erstattungsbeträge kamen durch Schiedsstellenentscheidungen zustande. Im letzteren Fall verblieben davon lediglich 10 Präparate auf dem deutschen Markt, bei den übrigen kam es zur Marktrücknahme. Die Chance auf einen erfolgreichen Verfahrensabschluss ist damit deutlich geringer, wenn die Schiedsstelle entscheiden muss. In den meisten Verfahren hat sich die Schiedsstelle anfangs statt als „Schlichter" eher als „Richter" in dem Sinne verstanden, dass sie Erstattungsbeträge festsetzte, die von ihr formal bzw. algorithmisch – d. h. letztlich ohne Marktbezug – generiert wurden.

Aktuelle AMNOG-Baustellen

„Mondpreise"

7. Die Mondpreisdiskussion thematisiert die hohen Preise neuer Medikamente und warnt vor einer finanziellen Überforderung des GKV-Systems. Zusätzlich angeheizt wurde die Debatte durch die Markteinführung des Hepatitis-C-Präparats Sovaldi® mit dem Wirkstoff *Sofosbuvir* im Jahr 2014, das der Hersteller zum Apothekenverkaufspreis von über 700 € pro Tablette auf den deutschen Markt brachte. Nach Abzug der gesetzlichen Abschläge ergaben sich Netto-Kosten einer zwölfwöchigen Standardtherapie von 53.576 €. Rechnet man diesen Wert auf die Zielpopulation hoch, hätte sich die GKV auf jährliche Mehrbelastungen in Milliardenhöhe einstellen müssen. Im Gutachten analysieren wir, warum es letztlich doch wesentlich weniger dramatisch gekommen ist.

8. Das hängt im Wesentlichen von ökonomischen Gesetzmäßigkeiten und hier insbesondere von den Verhältnissen auf dem Arzneimittelmarkt ab. Schon im gleichen Jahr 2014 erfolgte der Markteintritt von drei weiteren Substanzen und 2016 folgten noch zwei weitere Substanzen, die wie die vorjährigen Folgeprodukte mit deutlich niedrigeren Launchpreisen bzw. Therapiekosten eingeführt wurden. Insge-

Kernaussagen

samt stehen inzwischen neun antivirale Wirkstoffe verschiedener Hersteller zur Verfügung. Der Hersteller Gilead hatte damit schon nach kürzester Zeit seine therapeutische Monopolstellung eingebüßt und verlor als Folge des weltweit einsetzenden Preis- und Produktwettbewerbs bis Mitte dieses Jahres die Hälfte seines Börsenwertes. Das Beispiel zeigt: Arzneimittel-Innovationen stehen zwar unter Patentschutz und die Hersteller besitzen dadurch eine temporäre Monopolstellung, sind aber im Innovationswettbewerb permanent durch nachholende Innovationen und Imitationen bedroht. Insgesamt betrachtet sind die Ausgaben für die GKV-Arzneimittelversorgung in den letzten Jahren im Einklang mit der gesamtwirtschaftlichen Wertschöpfung gestiegen.

9. Dieser Gesamteindruck bestätigt sich auch bei einem isolierten Blick auf die seit Jahren vermehrt verfügbaren Krebsmittel (Onkologika), die als Fertigarzneimittel oder parenterale Zubereitungen meist stark stratifiziert und als Kombination in den zahlreichen Teilgebieten der Onkologie zum Einsatz kommen und von vielen als die eigentlichen „Kostentreiber" unter den neuen Arzneimitteln angesehen werden. Auch hier ist der Umsatzanteil der Onkologika am GKV-Gesamtumsatz mit Arzneimitteln während des AMNOG von 2013 bis 2015 nur moderat gestiegen und hat erst im letzten Jahr wieder deutlicher zugenommen. Gerade im onkologischen Bereich ist diese eher verhaltene Entwicklung überraschend, wurden doch in den letzten Jahren überdurchschnittlich viele neue Wirkstoffe mit besonders hohen Einführungspreisen auf den Markt gebracht.

10. Die ökonomische Erklärung für diese Entwicklung liegt in den gegenläufigen Entwicklungen auf den beiden Marktsegmenten der patentgeschützten und der nicht patentgeschützten Arzneimittel begründet, die sich mit Blick auf den Gesamtmarkt kompensieren. Der ökonomische Denkfehler der Mondpreisdiskussion besteht letztlich darin, dass die Preise und Ausgaben auf dem Generikamarkt zur Richtschnur auch für die Entwicklung der innovativen Arzneimittel gemacht werden. Das kann aber aufgrund der unterschiedlichen Funktionen, die generische und innovative Produkte in der Versorgung von Patienten haben, nicht funktionieren, da die innovativen Medikamente auch Deckungsbeiträge für ihre F&E-Leistungen generieren müssen, während generische Produkte zum Grenzkostenpreis abgegeben werden können.

11. Diese Argumente machen deutlich, dass hoch erscheinende Herstellerabgabepreise bei Markteinführung neuer Arzneimittel und immer

noch als zu hoch empfundene Erstattungsbeträge nach Preisverhandlung aus ökonomischen Sachzwängen resultieren und in aller Regel nicht willkürlichen Preissetzungspraktiken der pharmazeutischen Unternehmer geschuldet sind. Nach sechs Jahren AMNOG gewinnt man den Eindruck, dass ein „Circulus vitiosus" in Gang gekommen ist, bei dem die Regulierungen zur Preis- und Kostendämpfung bei neuen Arzneimitteln Anlass zu höheren Einführungspreisen der nachfolgenden Produktgeneration geben, die gesundheitspolitisch mit noch strengeren Preisregulierungen beantwortet werden und den nächsten Preisschub auslösen. Man könnte dies als „AMNOG-Paradoxon" bezeichnen: Denn je erfolgreicher das AMNOG mit seiner auf Kostendämpfung zielenden Preisregulierung ist, umso höher werden die Einführungspreise künftig sein müssen, sollen die Patienten nicht unter der nachlassenden Innovationsdynamik mit dem dadurch bedingten Ausbleiben arzneimitteltherapeutischer Fortschritte leiden.

Einsparpotenziale

12. Unter Einsparpotenzialen (ESP) versteht man vermeintliche Wirtschaftlichkeits- bzw. Effizienzreserven, die sich ergeben, falls zu den jeweils günstigsten im In- und Ausland geltenden Preisen verordnet werden würde. Hypothetisch aus nationalen und internationalen Preisvergleichen ermittelt, sollen sie darüber informieren, wie weit die Arzneimittelausgaben gesenkt werden könnten, ohne die medizinische Versorgung zu beeinträchtigen.

13. Der aktuelle Arzneiverordnungs-Report (AVR) weist für 2015 ein ESP in Höhe von 1,4 Mrd. € aus. Ihren Zenit erreichten die ESP im Jahr 2010. Mit Großbritannien als Vergleichsland ergab sich ein konsolidiertes „totales" ESP von 12,1 Mrd. €. Demzufolge hätte die GKV-Arzneimittelversorgung nach Umsätzen zu Apothekenverkaufspreisen statt 29,7 Mrd. € nur noch 17,6 Mrd. € – also 40,7 % weniger – gekostet, falls die hiesigen Arzneimittelpreise auf das britische Niveau gesenkt und die jeweils preisgünstigsten Medikamente verordnet worden wären. Hätten diese Einsparungen – wie meist implizit unterstellt – ausschließlich zu Lasten der pharmazeutischen Unternehmer realisiert werden können, hätte die gesamte GKV-Arzneimittelversorgung zu Herstellerabgabepreisen ohne MwSt. statt 15,6 Mrd. € nicht mehr als 3,5 Mrd. € gekostet, die Pharmaindustrie hätte 77,6 % ihres Nettoumsatzes eingebüßt.

Kernaussagen

14. Diese Zahlen verdeutlichen, wie realitätsfern das rein hypothetische ESP-Kalkül ist – von gravierenden Berechnungsfehlern wie der bis 2010 im nationalen Preisvergleich unterlassenen Absetzung der gesetzlichen Apotheken- und Herstellerabschläge sowie der Selektivrabatte, die Hersteller aufgrund von Rabattverträgen mit einzelnen Krankenkassen gewähren, ganz abgesehen. Nachdem der AVR diesen Fehler korrigiert und seine Berechnungen von (Brutto-)Umsätzen auf (Netto-)Kosten umgestellt hat, sind die „gesamten" ESP aus dem nationalen Preisvergleich immer weiter zurückgegangen und haben sich in nur drei Jahren mehr als halbiert.

Mischpreise
15. Mit dem AMNOG wurde die Basis für eine nutzenorientierte Preisfindung gelegt. Seither wird zunächst der patientenrelevante Zusatznutzen eines innovativen Arzneimittels bestimmt und anhand von sechs Kategorien gemessen (erheblicher, beträchtlicher, geringer, nicht quantifizierbarer, kein Zusatznutzen und geringerer Nutzen). Außerdem enthalten die Beschlüsse des G-BA eine Angabe über die Wahrscheinlichkeit des Zusatznutzens (Beleg, Hinweis oder Anhaltspunkt). Innerhalb einer Indikation kann es nun zu unterschiedlichen Bewertungen kommen, wenn das Arzneimittel in verschiedenen Patientensubgruppen eingeteilt wurde und in diesen eine unterschiedliche Bewertung erfahren hat. Bis zum Jahresende 2016 wurden im Rahmen des AMNOG 228 Verfahren mit insgesamt 486 Patientensubgruppen abgeschlossen.
16. Da das Arzneimittel mit einem einheitlichen Preis auf den Markt kommt, werden diese verschiedenen Konstellationen durch die Bildung von Mischpreisen abgedeckt. Mischpreise stellen sicher, dass ein im Rahmen des AMNOG ausgehandelter Preis für ein Arzneimittel allgemein gültig ist: Er gilt für alle Subgruppen eines Präparats, unabhängig davon, welchen Zusatznutzen es in einzelnen Subgruppen attestiert bekam. Für Subgruppen mit belegtem Zusatznutzen ist der Mischpreis eigentlich zu gering, für Subgruppen ohne zu hoch. Diese Sichtweise verkennt allerdings, dass der Mischpreis eine Verhandlungslösung ist, welche die unterschiedlichen Nutzenniveaus ausgleichen soll. Sie ersetzt die Einzelfallbetrachtung einer patientenindividuellen Verordnung durch eine Durchschnittsbetrachtung über das gesamte Patientenkollektiv.

17. Mischpreise werden von den Krankenkassen aus der Einzelfallbetrachtung heraus bei Verordnungen in Subgruppen ohne Zusatznutzen prinzipiell für unwirtschaftlich gehalten. Als Alternative hat der GKV-Spitzenverband das Konzept der Nutzenorientierten Erstattung (NoE) entwickelt: Für Subgruppen ohne Zusatznutzen ist danach ein Abrechnungspreis zu vereinbaren, der nicht zu höheren Jahrestherapiekosten führen darf als die wirtschaftlichste Vergleichstherapie. Er bildet den „Basispreis" für die darauf aufsetzende Preisfindung bei Präparaten mit attestiertem Zusatznutzen. Für sie ist schließlich ein am Zusatznutzen orientierter Abrechnungspreis als „Zusatznutzenpreis" zu vereinbaren, aus dem sich rechnerisch der „Zusatznutzenaufschlag" als Differenz zwischen Zusatznutzen- und Basispreis ergibt.

18. Unsere Untersuchungen machen das hohe wirtschaftliche Risiko für die Hersteller deutlich, das mit dem Konzept der Nutzenorientierten Erstattung verbunden ist. In 75 % der Subgruppen ist die Zweckmäßige Vergleichstherapie (ZVT) generisch oder weist zumindest generische Anteile auf. In diesen Fällen geben die Basispreise aber keine F&E-Deckungsbeiträge her. Aus Herstellersicht sind somit drei Viertel der zum Basispreis erstatteten Subgruppen hinsichtlich der F&E-Finanzierung ein wirtschaftlicher Ausfall. Aber auch für Präparate mit Zusatznutzen sind die meist generischen Vergleichspreise zwingend als Verhandlungsbasis für den Zusatznutzenpreis bzw. den Zusatznutzenaufschlag vorgesehen: Sie sollen ausgehend vom Basispreis im Bottom-up-Verfahren ausschließlich nutzenorientiert, d. h. ohne jede Bezugnahme auf andere Preisdeterminanten wie F&E-Leistungen oder internationale Vergleichspreise vereinbart werden. In dem bisher eher seltenen Fall, dass die ZVT patentgeschützt ist, bestünde zwar noch eine gewisse Chance, eine Erstattung zu vereinbaren, die zumindest Teile der F&E-Kosten deckt, aber bei einem generischen Basispreis ist das bei Subgruppen mit geringem Zusatznutzen völlig und bei beträchtlichem oder erheblichem Zusatznutzen höchstwahrscheinlich ausgeschlossen.

19. Dagegen ermöglichen Mischpreise nachweislich wirtschaftliches Verordnen über alle Subgruppen einer Indikation hinweg, sofern das Mischpreiskalkül nicht von Kassen und Ärzteschaft unterlaufen wird. Um dies zu verhindern, ist reformpolitisch für die Einhaltung der ihm zugrundeliegenden Verhaltensregeln der beteiligten Akteure zu sorgen. Dazu schlagen wir im Gutachten die erforderlichen rechtlichen Weichenstellungen vor.

Kernaussagen

20. Das Landessozialgericht Berlin-Brandenburg (LSG BB) hat am 28. Juni 2017 im Rechtsstreit zwischen dem GKV-Spitzenverband und der Schiedsstelle nach Paragraph 130b Abs. 5 SGB V über die Festsetzung des Erstattungsbetrags für das Arzneimittel mit dem Wirkstoff *Albiglutid* verhandelt und entschieden (Az. L 9 KR 213/16 KL). Es handelte sich um das Hauptsacheverfahren zu dem viel diskutierten Beschluss des Landessozialgerichts vom 22. Februar 2017 (Az. L 9 KR 437/16 KL ER), mit dem das LSG die aufschiebende Wirkung der Klage des GKV-Spitzenverbandes angeordnet hatte, weil der Schiedsspruch offensichtlich rechtswidrig sei, insbesondere auch aufgrund der nach Ansicht des Senats rechtswidrigen Mischpreisbildung durch die Schiedsstelle. Auch im Hauptsacheverfahren hat der Senat der Klage des GKV-Spitzenverbands stattgegeben und den Schiedsspruch aufgehoben. Allerdings hat er seine Entscheidung bei der Verkündung des Urteils im Wesentlichen damit begründet, dass der Schiedsspruch deshalb rechtswidrig sei, weil er an einem Begründungsmangel leide. Zur Rechtmäßigkeit der kontroversen Mischpreisbildung hat sich der Senat nun im Rahmen eines die Entscheidung nicht tragenden „obiter dictums" ablehnend geäußert. Wird diese Rechtsauffassung bestätigt, ergibt sich für die Ärzte beispielsweise die Gefahr, dass die Krankenkassen bei Verordnung in Subgruppen ohne Zusatznutzen Prüfanträge stellen können und Regresse drohen. Letztlich stünde aber die gesamte AMNOG-Preisfindung auf dem Prüfstand.

21. In § 130b SGB V sollte der Gesetzgeber daher eine Klarstellung aufnehmen, dass bei stratifizierten Präparaten ein Mischpreis zu vereinbaren ist, der über alle Subgruppen mit Ausnahme solcher, die einen geringeren Nutzen attestiert bekamen, zu bilden ist und rechtsverbindlich bei Verordnungen in diesen Subgruppen als wirtschaftlich zu gelten hat. Derartige Mischpreise würden für Sicherheit im Versorgungsalltag sorgen, denn der Arzt wüsste, dass er immer wirtschaftlich verordnet, auch wenn sein Patient in eine Gruppe fällt, für die ein Zusatznutzen nicht belegt werden konnte. Indem der Arzt unabhängig von wirtschaftlichen Überlegungen patientenindividuell verordnen könnte, wäre der freie Zugang der Patienten in der ganzen Breite der Subgruppen stratifizierter Präparate gewährleistet.

Versorgungslücken

22. Nach sechs Jahren AMNOG sind erste Effekte der Nutzenbewertung und Preisfindung auf die Versorgung mit neuen patentgeschützten

Arzneimitteln empirisch belegbar. Sie machen sich in mehrfacher Hinsicht als Versorgungslücken bemerkbar. Darunter verstehen wir, dass Arzneimittel-Innovationen hierzulande nicht verfügbar sind (Verfügbarkeitslücken) oder zwar verfügbar sind, aber nicht oder nicht im wünschenswerten Ausmaß verordnet werden (Verordnungslücken). Verfügbarkeitslücken entstehen, wenn von der European Medicines Agency zugelassene Arzneimittel-Innovationen von den Herstellern erst gar nicht in Deutschland eingeführt werden. Sie entstehen auch, wenn Hersteller ihre Produkte nach der FNB zurückziehen (Rückzug bzw. Opt-out) oder später nach der Preisvereinbarung oder einem Schiedsspruch wieder vom hiesigen Markt nehmen (Rücknahme). Eine weitere Ursache liegt in verstärkten Exporten der AMNOG-Präparate in Länder mit höheren Erstattungspreisen als in Deutschland, wodurch es zu Lieferengpässen bei Apotheken und Arzneimittelgroßhandel kommen kann. Für alle Aspekte haben wir im Gutachten empirische Evidenz zusammengetragen.

23. Anhand einer aktuellen Studie zu den Markteintritten, können wir die Situationen ante und post AMNOG miteinander vergleichen. Dabei zeigt sich, dass post AMNOG die Verfügbarkeitsquote durch das Nichteintreten in den deutschen Markt (von 98 % auf 82 % gesunken ist. Dies bedeutet, dass der Anteil der in Deutschland erst gar nicht in Verkehr gebrachten AMI in der fünfjährigen AMNOG-Periode gegenüber dem Zeitraum zuvor um 16 Prozentpunkte zugenommen hat. Die Verfügbarkeit von AMNOG-Präparaten verringert sich aber auch durch Marktaustritte (Rückzüge und Rücknahmen) bereits eingeführter Produkte. So stehen seit 2011 insgesamt 28 Produkte nicht mehr auf dem deutschen Markt zur Verfügung. Während es in den Jahren 2011 und 2013 lediglich zu einem einzigen Marktaustritt kam, sind alleine im Jahr 2016 10 Marktaustritte zu verzeichnen. Von den insgesamt 28 Marktaustritten kommt es in 14 Fällen zu einem Rückzug nach der FNB, in den restlichen 14 Fällen erfolgte eine Rücknahme, wobei in 4 Fällen das Präparat nach der Preisverhandlung und in 10 Fällen erst nach dem Schiedsspruch außer Vertrieb gestellt wurde.

24. Das AMNOG wirkt aber nicht nur als Verfügbarkeitshürde für neu zugelassene Arzneimittel, sondern auch als Verordnungshürde, da fortschrittliche Arzneimitteltherapien nicht in dem Maße verordnet werden, wie es aufgrund der Nutzenbewertung durch den G-BA zu erwarten wäre. Selbst dann, wenn Nutzenbewertung und Preisfindung erfolgreich abgeschlossen sind, bestehen weitere Unsicherhei-

Kernaussagen

ten. Sie hängen vor allem mit der höchst kontroversen Diskussion um die Wirtschaftlichkeit von Mischpreisen bei stratifizierten Präparaten im Falle unterschiedlicher Bewertung in den einzelnen Subgruppen zusammen. Es wäre verwunderlich, wenn die daraus resultierenden Regressrisiken der praktizierenden Ärzteschaft, gepaart mit deren Vorbehalten gegenüber der Verordnung von Innovationen mit immer höheren Launchpreisen und Erstattungsbeträgen keine negativen Auswirkungen auf das Verordnungsverhalten insbesondere bei hochpreisigen Produkten hätten.

25. Zur Analyse haben wir einen theoretisch-normativen Ansatz entwickelt: Ausgehend von der markttheoretischen Idee der phasenweisen Marktdurchdringung (Diffusion) eines Produkts, wird ein normativer Rahmen für die zeitliche Entwicklung des Verordnungsgrades von neuen Medikamenten mit beträchtlichem und erheblichem Zusatznutzen entwickelt. Der Verordnungsgrad ist definiert als der prozentuale Anteil der tatsächlich verordneten Menge eines Wirkstoffs an der vom G-BA festgelegten maximalen bzw. potenziellen Menge (epidemiologisches Marktpotenzial in Defined Daily Doses). Unter einer Verordnungslücke ist dann die Differenz zwischen dem hypothetischen Verordnungsgrad bei Vollversorgung (100 %) als dem normativen Rahmen und dem aus den tatsächlichen Versorgungsmengen errechneten Verordnungsgrad zu verstehen.

26. Seit Beginn der FNB wurde bis Ende 2016 bei 52 AMNOG-Präparaten für die gesamte (Zulassungs-)Indikation oder zumindest für eine Subgruppe ein beträchtlicher oder erheblicher Zusatznutzen attestiert. Davon wurden 19 Produkte in die Analyse einbezogen, wovon seit 2012 nur fünf jeweils ganzjährig verfügbar sind, so dass Verordnungsgrade für eine fünfjährige Zeitreihe berechnet werden können. Dagegen sind 11 Produkte erst ein bis zwei Jahre ganzjährig auf dem Markt, darunter alle sechs Hepatitis-C-Präparate.

27. Die Verordnungsgrade liegen in einer unglaublich großen Spannweite von 0,14 % beim Hepatitis-C-Präparat Olysio® und 126,42 % bei Triumeq® gegen HIV. Bei 8 Medikamenten liegt der Verordnungsgrad unter 10 %, bei 10 Präparaten – also mehr als der Hälfte der hier betrachteten Produkte – unter 20 %. Andererseits haben sechs Präparate einen Verordnungsgrad von über 50 %, darunter allein drei über 90 %, erreicht – und dies mit Ausnahme von Kalydeko® meist schon im zweiten Jahr nach der Markteinführung.

28. Gemessen am Verordnungsgrad zeigt sich, dass es zwischen den 19 ausgewählten Präparaten mit beträchtlichem und erheblichem Zusatznutzen große Unterschiede nach Höhe und zeitlicher Entwicklung gibt. Sie sind erklärungsbedürftig, um im Einzelfall auf eine „Unterversorgung" schließen zu können. Dabei spielt der therapeutische Wettbewerb, in dem sich Innovationen einerseits erst gegen die Bestandspräparate durchsetzen müssen und andererseits im Diffusionsprozess vorzeitig durch bessere Therapeutika verdrängt werden können, eine zentrale Rolle. Zieht man dies – wie auch sich überschneidende Zielpopulationen, divergierende medizinische Endpunkte oder unterschiedliche Anwendungsformen – in Betracht, findet sich bei 15 (79 %) der untersuchten Präparate bislang noch kein valider Hinweis auf eine Unterversorgung. Das sollte bei Innovationen mit hohem Zusatznutzen auch nicht weiter überraschen. Andererseits lassen die Gegebenheiten bei 4 (21 %) der Produkte auf eine gravierende Unterversorgung schließen.

AMNOG nach den Wahlen – was bleibt zu tun?

29. Unsere Ergebnisse zeigen, dass für den Gesetzgeber noch genug Handlungsbedarf in der nächsten Legislaturperiode besteht, sollen sich die mit dem AMVSG verbundenen Erwartungen tatsächlich erfüllen. Auf den vier zentralen Handlungsfeldern Nutzenbewertung, Governance, Mischpreise und Versorgungslücken besteht weiterhin akuter Reformbedarf. Es gilt allerdings zu betonen, dass einige der von uns im Gutachten diskutierten Reformerfordernisse nicht unmittelbar den Gesetzgeber betreffen, sondern die Verbände der GKV-Selbstverwaltung und Leistungserbringer, die den rechtlich vorgegebenen Rahmen ausfüllen müssen.

30. Das AMNOG hatte von Beginn an eine zweifache Zielsetzung: die Etablierung einer nutzenorientierten Preisfindung in Deutschland und die Schaffung verlässlicher Rahmenbedingungen für Arzneimittel-Innovationen. Davon ist der aktuelle Sachstand noch weit entfernt und es gilt nach wie vor das Fazit, das wir bereits im letzten Gutachten „AMNOG auf dem ökonomischen Prüfstand" (*Cassel/Ulrich* 2015,1, S. 5) gezogen haben: „*Hiernach halten wir das AMNOG zwar für einen gesundheits- wie industrieökonomisch zielführenden Regulierungsansatz, sehen aber hinsichtlich seiner Regulierungsstruktur („Governance") und praktischen Handhabung („Practice") einen dringenden Verbesserungsbedarf.*"

1. Sechs Jahre AMNOG: ein Regulierungssystem mit Lernschwächen

AMNOG als lernendes System
Mit dem Arzneimittelmarktneuordnungsgesetz (AMNOG) wurde 2011 eine Pharmawende in der Versorgung Deutschlands mit patentgeschützten Arzneimitteln eingeleitet. Bis dahin wurde dem Hersteller der von ihm bei der Markteinführung gesetzte Preis für die Dauer des Patentschutzes erstattet. Das AMNOG setzt dagegen auf eine bewertungsbasierte Preisregulierung: Mit ihr sollten eine qualitativ hochwertige, innovative und bezahlbare Arzneimittelversorgung gewährleistet und verlässliche industrieökonomische Rahmenbedingungen geschaffen werden. Sechs Jahre AMNOG bedeuten von daher sechs experimentelle Jahre für eine gänzlich neuartige, sogenannte Frühe Nutzenbewertung (FNB) und die darauf aufsetzende Preisfindung im Wege von Vereinbarungen und Schiedsentscheidungen in Deutschland. Das Gesetz habe sich bewährt, schreibt die Bundesregierung in ihrem Entwurf zum neuen Arzneimittelversorgungsstärkungsgesetz (*AMVSG*; *BMG* 2016,2), aber sie wolle es damit auch weiterentwickeln – schließlich sei es in seiner Programmatik ausdrücklich als *lernendes System* konzipiert.

Der ökonomische Kern des AMNOG ist eine nutzenorientierte Preisfindung nach dem Prinzip „Money for Value". Dazu wird der Zusatznutzen (ZN) des neuen Medikaments unmittelbar nach seiner Markteinführung gegenüber einer bereits angewandten, Zweckmäßigen Vergleichstherapie (ZVT) festgestellt und daraufhin ein von den Kostenträgern zu erstattender Preis bzw. Erstattungsbetrag (EB) zwischen dem Spitzenverband der Gesetzlichen Krankenkassen (GKV-SV) und dem pharmazeutischen Unternehmer (pU) verhandelt und vereinbart oder im Falle der Nichteinigung von einer Schiedsstelle festgesetzt. Präparate, die keinen ZN attestiert bekommen, werden dagegen entweder einer bestehenden Festbetragsgruppe zugeordnet und dem Hersteller mit einem Festbetrag erstattet oder erhalten einen zwischen GKV-SV und pU zu vereinbarenden Erstattungsbetrag, der grundsätzlich nicht zu höheren Jahrestherapiekosten als die ZVT führen darf.³ Dieser Prozedur werden seit Anfang 2011 grundsätzlich alle erstattungsfähigen Arzneimittel mit neuen, patentgeschützten Wirkstoffen unterworfen. Zu den bis Ende 2014 mit der AMNOG-Regulierung gemachten Erfahrungen haben wir in der Veröffentlichung *„AMNOG auf dem ökonomischen Prüfstand. Funktionsweise, Ergebnisse und Reformbedarf der Preisregulierung für neue Arzneimittel in Deutschland"* (Cassel/Ulrich 2015,1) erste theoretische Analysen und empirische Ergebnisse vorgelegt und den sich daraus ergebenden Reformbedarf aufgezeigt. Im folgenden Gutachten werden die inzwischen eingetretenen Entwicklungen mit Datenstand Ende des Jahres 2016 thematisiert und besondere aktuelle Problemfelder gesundheitsökonomisch analysiert. Damit weisen wir eine Reihe von Reformbaustellen nach, die trotz des jüngsten AMVSG noch immer bestehen oder – wie die jüngsten Mond- und Mischpreisdebatten zeigen – neu entstanden sind, und stellen Reformkonzepte vor, mit der sie erfolgversprechend geschlossen werden könnten. Dabei kommt uns zugute, dass die stetige Zunahme abgeschlossener Bewertungs- und Preisfindungsverfahren die unbeabsichtigten Neben- und Folgewirkungen des AMNOG für die Arzneimittelversorgung in Deutschland immer deutlicher erkennen lässt und immer belastbarere gesundheitsökonomische Analysen und daraus ableitbare evidenzbasierte Reformoptionen ermöglicht.

Wechselnde Problemfelder
Standen zu Beginn der neuen Gesetzgebung zunächst methodische Aspekte und Verfahrensfragen der Nutzenbewertung und der anschließenden Preisverhandlungen und Schiedsentscheidungen im Mittelpunkt der Diskussionen, haben zunehmend weitere Themen des AMNOG-Prozesses und auch der sich anschließenden Verordnungspraxis an Relevanz gewonnen. Die Defekte der AMNOG-Nutzenbewertung und Preisfindung resultieren im Wesentlichen aus dem Geburtsfehler einer nicht ausbalancierten Regelungsstruktur (Governance) und den dadurch im Vollzug (Practice) resultierenden Unwuchten, Unzulänglichkeiten und Defiziten.

---

3 Das AMVSG modifiziert das mit dem AMNOG eingeführte Verfahren der Nutzenbewertung neuer Medikamente an einigen Stellen. Im begründeten Einzelfall kann z. B. künftig, auch wenn ein Zusatznutzen nicht belegt ist, davon abgewichen werden, dass der Erstattungsbetrag nicht zu einer Überschreitung der Jahrestherapiekosten der ZVT führen darf (*Deutscher Bundestag* 2017, S. 32).

1. Sechs Jahre AMNOG: ein Regulierungssystem mit Lernschwächen

Vom Gesetzgeber gewünscht war eine klare Trennung der beiden Phasen Nutzenbewertung und Preisfindung. In praxi zeigt sich allerdings, dass bereits bei der Nutzenbewertung ökonomische Interessen die Wahl der ZVT beeinflussen oder sogar dominieren. Das ist auch deshalb so folgenschwer, weil die Ergebnisse der Nutzenbewertung die Spielräume der nachfolgenden Preisverhandlungen bestimmen. Strategieanfällig ist aber auch die monetäre Bewertung des Zusatznutzens in Geldeinheiten („Monetarisierung"). Die Kategorisierung des Zusatznutzens durch IQWiG und G-BA in sechs Stufen reicht für einen quantitativen Vergleich nicht aus. Für die Entscheidung über die Höhe des Preises bzw. den Erstattungsbetrag müssen die bestehenden Unterschiede zwischen der Arzneimittel-Innovation (AMI) und dem Komparator in Geldeinheiten ausgedrückt werden. Inwieweit diese Monetarisierung einem bestimmten Algorithmus folgt oder welche anderen Kriterien eine Rolle spielen, bleibt weitgehend unbestimmt.

Die von der Schiedsstelle zumindest anfangs versuchte additive Ermittlung des EB aus drei verschiedenen Komponenten (ZN, ZVT und internationale Preise) kann das aber nicht leisten. Mit Blick auf die Entscheidungen der Schiedsstelle ist fraglich, inwieweit sie zur Ermittlung der Erstattungsbeträge einen Algorithmus (Addition der fest gewichteter Komponenten) zugrunde legt, der so gut wie keine Ermessensentscheidungen zulässt und die Ergebnisse des Schiedsverfahrens praktisch determiniert. Das wäre gänzlich anders, wenn die Schiedsstelle die Festlegungen in der Rahmenvereinbarung (RV) zwischen GKV-SV und den Verbänden der pU lediglich als einen Orientierungsrahmen ansehen könnte, der eine Mediatorfunktion zulässt. Mit einer solchermaßen veränderten Herangehensweise ist es denkbar, dass Marktaustritte von AMNOG-Präparaten vermieden werden können, die inzwischen verstärkt zu verzeichnen sind. Die Chance auf einen erfolgreichen Verfahrensabschluss ist eher gering, wenn die Schiedsstelle algorithmisch basiert entscheiden muss – wie das neuerdings in einem Urteil des Landessozialgerichts Berlin-Brandenburg gefordert wird (*LSG BB* 2017; Abschnitt 2.4). Denn schließlich gilt: *„Auch mehrere Jahre nach dem ersten AMNOG-Schiedsspruch bedeutet ein solcher in der Regel die Marktrücknahme des entsprechenden Präparates"* (*Greiner/ Witte* 2017, S. VI).

Eine entscheidende Ursache für Marktaustritte hat ihren Ursprung in der FNB, weil sie überwiegend generisch verfügbare Wirkstoffe als ZVT verwendet; denn hierdurch wird eine sehr niedrige, weil generische Preisbasis für die nachfolgenden Preisverhandlungen durch den G-BA festgelegt. Auf ihr setzt nämlich die Ermittlung des EB auf. Damit besteht die Gefahr, dass die Leistungen der Forschung und Entwicklung (F&E) der Hersteller kalkulatorisch unberücksichtigt bleiben und die Innovationsdynamik zum Schaden der Patienten gebremst wird (*Cassel/Ulrich* 2015,3). Das AMNOG sollte aber dazu beitragen, dass international ausgebotene Innovationen auch in Deutschland möglichst lückenlos und rasch verfügbar sind. Je höher der zu erwartende EB ausfällt, umso wahrscheinlicher ist der Markteintritt und vice versa. Die deutlich nach unten gerichtete Preisentwicklung post AMNOG könnte daher eine verringerte Verfügbarkeit von neuen Arzneimitteltherapien nach sich ziehen. Ob und inwieweit sich das AMNOG hemmend auf den Markteintritt von Arzneimittel-Innovationen auswirkt und Verfügbarkeitslücken bewirkt, wurde von uns erstmals im Gutachten „*AMNOG auf dem ökonomischen Prüfstand*" (*Cassel/Ulrich* 2015,1) thematisiert. In Abschnitt 2.5 dieses Gutachtens stellen wir aktualisierte Ergebnisse dazu vor.

Zu den Versorgungslücken rechnen auch die Verordnungslücken, die dadurch entstehen, dass Medikamente mit ZN und EB nicht hinreichend oder nur verzögert verordnet werden. Im erwähnten Gutachten konnten wir für Arzneimittel-Innovationen mit einem beträchtlichen Zusatznutzen und gültigem Erstattungsbetrag zeigen, dass der „Verordnungsgrad" in einigen Fällen nicht die für eine signifikante Marktdurchdringung bzw. Diffusion zu erwartende Höhe erreicht und somit eine durch das AMNOG bedingte vermeidbare „Unterversorgung" entsteht. Die geringe Marktdurchdringung einer Innovation mit ZN kann zahlreiche rechtliche, medizinische und ökonomische Gründe haben, ist aber unter dem AMNOG-Regime vor allem der Mischpreisproblematik und dem Unterlaufen des dahinterstehenden Kalküls durch Kassen und Ärzte zuzuschreiben. Deshalb kann es vorkommen, dass solche Medikamente ihr epidemiologisches Marktpotenzial nicht voll ausschöpfen können und ein Teil der Patienten aus der vom G-BA festgelegten Zielpopulation damit unversorgt bleiben. Auch hierzu stellen wir im vorliegenden Gutachten aktuelle empirische Ergebnisse vor (Abschnitt 2.6).

Schließlich diskutieren wir auch das vom GKV-SV vorgeschlagene, vom bisherigen AMNOG deutlich abweichende Konzept der Nutzenorientierten Erstattung (NoE) als Mischpreisalternative (Abschnitt 2.3) sowie das in die gleiche Richtung zielende Urteil des Landessozialgerichts Berlin-Brandenburg (*LSG BB* 2017) mit Ausführungen zur Rechtskonformität von Mischpreisen, das wegen seiner Brisanz für das gesamte Regulierungskonzept des AMNOG beträchtliches Aufsehen erregt hat (Abschnitt 2.4).

Pharmadialog und AMVSG
Unter Federführung des Bundesgesundheitsministeriums (BMG) haben sich die Teilnehmer des Pharmadialogs in den letzten eineinhalb Jahren (September 2014 bis April 2016) mit den Herausforderungen der pharmazeutischen Industrie in den Bereichen Forschung & Entwicklung, Produktion und Versorgung beschäftigt (*BMBF* 2015). Der Umgang mit Antibiotika-Resistenzen wurde in der Unterarbeitsgruppe Antibiotika vertieft beraten (*BMG* 2016,3, S. 1). Insgesamt ergab der Pharmadialog zwar einige konkrete Ergebnisse, die sich auch im AMVSG niedergeschlagen haben (siehe 3. Kapitel), aber ansonsten konnte man sich nur auf eher allgemeine Ziele einigen, nämlich den Standort Deutschland für Forschung und Produktion nachhaltig zu stärken und hierfür adäquate Rahmenbedingungen für die pharmazeutische Industrie zu schaffen (*BMG* 2016). Dabei hat man sich auf einen Katalog verständigt, der verschiedene Handlungsfelder zusammenführt, für die nun ausgewogene und zukunftsfähige Maßnahmenpakete zu erarbeiten sind (*Bundesregierung* 2016, S. 3).

Das AMNOG-Verfahren wurde als Qualitätsmerkmal des Standorts Deutschland eingeschätzt und soll deshalb im Sinne des „lernenden Systems" weiterentwickelt werden (*Bundesregierung* 2016, S. 3). Hierzu wurden insbesondere zwei Reformvorschläge für das AMVSG gemacht:

- Um den schnellen Zugang der Patienten zu innovativen Arzneimitteln auch weiterhin sicherzustellen und gleichzeitig die GKV-Arzneimittelversorgung bezahlbar zu halten, sollte bei hochpreisigen neuen Arzneimitteln im ersten Jahr des vom Hersteller gesetzten Preises eine Umsatzschwelle gelten. Bei Überschreiten dieser Schwelle hätte der EB bereits vor Ablauf der Jahresfrist gelten sollen.
- Weil der im Anschluss an die FNB zwischen dem GKV-SV und dem pU verhandelte rabattierte EB in vielen anderen Ländern als Referenz gilt, befürchten die pU die Übertragung niedriger EB auf ihre Absatzmärkte im Ausland. Die Kassen rechnen deshalb mit verstärktem Widerstand der pU gegen Preisnachlässe, so dass sich das Preisabschlagspotenzial für sie verringert, wenn die EB öffentlich gelistet werden. Um dies zu verhindern, sollte der rabattierte EB künftig nur noch denjenigen Institutionen des deutschen Gesundheitswesens zur Kenntnis gelangen, die ihn zur Erfüllung ihrer gesetzlichen Aufgaben benötigen.

1. Sechs Jahre AMNOG: ein Regulierungssystem mit Lernschwächen

Der Bundesrat hat am 31. März 2017 das „*Gesetz zur Stärkung der Arzneimittelversorgung in der gesetzlichen Krankenversicherung – AMVSG*" (*Deutscher Bundestag* 2017) gebilligt, nachdem es der Bundestag am 9. März 2017 verabschiedet hatte, und damit wurde es rechtskräftig. Ziel des Gesetzes ist, die Arzneimittelversorgung in Deutschland weiterhin auf hohem Niveau sicherzustellen und die finanzielle Stabilität des GKV-Systems zu erhalten. Dazu wird das Preismoratorium für alle patentfreien Medikamente, die bis zum 1. August 2010 bereits auf dem Markt waren, über 2017 hinaus bis Ende 2022 verlängert. Eine jährliche Preisanpassung in Höhe der Inflationsrate soll jedoch möglich sein. Das mit dem AMNOG eingeführte Verfahren der Nutzenbewertung neuer Medikamente wird an einigen Stellen modifiziert. Der Zusatznutzen bei Arzneimitteln für Kinder soll künftig nicht mehr mit Studien belegt werden müssen, wenn diese Produkte bereits für Erwachsene zugelassen sind. Im begründeten Einzelfall kann künftig, auch wenn ein Zusatznutzen nicht belegt ist, von der Vorschrift in § 130b SGB V abgewichen werden, dass sich der Erstattungsbetrag an den Jahrestherapiekosten der ZVT orientiert.

Die Hersteller setzen weiterhin im ersten Jahr nach der Zulassung den Medikamentenpreis fest. Der Plan, den späteren EB ab einer Umsatzschwelle von 250 Millionen Euro im ersten Jahr rückwirkend gelten zu lassen, wurde jedoch im parlamentarischen Verfahren fallengelassen. Auch die ursprünglich vorgesehene Vertraulichkeit der Erstattungspreise, auf die die Pharmahersteller gedrängt hatten, wurde nicht in das Gesetz aufgenommen. Die Krankenkassen begrüßen diesen Schritt im Interesse der Preistransparenz und betonen, dass die Umsetzung der Vertraulichkeit sehr schwierig geworden wäre. So hätten Privatversicherte notwendigerweise den EB kennen müssen und hätte die Vielzahl der Beteiligten die Vertraulichkeit sowieso erschwert oder sogar unmöglich gemacht. Mit Blick auf die künftige Versorgung sehen Skeptiker in der Transparenz allerdings auch Risiken: Sind die Preise hierzulande deutlich niedriger als im Ausland, lohnt sich der Export aus Deutschland. Das könnte zu Lieferengpässen hierzulande führen. Schließlich müssen die Kassen damit rechnen, dass sich der Widerstand der Hersteller gegen Rabatte – anders als beabsichtigt – eher verstärkt.

Das AMVSG thematisiert auch die befürchtete Resistenzsituation bei Antibiotika (*Deutscher Bundestag* 2017). Bei der Bildung von Festbetragsgruppen und der Bewertung des ZN von Antibiotika findet künftig die Resistenzsituation Berücksichtigung. Der Bewertungsausschuss erhält den Auftrag zu prüfen, in welchem Umfang Verfahren zur schnellen Antibiotikatherapie in der vertragsärztlichen Versorgung eingesetzt werden können, um einen zielgenauen Einsatz dieser Medikamente zu unterstützen. Der Einheitliche Bewertungsmaßstab (EBM) für ärztliche Leistungen wird im Zuge dessen gegebenenfalls angepasst. Eine ähnliche Regelung ist für die „Companion Diagnostics" vorgesehen: Dabei handelt es sich um Begleitdiagnostika im Rahmen der personalisierten Medizin. Für Standardrezepturen und Arzneimittel mit besonders hohem Dokumentationsaufwand soll die Vergütung der Apotheker steigen, und es sollen die gleichen Preisregelungen und Abschläge wie bei Fertigarzneimitteln zur Anwendung kommen.

Schließlich soll der G-BA künftig einen Monat nach Beschlussfassung die Ergebnisse der Nutzenbewertung zur Abbildung in der Praxissoftware von Ärzten aufbereiten, um die Mediziner bei ihren Therapieentscheidungen besser zu unterstützen. Die Ergebnisse der Nutzenbewertung sollen daher künftig so aufbereitet und über die Praxisverwaltungssysteme zur Verfügung gestellt werden, dass die im Rahmen der Nutzenbewertung gewonnen Informationen im Praxisalltag einfacher und schneller zugänglich sind und die Therapieentscheidung unterstützen können. Der Wunsch nach einer Integration der Nutzenbewertungsergebnisse in die Arzt- bzw. Praxisinformationssysteme (AIS) ist bei allen Beteiligten sicherlich vorhanden; gleichwohl sind Zweckrichtung und praktische Ausgestaltung des Informationssystems stark umstritten, worauf auch von uns in Abschnitt 2.3 im Kontext mit dem NoE-Konzept hingewiesen wird.

Alte und neue Reformbaustellen

Standen somit anfangs Governance-Probleme, methodische Aspekte der Nutzenbewertung und Verfahrensfragen bei Preisverhandlungen und Schiedsentscheidungen im Zentrum der Reformdiskussion, rücken neuerdings zunehmend versorgungsbezogene Wirkungen der AMNOG-Regulierung in den Vordergrund. Sie werden unter den folgenden Schlagworten diskutiert:

- „Mondpreise";
- „Einsparpotenziale";
- „Mischpreise"; sowie
- „Versorgungslücken".

Die sich dahinter verbergenden Sachverhalte und Probleme greifen wir im folgenden Kapitel 2.: *„Problembereiche des AMNOG: Mythen und Fakten"* auf und unterziehen sie einer eingehenden gesundheitsökonomischen Analyse. Damit soll herausgearbeitet werden, ob und inwieweit es sich dabei um sachlich begründete und reformpolitisch relevante Befunde oder verfehlte Vorstellungen handelt.

Die Krankenkassen haben als Kostenträger die Preissetzung der Hersteller bei der Markteinführung (Launch) kritisiert und haben am Beispiel des hochwirksamen Hepatitis-C-Präparats Sovaldi® mit Blick auf die zu erwartenden Ausgabeneffekte eine „Mondpreis-Diskussion" ausgelöst. Besorgt sind sie auch über die drohende Ausgabenexplosion bei neuen Kombinationstherapien, insbesondere in der Onkologie. Sie möchten die Mischpreise flexibilisieren und plädieren unter dem Schlagwort „Nutzenorientierte Erstattung" (NoE) dafür, künftig neue Medikamente nur dann zu erstatten, wenn ihnen ein Zusatznutzen in der FNB attestiert wird.

In Abschnitt 2.1 analysieren wir die aktuelle AMNOG-Preisregulierung auch aus der Angebotsperspektive, weisen auf erste Versorgungsdefizite hin und benennen Finanzierungsbedingungen, um hierzulande weiterhin eine innovative und bezahlbare Arzneimittelversorgung gewährleisten zu können. Dabei gehen wir davon aus, dass nur eine konsequente Umsetzung der ursprünglichen AMNOG-Idee des „Money for Value" den erforderlichen Ausgleich zwischen nachfrage- und angebotsseitigen Interessen leisten kann.

Ein weiterer Mythos verbindet sich mit dem Nachweis von „Einsparpotenzialen" (ESP), mit dem der kassenseitigen Forderung nach Kostendämpfung bei Arzneimitteln Nachdruck verliehen werden soll (Abschnitt 2.2). Hierunter sind vermeintliche Wirtschaftlichkeits- bzw. Effizienzreserven zu verstehen, die sich ergeben, falls nicht zu den jeweils günstigsten im In- und Ausland geltenden Preisen verordnet wird. Seit 1999 enthält der alljährlich mit maßgeblicher Unterstützung des Wissenschaftlichen Instituts der AOK (WIdO) erscheinende Arzneiverordnungs-Report (AVR) solche Berechnungen, bis 2009 nur im nationalen und seitdem auch im internationalen Preisvergleich. Es ist jedoch umstritten, ob es wissenschaftlich vertretbare und praktikable Methoden gibt, Einsparpotenziale valide und belastbar in Geld zu beziffern, vor allem aber, ob und inwieweit sie sich mittels gesundheitspolitischer Maßnahmen realisieren lassen.

Mischpreise bedeuten, dass sich der für ein Präparat einheitliche EB bei der Bildung von Subpopulationen aus der Monetarisierung des in jeder Gruppe festgestellten, meist unterschiedlichen Zusatznutzens zusammensetzt (Abschnitt 2.3). Unterschiedliche Ausmaße des Zusatznutzens in den verschiedenen Subgruppen führen somit zwangsläufig zur Mischkalkulation, solange nicht die Anwendung des Präparats in jeder Subgruppe gesondert bepreist werden kann oder einzelne Subgruppen von der Verordnung ausgeschlossen werden. Grundsätzlich impliziert die Mischpreiskalkulation, dass der vom Hersteller geforderte Preis einheitlich für alle Anwendungen eines Medikaments ist und im Durchschnitt als wirtschaftlich gilt. Im Einzelfall erscheint der Mischpreis aber bei Patientenpopulationen mit geringem oder keinem ZN zu hoch und bei solchen mit beträchtlichem oder erheblichem ZN zu gering. Die Bildung von Mischpreisen bei Subgruppen mit und ohne Zusatznutzen ist kassenseitig auf erhebliche Kritik gestoßen und hat letztlich zu beträchtlicher Verunsicherung unter den verschreibenden Ärzten gesorgt. Dabei ist nicht die Bildung von Mischpreisen an sich strittig, sondern die Umsetzung der gebildeten Mischpreise vor dem Hintergrund des Wirtschaftlichkeitsgebotes in der täglichen Praxis. Nach Auffassung des GKV-SV können Verordnungen in Subgruppen ohne belegten Zusatznutzen mit zugrundeliegendem Mischpreis nicht wirtschaftlich sein. Deshalb werden auch Verordnungen eines Mischpreispräparats für Patienten einer Subgruppe, die vermeintlich keinen ZN davon haben, von GKV-SV, Krankenkassen und verbreitet auch von Ärzten als unwirtschaftlich angesehen – mit der Folge geringerer als kalkulatorisch angenommener Verordnungsmengen (*Greiner/Witte* 2017).

Im Rahmen des AMNOG-Verfahrens handeln Hersteller und GKV-SV seit Jahren solche Mischpreise aus, wenn es bei einem Medikament in bestimmten Patientensubgruppen unterschiedliche Nutzenbewertungen gibt. Seit einer Eilentscheidung des Landessozialgerichts Berlin-Brandenburg (*LSG BB* 2017) vom 27. Februar 2017 steht dieses Verfahren aber im Verdacht, rechtswidrig zu sein – jedenfalls dann, wenn auch Subgruppen ohne Zusatznutzen in die Mischpreisbildung eingehen. Der Streit ist zwar alt, steht nun aber wieder ganz oben auf der reformpolitischen Agenda, weil die Rechtswidrigkeit der Mischpreisbildung in bestimmten Fällen weitreichende Folgen für das bisher praktizierte AMNOG-Verfahren hätte. In der Sache ging es um ein Antidiabetikum: Der GKV-SV war mit dem von der Schiedsstelle gebildeten Mischpreis über fünf verschiedene Patientengruppen, von denen der G-BA in vier Gruppen keinen ZN erkannt hatte, nicht einverstanden und zog vor Gericht, das im Eilverfahren die Mischpreisbildung im vorgelegten Fall als rechtswidrig erklärte. In seinem Urteil vom 28. Juni 2017 in der Hauptsache machte es dann seine grundsätzlichen rechtlichen Bedenken gegen die Mischpreisbildung als „obiter dictum" geltend. Obwohl eine höchstrichterliche Klärung noch aussteht, unterziehen wir das „Mischpreisurteil" wegen der grundsätzlichen Bedeutung in Abschnitt 2.4 einer eingehenden Prüfung und Bewertung aus ökonomischer Sicht.

Nach sechs Jahren AMNOG sind erste Effekte der Nutzenbewertung und Preisfindung auf die GKV-Versorgung mit neuen patentgeschützten Arzneimitteln empirisch belegbar. Sie machen sich in mehrfacher Hinsicht als Versorgungslücken bemerkbar (Abschnitte 2.5 und 2.6). Darunter versteht man zum einen, dass Arzneimittel-Innovationen hierzulande nicht oder nicht mehr verfügbar sind (Verfügbarkeitslücken) und zum anderen, dass sie zwar verfügbar sind, aber nicht oder nicht im wünschenswerten Ausmaß verordnet werden (Verordnungslücken). Aller Erfahrung nach bleibt der Verordnungsgrad selbst bei neuen Präparaten mit hohem Zusatznutzen mehr oder weniger weit unter seinem Maximum, was eine vermeidbare Unterversorgung der betroffenen Patienten bedeutet. In vielen Fällen existieren meist regionale Verordnungsempfehlungen, die darauf hinauslaufen, die Verordnung von AMI entweder generell oder zumindest in Subpopulationen, für die kein ZN festgestellt wurde, als unwirtschaftlich zu erklären und mittels Regressdrohung gegenüber den verordnenden Ärzten zu verhindern. Ob und inwieweit es dadurch zu gravierenden Versorgungslücken der Patienten mit therapeutisch fortschrittlichen Arzneimitteln kommt, ist jedenfalls eine Frage, die in der Öffentlichkeit noch zu wenig diskutiert wird, aber dringend einer Beantwortung bedarf.

Fazit
Ob das AMVSG ein AMNOG 2.0 sein wird, muss sich erst noch zeigen. Um die inzwischen hervorgetretenen Defizite der AMNOG-Regulierung aufgreifen und lösen zu können, hätte man jedenfalls zuvor den Reformbedarf der FNB und Preisfindung stärker herausarbeiten müssen. Zu denken gibt diesbezüglich auch die herbe Kritik vieler ärztlicher Fachgesellschaften, die im AMNOG tendenziell eine Innovationshürde sehen und die Übersetzung der Verfahrensergebnisse in die Versorgungspraxis kritisieren. Zudem gilt es zu untersuchen, ob und inwieweit als Folge der AMNOG-Regulierung innovative Medikamente in Deutschland zunehmend nicht oder nicht mehr verfügbar sind oder trotz ihrer Verfügbarkeit nicht hinreichend verordnet werden. Denn derartige Versorgungslücken dürften nicht im Interesse einer Gesundheitspolitik sein, die eine qualitativ hochwertige, therapeutisch fortschrittliche Arzneimittelversorgung zu „stärken" beabsichtigt und den Patienten im Bedarfsfall die Versorgung mit den dazu erforderlichen innovativen Pharmazeutika verspricht.

2. Problembereiche des AMNOG: Mythen und Fakten

Nach sechs Jahren Praxis ist das AMNOG-Verfahren fest etabliert und läuft formal störungsfrei ab. An den ursprünglichen Zielen des Gesetzgebers gemessen, lassen seine Ergebnisse jedoch in mancherlei Hinsicht zu wünschen übrig. Denn inzwischen zeigen sich versorgungspolitisch bedenkliche Neben- und Folgewirkungen, die von den Akteuren im Gesundheitswesen ganz unterschiedlich wahrgenommen und beurteilt werden. So kritisieren etwa die Krankenkassen als Kostenträger, dass die Preise und Erstattungsbeträge immer noch viel zu hoch seien, einheitliche Erstattungsbeträge für stratifizierte Wirkstoffe die Wirtschaftlichkeit der Verordnungen gefährde und Einsparpotenziale nicht ausgeschöpft würden. Dagegen beklagen die forschenden Arzneimittelhersteller unzureichende, weil innovationshemmende Deckungsbeiträge für ihre F&E-Leistungen und weisen medizinische Fachgesellschaften und Patientenorganisationen auf zunehmende Versorgungslücken hin, die durch mangelnde Verfügbarkeit oder unzureichende Verordnung von Arzneimittel-Innovationen (AMI) entstünden. Derartige Gefährdungsmomente einer wirtschaftlichen und fortschrittlichen Arzneimittelversorgung bedürfen jedoch einer genaueren ökonomischen Analyse, um gesundheitspolitisch relevante Fakten und bloße Mythen im Sinne falscher Vorstellungen unterscheiden und damit zur zielgerechten Weiterentwicklung des AMNOG beitragen zu können.[4]

2.1 „Mondpreise" als Ausgabentreiber?

Ein solcher Mythos ist die weit verbreitete Behauptung, die Ausgaben der Krankenkassen für Arzneimittel würden alljährlich überdurchschnittlich steigen und ein Rekordniveau nach dem anderen erreichen mit der absehbaren Folge, dass dadurch auf Dauer die Finanzierbarkeit der GKV gefährdet sei. Getrieben werde die Ausgabendynamik durch die Arzneimittelhersteller, die ihre neuen Produkte bei der Markteinführung (Launch)

---

[4] Wir konzentrieren uns dabei auf fünf reformpolitisch besonders brisante Problembereiche des AMNOG und führen damit bereits publizierte Vorarbeiten fort (vgl. *Cassel/Ulrich*, 2015,2; 2016,1; 2016,2; 2016,3; und *Ulrich/Cassel* 2016).

im ersten Jahr der freien Preissetzung zu immer höheren Preisen (Launchpreise) ausböten – ein Trend, den auch das AMNOG bislang nicht hätte beenden können.

Mythos „Mondpreise"

Diese Argumentation wird unisono von den Krankenkassen und ihren Verbänden, namentlich vom GKV-Spitzenverband (GKV-SV), verbreitet und mit wissenschaftlichem Anspruch jährlich wiederkehrend durch den Arzneiverordnungs-Report (AVR) des Wissenschaftlichen Instituts der Ortskrankenkassen (WIdO) in der Trägerschaft des AOK-Bundesverbandes (AOK-BV) neu belebt.[5] Dahinter steht der inzwischen intensive Kassenwettbewerb um Mitglieder, der die Krankenkassen zu wettbewerbsfähigen Beitragssätzen zwingt. Unter den gegebenen Bedingungen des Gesundheitsfonds heißt das: Zusatzbeiträge möglichst niedrig zu halten oder am besten ganz zu vermeiden. Die Kassen sind deshalb darauf bedacht, ihre Leistungsausgaben möglichst zu begrenzen, was im Bereich der ambulanten und stationären Versorgung aufgrund der dort vorherrschenden korporatistisch-administrativ geprägten Regulierung, die kaum kassenindividuelle Handlungsspielräume zulässt, auf enge Grenzen stößt.

Es ist deshalb verständlich, dass die Kostenträger nach dem bewährten GKV-Motto: „gemeinsam und einheitlich" die Arzneimittelversorgung als drittgrößten Ausgabenblock ins Visier nehmen. Denn dieser Versorgungsbereich verfügt nicht nur über eine gänzlich andere Regelungsstruktur (Governance), sondern konfrontiert auch das Solidarsystem der GKV auf der Angebotsseite mit der Pharmabranche als einer global aufgestellten Industrie, die nach marktwirtschaftlichen Prinzipien gewinnorientiert operiert und von daher im natürlichen Widerspruch zum Solidarprinzip der GKV zu stehen scheint. Das macht es einfach, mit pharmakritischen Mythen Öffentlichkeit und Politik von der Notwendigkeit der „Kostendämpfung" auch und gerade bei Arzneimitteln zu überzeugen.

Dies geschieht am wirkungsvollsten, wenn unter Verweis auf rasant steigende Preise und Ausgaben bei neuen Arzneimitteln (AMI) – wie bei-

---

[5] Aktuell wieder im Teil I des Ende September letzten Jahres erschienenen *AVR 2016*, der bereits diesbezüglich von uns mehrfach kritisiert wurde. Siehe *Cassel/Ulrich* 2016,2, S. 89 ff., und die dort angegebene Literatur.

spielsweise in Abbildung 2-1 dargestellt[6] – vor einer finanziellen Überforderung des GKV-Systems gewarnt und dafür die Pharmaindustrie mit ihrem Gewinninteresse als Verursacher hingestellt wird. Hierfür kann die 2014 durch den Markteintritt des hochwirksamen, aber recht teuren Hepatitis-C-Präparats Sovaldi® mit dem Wirkstoff *Sofosbuvir* ausgelöste und seitdem anhaltende Diskussion über „Mondpreise" als Beispiel dienen:[7] Als 2014 die Arzneimittelausgaben im Zuge der Rückführung des gesetzlichen Herstellerrabatts von 16 % auf 7 % um fast 10 % anstiegen (siehe Tabelle 2-1, Zeile 3), wurde die deutsche Öffentlichkeit auch noch mit dem Launch von Sovaldi® zum Apothekenverkaufspreis (AVP) einer Tablette von 714,27 € überrascht. Hierdurch ergaben sich nach gesetzlichen Abschlägen Netto-Kosten einer zwölfwöchigen Standardtherapie von 53.576 € (*AVR* 2015, Tabelle 2.6, S. 74). Auf die Zielpopulation der neuen Hepatitis-C-Therapie hochgerechnet, schätzten die Kassenärztliche Bundesvereinigung (KBV) und der GKV-SV die jährlich entstehende Mehrbelastung für 2015 und 2016 auf 1,4 Mrd. €, nachdem schon im ersten Jahr rund 590 Mio. € für Sovaldi® ausgegeben wurden (*Korzilius/Osterloh* 2016, S. B53). Daraufhin setzte in Teilen der Öffentlichkeit eine Welle der Entrüstung ein, in der das unternehmerische Verhalten des Herstellers als moralisch verwerflich gebrandmarkt[8] und die ökonomisch fragwürdige Forderung nach „ethischen Preisen" für Arzneimittel-Innovationen erhoben wurde.[9]

---

6 Merklich steigende Preise und Ausgaben der Arzneimittel-Innovationen sind keineswegs auf Deutschland beschränkt, sondern ein weltweites Phänomen. So sind einer Studie von *Dusetzina* 2016 zufolge die durchschnittlichen Monatsausgaben für orale Onkologika in den USA im Jahr ihrer Markteinführung von 7.246 $ in 2011 auf 11.325 $ in 2014, d. h. um 56,3 %, gestiegen.
7 Unter einem „Mondpreis" wird im Geschäftsleben ein unrealistisch hoch angesetzter (Listen-)Preis verstanden, der dem Anbieter eines Gutes einen großen Verhandlungsspielraum gegenüber dem Käufer schaffen soll. Dies kann auch auf Launchpreise von Arzneimitteln zutreffen, auf die danach im AMNOG-Verfahren Rabatte zur Vereinbarung eines Erstattungsbetrages verhandelt werden. Meist versteht man darunter jedoch Preise, die einfach nur als zu hoch empfunden werden, so dass damit auch Erstattungsbeträge gemeint sein können.
8 Rückblickend siehe zur Debatte in den USA *Roy/King* 2016, und mit Blick auf weitere hochpreisige AMI in verschiedenen Therapiegebieten hierzulande *Rahaus* 2015; *Bausch* 2016, S. 7 ff.; *Friedrichs* 2016; *Korzilius/Osterloh* 2016.
9 Zur Kritik daran siehe *Schlander/Jäcker/Völkl* 2012; 2013; *Scannell* 2015.

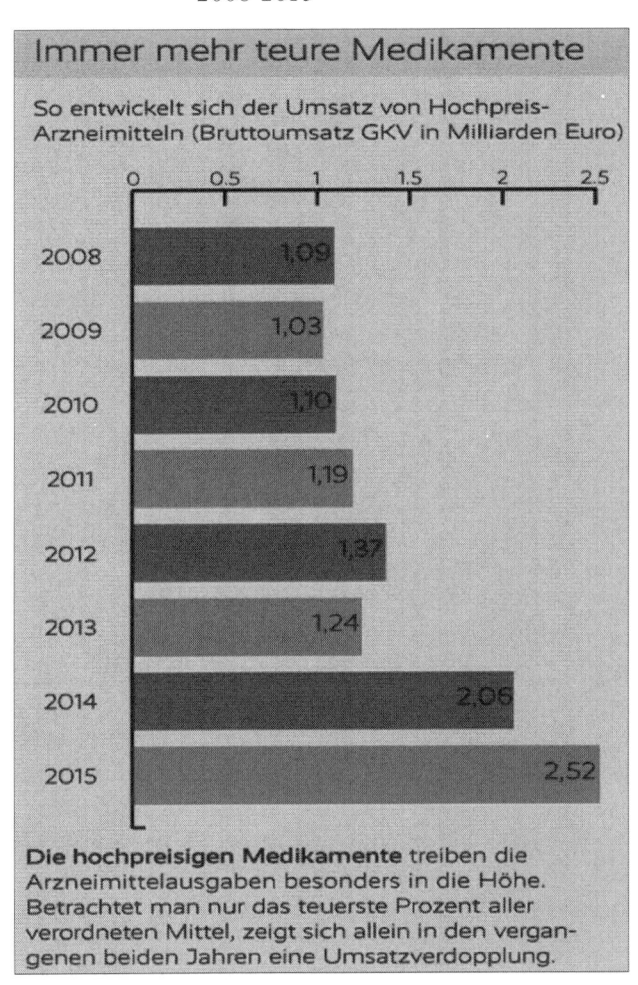

Abbildung 2-1: Ausgabenexpansion durch hochpreisige Medikamente, 2008-2015

Immer mehr teure Medikamente

So entwickelt sich der Umsatz von Hochpreis-Arzneimitteln (Bruttoumsatz GKV in Milliarden Euro)

Jahr	Umsatz
2008	1,09
2009	1,03
2010	1,10
2011	1,19
2012	1,37
2013	1,24
2014	2,06
2015	2,52

Die hochpreisigen Medikamente treiben die Arzneimittelausgaben besonders in die Höhe. Betrachtet man nur das teuerste Prozent aller verordneten Mittel, zeigt sich allein in den vergangenen beiden Jahren eine Umsatzverdopplung.

Quelle: *Forum aktuell* der AOK Hessen 2016, S. 2.

Dabei wurde aber übersehen, dass Sovaldi® insofern eine krasse Ausnahme ist, als es bei seinem Launch in 2014 bahnbrechend zur Heilung von Hepatitis C führte und damit die immensen Behandlungs- und Folgekosten dieser Krankheit vermeiden konnte. Ökonomisch gesehen, war die Nachfrage nach diesem „Breakthrough" für Akutpatienten nahezu preisunelastisch. Dies ermöglichte seinem Hersteller, innerhalb einer beträcht-

2. Problembereiche des AMNOG: Mythen und Fakten

lichen Preisspanne nahezu jeden Preis zu fordern und durchzusetzen. Das änderte sich aber schon im gleichen Jahr mit dem Markteintritt von drei weiteren Substanzen, darunter der Wirkstoff *Ledipasvir,* der ebenfalls von *Gilead* entwickelt und nur wenige Monate später in Kombination mit *Sofosbuvir* unter dem Handelsnamen Harvoni® als neuer Therapiestandard ausgeboten wurde.[10] In 2015 und 2016 folgten jeweils noch zwei weitere Substanzen, die wie die vorjährigen Folgeprodukte mit deutlich niedrigeren Launchpreisen bzw. Therapiekosten eingeführt wurden. Zusammen mit dem schon 2011 mit einem nicht quantifizierbaren ZN bewerteten Victrelis® (*Boceprevir*) stehen inzwischen bereits neun antivirale Wirkstoffe verschiedener Hersteller zur Verfügung. *Gilead* hatte damit schon nach kürzester Zeit seine wirtschaftliche Monopolstellung für Sovaldi® und Harvoni® auf dem Markt der antiviralen Hepatitis-C-Substanzen eingebüßt und verlor als Folge des weltweit einsetzenden Preis- und Produktwettbewerbs von 2015 bis Mitte 2017 über 50 % seines Aktienkurses.

Angesichts der Erfahrung, dass beispielsweise die Automobilindustrie regelmäßig ihre Neuwagenpreise bei Modellen mit fortschrittlicher Technologie und besserem Fahrkomfort erhöht, ohne dass dagegen massiv Front gemacht würde, erscheint dies alles eher paradox. Tatsächlich gilt aber beim Kauf von neuen Autos und Arzneimitteln eine gänzlich andere Entscheidungslogik: Der Kaufinteressent eines Neuwagens bewertet für sich allein den Zusatznutzen des automobilen Fortschritts, und ist ihm der Preis dafür zu hoch, wird er sich für ein preisgünstigeres, aber technisch weniger aufwendiges Modell entscheiden. Dagegen wird der Patient im Praxisalltag nicht danach gefragt, was ihm der Zusatznutzen der neuen Arzneimitteltherapie wert ist und ob er sie sich leisten will oder kann. Darüber wird in der GKV für die Gesamtheit der Versicherten bzw. Patienten kollektiv entschieden. Damit aber löst sich der ökonomische Zusammenhang von Preis und Nutzen auf der Individual- und Kollektivebene auf: Der Patient beansprucht den Zusatznutzen des neuen Arzneimittels unabhängig vom dessen Preis, und die Krankenkasse sieht den höheren Preis

---

10 Harvoni® wurde mit einen ApU von 795,03 € pro Tablette zwar 11,3 % teurer ausgeboten als Sovaldi® (714,27 €), verursachte aber wegen des deutlich geringeren jahresdurchschnittlichen Verbrauchs von 103 statt 126 Tabletten um rund 9 % niedrigere Therapiekosten, nämlich im Mittelwert p. a. 81.888 € pro Behandlungsfall gegenüber 89.998 € bei Sovaldi®. Die aktuellen Behandlungskosten liegen auf EB-Niveau bei 69.346 € und 75.639 € (*LAUER-TAXE*, Stand vom 01.04.2017).

als finanzielle Last, ohne den Zusatznutzen als deren „Gegenwert" zu veranschlagen. Deshalb erscheinen den Kostenträgern höhere Arzneimittelpreise und -ausgaben per se als notwendiges Übel, das es möglichst zu vermeiden gilt.[11]

Dabei ist hervorzuheben, dass seit 2011 in 228 Verfahren immerhin 52 Arzneimittel (22,81 %) vom G-BA einen beträchtlichen oder erheblichen Zusatznutzen attestiert bekamen (*AMNOG-Daten* 2017, Abbildung 8). Unter den AMI insgesamt waren bahnbrechende Wirkstoffe, wie beispielsweise die Hepatitis-C-Substanzen *Sofosbuvir* und *Ledipasvir*, die in Kombination unter dem Label Harvoni® einem Großteil der Patienten vollständige Heilung versprechen. Auch in der Krebstherapie hat es beträchtliche Fortschritte mit neuen Wirkstoffen und Wirkprinzipen gegeben, nachdem schon seit Längerem die standardisierte Mortalitätsrate kontinuierlich gesunken ist und heutzutage schon viele Krebspatienten auf vollständige Heilung hoffen können. Schließlich konnten mit neuen Medikamenten für seltene Krankheiten („Orphan Drugs"), die inzwischen jede fünfte AMI stellen, die Behandlungsmöglichkeiten ebenfalls deutlich verbessert werden – wie auch bei der Volkskrankheit Diabetes mellitus Typ 2 deutliche Fortschritte hinsichtlich Lebensqualität und Lebenserwartung der Patienten erzielbar waren.[12]

---

11 Hierfür lässt sich auch ein theoretisches Argument anführen: Apologeten der Preissenkung zwecks Kostendämpfung bei Arzneimitteln argumentieren auf Basis der neoklassischen Gleichgewichtstheorie, die ihre Aussagen aus dem Modell eines fiktiven statischen Endzustands („*Pareto*-Optimum") ableitet. Darin ist technischer Fortschritt auch im Sinne neuer Produkte annahmegemäß ausgeschlossen, und der Preiswettbewerb lässt keine Gewinne mehr zu („statische Effizienz"). Dagegen denken wir in den Kategorien der Evolutionstheorie von *Joseph Schumpeter* (1883-1950), der Innovationen und Imitationen als treibende Kraft wettbewerblicher Prozesse und damit auch des wirtschaftlichen Fortschritts begreift („dynamische Effizienz"). Oder anders ausgedrückt: Neoklassiker sehen AMI als „gegeben" an und verlangen nach möglichst niedrigen bzw. „fairen", „gerechten" oder „ethischen" Preisen dafür. Evolutoriker haben dagegen die Rahmenbedingungen für das Zustandekommen der AMI im Blick, interessieren sich für den mit den Parametern Produkt, Qualität, Verfügbarkeit etc. geführten therapeutische Wettbewerb und setzen hinsichtlich angemessener Preise auf den expliziten und impliziten Preiswettbewerb, der den Prozess der „*schöpferischen Zerstörung*" (Schumpeter) im Zeitablauf begleitet und dabei Preise und Gewinne unter Anpassungsdruck setzt. Siehe dazu ausführlicher *Cassel/Ulrich* (2015,1, S. 87 ff.).

12 Siehe für einen Überblick über die bedeutendsten pharmakotherapeutischen Fortschritte in jüngerer Zeit: *Arzneimittel-Atlas* 2016, S. 3, 15 ff. und 64 ff.; *Bausch*

2. Problembereiche des AMNOG: Mythen und Fakten

Ungebremste Ausgabendynamik?
Dem wird entgegengehalten, dass der Umsatz mit patentgeschützten Fertigarzneimitteln als den Trägern des therapeutischen Fortschritts alljährlich beträchtlich steige und im Zeitraum von 2005-2015 um knapp 65 % zugenommen habe, obwohl ihre Verordnungen im Gegensatz zum Generikamarkt im gleichen Zeitraum um fast 50 % zurückgegangen seien (*AVR* 2016, Abbildung 1.3, S. 6). Und da Preiserhöhungen im Bestandsmarkt für patentgeschützte Präparate durch die Verlängerung des Preismoratoriums bis 2022 ausgeschlossen sind, käme die Zunahme des Umsatzes im Patentmarkt bei gleichzeitig rückläufigen Verordnungen allein durch entsprechend höhere Preise der neu eingeführten Produkte zustande. Fazit: „*Diese regulatorische Lücke* (nämlich die freie Preissetzung im ersten Jahr nach dem Launch; die Verf.) *funktioniert trotz AMNOG weiterhin hervorragend* ...", und es sei unerklärlich, „*... dass der Bundesgesundheitsminister die gesetzlichen Möglichkeiten des AMNOG-Verfahrens nicht weiter ausbauen, sondern im Gegenteil die bestehenden Regelungen im Konsens mit der pharmazeutischen Industrie* (im Entwurf des AMVSG; die Verf.) *weiter einschränken will*" (*AVR* 2016, S. 5 und 25 f.). Damit ist das Argumentationsmuster in Sachen ungebremste Ausgabendynamik vorgezeichnet:

- Man weise auf möglichst hohe Zunahmen von Ausgaben, Umsätzen oder Kosten bei Arzneimitteln hin („Kostenexplosion") und warne vor einer finanziellen Überforderung der Kostenträger oder gar vor einer Gefährdung des GKV-Systems insgesamt;
- propagiere die neu auf den Markt kommenden Produkte mit ihren hohen Launchpreisen als Ursache („Kostentreiber") und die Zulassung der freien Preisbildung im ersten Jahr nach Produkteinführung als Fehler des Gesetzgebers („Regulierungslücke");
- fordere den Gesetzgeber auf, diese durch geeignete Regulierungsmaßnahmen möglichst rasch auf Kosten der Hersteller zu schließen („Weiterentwicklung des AMNOG"); und
- kümmere sich ansonsten weder um Patientenpräferenzen in der Arzneimittelversorgung noch um drohende gesellschaftliche Kosten durch mangelnde Verfügbarkeit oder Verordnung fortschrittlicher Arzneimitteltherapien („Versorgungslücken").

2016, S. 2 ff.; sowie zu den damit erzielbaren Wohlfahrtsgewinnen am Beispiel der Krebsmittel *Chandra et al.* 2015.

Dem lassen sich eine Reihe von Argumenten entgegenhalten: So ist es ein unbestrittenes Faktum, dass die GKV-Gesundheitsausgaben in jedweder Definition und Abgrenzung seit Jahrzehnten ununterbrochen gestiegen sind. Dementsprechend verzeichnen auch die Arzneimittelausgaben jedes Jahr erneut ein „Rekordhoch" – und macht somit auch das letzte Jahr (2016) davon keine Ausnahme. Es liegt nun einmal in der Natur der Sache, dass in einer alternden Gesellschaft bei zunehmendem Wohlstand die Ansprüche an das Gesundheitswesen insgesamt kontinuierlich steigen und die Ausgaben als Produkt aus Mengen und Preisen von Gesundheitsleistungen im Umfeld allgemeiner Lohn- und Preiserhöhungen ständig zunehmen. Dies ist kein Menetekel, sondern eine ganz normale und zudem erfreuliche Entwicklung, solange mit zusätzlichen Ausgaben im Ergebnis solche Produkte und Dienstleistungen generiert werden, die den Patienten zusätzlichen Nutzen bringen.[13] Dagegen erscheinen den Kostenträgern Ausgabenerhöhungen bei Arzneimitteln per se als bedenklich – und dies insbesondere dann, wenn sie im Vergleich zu den Gesamtausgaben der GKV „*erneut überdurchschnittlich*" ausfallen (*AVR* 2016, S. 3).

Und wenn Arzneimittelausgaben stärker steigen als die Gesamtausgaben – und damit die Ausgaben anderer Versorgungssektoren wie der ambulanten oder stationären Versorgung vergleichsweise weniger stark –, ist das für sich genommen ebenfalls nichtssagend, könnten doch damit auch „erneute" arzneimitteltherapeutische Leistungsverbesserungen einhergehen. Meist wird darin aber wie selbstverständlich eine anhaltend negative Entwicklung gesehen, die jedoch aus der Statistik nicht ablesbar ist. Wie Tabelle 2-1 zeigt, sind die GKV-Arzneimittelausgaben im Zeitraum von 2006-2016 nur in 5 von 11 Jahren stärker als die Gesamtausgaben gestiegen, was freilich auch mit dem von 6 % auf 16 % erhöhten Herstellerabschlag nach § 130a SGB V in den Jahren 2010-2013 zusammenhängt. Die Arzneimittelausgaben haben gegenüber 2005 mit 51,6 % sogar merklich weniger zugenommen als die Gesamtausgaben, die um 57,8 % gestiegen sind und damit vergleichsweise 6,2 Prozentpunkte mehr zugelegt haben. Auch seit dem Inkrafttreten des AMNOG in 2011 hat sich daran grundsätzlich nichts geändert, sind doch die Arzneimittelausgaben bis 2016 gegenüber 2010 mit 20,3 % geringer gewachsen als die Gesamtausgaben

---

13 Nicht von ungefähr hat sich der Gesetzgeber an keiner Stelle der Gesetzesbegründung das Ziel gesetzt, durch das AMNOG den Trend zu steigenden Arzneimittelausgaben zu brechen – wie dies vom *GKV-SV* (2016, S. 1) erst unlängst wieder behauptet wurde.

2. Problembereiche des AMNOG: Mythen und Fakten

(25,4 %), obwohl der gesetzliche Herstellerrabatt in 2014 von 16 % auf zunächst 6 % abgesenkt und schließlich auf 7 % festgesetzt wurde. Schließlich geht aus der vorletzten Zeile von Tabelle 2-1 auch hervor, dass der Anteil der Arzneimittelausgaben an den Gesamtausgaben mit 17 % in den letzten beiden Jahren nicht ungewöhnlich hoch ist, sondern noch 0,3 Prozentpunkte unter dem Durchschnitt der letzten 12 Jahre liegt.[14]

Dieser Gesamteindruck bestätigt sich auch bei einem isolierten Blick auf die seit Jahren vermehrt verfügbaren Krebsmittel (Onkologika), die als Fertigarzneimittel oder parenterale Zubereitungen meist stark stratifiziert und als Kombination in den zahlreichen Teilgebieten der Onkologie zum

Tabelle 2-1: Arzneimittelausgaben und Gesamtausgaben in der GKV, 2005-2016

Ausgaben	2005	2006	2007	2008	2009	2010*	2011*	2012*	2013*	2014	2015	2016	2005-2016
Arznei- und Verbandmittel in Mrd. €	25,4	25,9	27,8	29,2	31,7	32,0	30,9	31,3	32,2	35,4	37,0	38,5	-
Veränderung in Mrd. €	-	+0,5	+1,9	+1,4	+2,5	+0,3	-1,1	+0,4	+0,9	+3,2	+1,6	+1,5	+13,1
Veränderung in %	-	+2,0%	+7,3%	+5,0%	+8,6%	+0,9%	-3,4%	+1,3%	+2,9%	+9,9%	+4,5%	+4,1%	+51,6%
GKV-Gesamtausgaben in Mrd. €	143,6	147,6	153,6	160,8	170,8	180,7	184,9	190,0	199,0	208,9	217,4	226,6	-
Veränderung in Mrd. €	-	+4,0	+6,0	+7,2	+10,0	+9,9	+4,2	+5,1	+9,0	+9,9	+8,5	+9,2	+83,0
Veränderung in %	-	+2,8%	+4,1%	+4,7%	+6,2%	+5,8%	+2,3%	+2,7%	+4,7%	+5,0%	+4,1%	+4,2%	+57,8%
Anteil an den GKV-Gesamtausgaben in %	17,7%	17,5%	18,1%	18,1%	18,6%	17,7%	16,7%	16,4%	16,2%	16,9%	17,0%	17,0%	-
Anteil am BIP in %	13	1,1%	1,1%	1,1%	1,3%	1,2%	1,1%	1,1%	1,1%	1,2%	1,2%	1,2%	-

*Jahre mit Erhöhung des Herstellerabschlages nach § 130a SGB V von 6 auf 16 %, seit 2014 durch das 14. SGB V-Änderungsgesetz auf 7 % festgesetzt. Seit 2010 gilt außerdem ein Preismoratorium.

Quelle: Eigene Berechnungen nach Angaben des *BMG* 2017,1.

---

14 Dementsprechend kommen auch *Häussler/Höer/de Millas* (2016, S. 5) in ihrem *Arzneimittel-Atlas* 2016 zu dem Ergebnis, dass der Anstieg der Arzneimittelausgaben in der GKV nach wie vor dem langfristigen Trend folge.

Einsatz kommen und von vielen als die eigentlichen „Kostentreiber" unter den neuen Arzneimitteln angesehen werden (*Glaeske* 2016,1, S. 22 f.; *Ludwig/Schildmann* 2016). Wie aus Abbildung 2-2 hervorgeht, ist jedoch der Umsatzanteil der Onkologika einschließlich der parenteralen Zubereitungen am GKV-Gesamtumsatz mit Arzneimitteln während des AMNOG von 2013 bis 2015 nur moderat gestiegen und hat erst im letzten Jahr wieder deutlicher zugenommen. Gerade im onkologischen Bereich ist diese eher verhaltene Entwicklung überraschend, wurden doch in den letzten Jahren überdurchschnittlich viele neue Wirkstoffe mit besonders hohen Launchpreisen auf den Markt gebracht und in fast 80 % der Verfahren mit einem nachgewiesenen Zusatznutzen bewertet, so dass sie dem Prinzip „Money for Value" zufolge auch vergleichsweise hohe Erstattungsbeträge aufweisen.

Als Fazit bleibt somit festzuhalten: Für den Befund: *„steigende Arzneimittelausgaben trotz AMNOG"* (*WIdO/Schwabe* 2016, S. 2) geben die vorliegenden Daten ebenso wenig her, wie für die Furcht vor einer finanziellen Überforderung des GKV-Systems durch übermäßige Expansion der Gesamtausgaben. Hierfür spricht auch, dass der Anteil der Arzneimittelausgaben am Bruttoinlandsprodukt (BIP) mit Ausnahme des Krisenjahres 2009 mit seinem rückläufigen BIP relativ konstant bei 1,1 bis 1,2 % lag (siehe Fußzeile in Tabelle 2-1). Die Ausgaben für die GKV-Arzneimittelversorgung sind also im Einklang mit der gesamtwirtschaftlichen Wertschöpfung gestiegen.

Patentpräparate zu Generikapreisen?
Wenn einerseits patentgeschützte Fertigarzneimittel, darunter insbesondere hochpreisige Arzneimittel-Innovationen als *„Turbo für die Entwicklung der Arzneimittelausgaben in Deutschland"* gelten (*WIdO/Klauber* 2016, S. 1), andererseits aber die Entwicklung der Arzneimittelausgaben der GKV insgesamt gänzlich unauffällig ist, scheint darin ein Widerspruch zu bestehen, den es aufzuklären gilt. Den Ansatz dazu liefern die konträren, aber in höchstem Maße interdependenten Entwicklungen in den Marktsegmenten der patentgeschützten und nicht geschützten Fertigarzneimittel.[15] So sind beispielsweise 2015 die Umsätze abzüglich der gesetzlichen Abschläge („GKV-Nettokosten") auf dem Patentmarkt mit 9,7 %

---

15 Die Unterschiede in der Ausgaben-, Preis- und Verordnungsentwicklung resultieren aus den verschiedenartigen Regulierungsstrukturen auf dem Patent- und Generikamarkt. Dazu ausführlich *Cassel/Ulrich* 2012,2, S. 56 ff.

2. Problembereiche des AMNOG: Mythen und Fakten

wesentlich stärker gestiegen als im Gesamtmarkt (5,8 %), während sie im Generikamarkt mit -0,7 % sogar rückläufig waren. Von 2006-2015 sind die Apothekenverkaufspreise je Verordnung bei den Patentpräparaten um gut 180 % gestiegen, die Generikapreise aber nur um 7,4 %; gleichzeitig ist das Verordnungsvolumen in DDD im Patentmarkt um 42,5 % geschrumpft, während es im Generikasegment um 84,3 % zugenommen hat (*AVR* 2016, S. 5 und 142 ff.). Damit löst sich der scheinbare Widerspruch auf: Die gegenläufigen Entwicklungen in beiden Marktsegmenten wirken kompensatorisch mit Blick auf den Gesamtmarkt und lassen sich nur dann

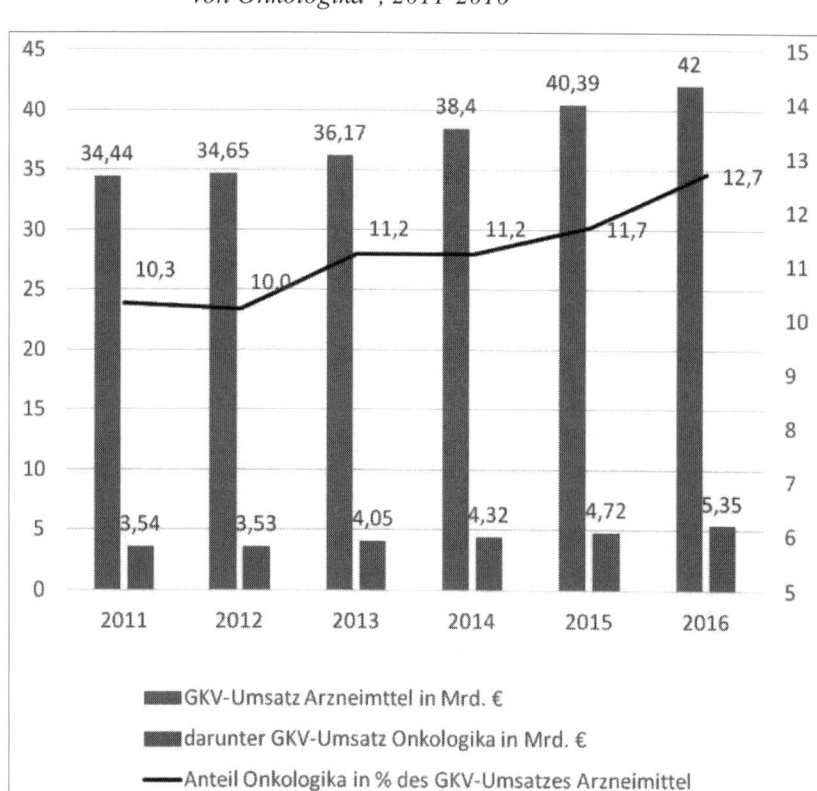

Abbildung 2-2: GKV-Arzneimittelumsatz und Marktanteil von Onkologika*, 2011-2016

Jahr	GKV-Umsatz Arzneimittel in Mrd. €	darunter GKV-Umsatz Onkologika in Mrd. €	Anteil Onkologika in %
2011	34,44	3,54	10,3
2012	34,65	3,53	10,0
2013	36,17	4,05	11,2
2014	38,4	4,32	11,2
2015	40,39	4,72	11,7
2016	42	5,35	12,7

*einschließlich parenteraler Zubereitungen. Umsätze zu Apothekenverkaufspreisen (AVP).

Quelle: Eigene Darstellung nach Daten des *vfa* 2017.

gegeneinander ausspielen, wenn Preise und Ausgaben auf dem Generikamarkt zur Richtschnur der GKV-Arzneimittelversorgung gemacht werden. Tatsächlich genießen Generika – und mit ihnen zunehmend auch die „Biosimilars" – politik- und kassenseitig eine hohe Wertschätzung, weil sie im GKV-Arzneimittelmarkt mit einem Verordnungsanteil von bald 80 % den Großteil der Versorgung abdecken, aber nur gut 35 % der Ausgaben verursachen, und damit die finanzielle Belastung der Kostenträger gering halten. Dagegen erscheinen AMI vielen als fragwürdig, weil sie beim Launch zu immer höheren Herstellerabgabepreisen in den Markt „gedrückt" würden, in der FNB oft genug keinen Zusatznutzen nachweisen könnten und häufig kleine Indikationen bzw. Populationen beträfen, dafür aber einen erheblichen Budgeteffekt hätten.[16]

Was treibt die Preise von AMNOG-Präparaten?
Deshalb nahmen die Kassen und ihre Verbände im Vorfeld des AMVSG auch unablässig die patentgeschützten Neu- und Altpräparate ins Visier der Kostendämpfung: Sie forderten den Gesetzgeber auf, die Preisregulierung des AMNOG – etwa durch eine rückwirkende Geltung des Erstattungsbetrages bei Neupräparaten oder durch Vereinbarung nutzenorientierter Erstattungsbeträge bei Altpräparaten („Bestandsmarktaufruf") – zu verschärfen, um der *„Preistreiberei der Hersteller"* endlich Einhalt zu gebieten.[17] Tatsächlich kommen aber in den kritisierten empirischen Befunden weniger „unternehmerische Verhaltensweisen", als vielmehr „ökonomische Gesetzmäßigkeiten" zum Ausdruck, die verstanden sein wollen, um kausaladäquat darauf reagieren zu können:
- Auf dem Generikamarkt herrscht primär Preis- bzw. Rabattwettbewerb, der die Preise der nahezu identischen Produkte auf das Niveau der Produktionsgrenzkosten drückt, kaum Deckungsbeiträge für Fixkosten der Forschung und Entwicklung (F&E) hergibt und nur bescheidene Gewinnmargen zulässt.

---

16 So beispielsweise *Ludwig/Schildmann* 2015; *Glaeske* 2016,2; *Ludwig* 2016.
17 Der Gesetzgeber hat jedoch im AMVSG weiter an der Suspendierung des Bestandsmarktaufrufs grundsätzlich festgehalten und auf die vom BMG geplante rückwirkende Geltung der EB bei Medikamenten mit jährlichen Umsätzen über eine Schwelle von 250 Mio. € hinaus aufgrund eines kurz vor der Verabschiedung des Gesetzes im Bundestag am 06.03.2017 zustande gekommenen Kompromisses der Koalitionsparteien verzichtet (vgl. *Deutscher Bundestag* 2016 und 2017).

2. Problembereiche des AMNOG: Mythen und Fakten

- Dagegen verfügt der Hersteller im Patentmarkt bis zum Auslaufen des Patentschutzes über ein temporäres Monopol für seine Produktinnovation und kann je nach Preiselastizität der Nachfrage Preise setzen, die über den Grenzkosten liegen. Sie ermöglichen den nötigen Cash Flow, mit dem sich die laufenden F&E-Kosten für neue Produkte finanzieren lassen.[18]
- Die Monopolposition ist aber jederzeit durch therapeutisch bessere Produkte aus der Pipeline der Konkurrenten bestreitbar. Deshalb dominiert auf dem Patentmarkt nicht der Preis-, sondern der Produktwettbewerb bzw. „therapeutische Wettbewerb". Ihm verdanken wir fortlaufend Arzneimittel-Innovationen, die sich im Versorgungsalltag bewähren müssen und den therapeutischen Fortschritt vorantreiben.
- Der Produktwettbewerb wird getrieben durch den drohenden Patentablauf. Denn sobald der Patentschutz ausläuft, kann der Wirkstoff des Originals unter kostenloser Bezugnahme auf die Zulassungsunterlagen von anderen Herstellern imitiert werden und können die Imitate durch Preisunterbietung Marktanteile erobern. Dadurch wird der Markt für das Original wirtschaftlich unergiebig und vielfach ganz aufgegeben.[19]
- Regulierungen wie Festbeträge, Rabattverträge und Importförderung haben den Preiswettbewerb auf dem Generikamarkt inzwischen so verschärft, dass die Innovatoren der nicht mehr geschützten Originale auf ihm so gut wie keine Deckungsbeiträge mehr für ihre F&E generieren können. Damit ist der früher praktizierte „Generationenvertrag" zwischen Alt- und Neupräparaten zur Finanzierung der laufenden F&E gebrochen: Die F&E-Kosten lassen sich praktisch nur noch aus Erlösen mit Patentpräparaten decken.
- In Verbindung mit verkürzten effektiven Patentlaufzeiten und zunehmenden F&E-Kosten infolge stratifizierter Medizin, neuartiger Forschungsstrategien, höherer Forschungsrisiken und verschärfter Zulassungsanforderungen zieht dies zwangsläufig Preiserhöhungen bei ge-

---

18 Die F&E-Kosten der Bestandspräparate gelten zum größten Teil als „versunken" (Sunk Costs) und spielen für aktuelle Preis- und Investitionsentscheidungen keine Rolle mehr, dafür ist die Finanzierung der laufenden F&E-Kosten aus den laufenden Erlösen umso wichtiger (siehe *Cassel/Ulrich* 2015,1, S. 87 ff.; *Scannell* 2015, S. 3 ff.).
19 Blieben weitere Innovationen aus, gäbe es schließlich nur noch preisgünstige Generika, aber auch keinen therapeutischen Fortschritt mehr.

schützten Bestands- und Neupräparaten nach sich, weil die steigenden F&E-Kosten auf immer weniger Produkte umgelegt werden müssen.
- Sind Preiserhöhungen auf dem Patentmarkt wegen gesetzlicher Preismoratorien nicht mehr möglich, und kommen die Erlöse noch zusätzlich durch erhöhte Zwangsrabatte bei den geschützten Bestandspräparaten unter Druck, gibt es nur noch eine Möglichkeit: die Preise der neu ausgebotenen Produkte (Launchpreise) anzuheben sowie in den Preisverhandlungen und Schiedsentscheidungen höhere Erstattungsbeträge einzufordern.
- Die FNB trägt dazu noch das ihrige bei, indem sie im internationalen Vergleich häufig andere und strengere Bewertungsmaßstäbe anlegt, die hierzulande oft schlechtere Bewertungsergebnisse nach sich ziehen.[20] Wenn aber wie bisher bei über 60 % der Teilpopulationen und gut 75 % der Patienten kein Zusatznutzen attestiert wird und die betreffenden Präparate infolgedessen unter Festbetrag gestellt, maximal einen Preis in Höhe der Kosten der (generischen) Vergleichstherapien erhalten oder sogar vom Markt genommen werden, liefern sie keine F&E-Deckungsbeiträge mehr und tragen so zur Beschleunigung der AMI-Preisspirale bei.
- Den gleichen Mechanismus setzen gescheiterte AMNOG-Preisverhandlungen mit nachfolgendem Schiedsspruch in Gang, falls der festgesetzte Erstattungsbetrag für den Hersteller inakzeptabel erscheint und er das Präparat zurückzieht. Höhere Launchpreise könnten auch dem Umstand geschuldet sein, dass immer mehr vereinbarte Mischpreise stratifizierter Präparate arzt- und kassenseitig unterlaufen werden, so dass der Hersteller die bei der Mischpreiskalkulation prospektiv zugrunde gelegten Mengen nicht realisieren kann (siehe Abschnitt 2.3).
- Und sollte der Gesetzgeber als Reaktion darauf dem Konzept des GKV-SV zur Ablösung der Mischpreise durch eine „Nutzenorientierte Erstattung" (NoE) bei stratifizierten Medikamenten folgen, käme noch ein weiteres Preiserhöhungsmotiv hinzu: Das NoE-Konzept sieht nämlich vor, Erstattungsbeträge nur noch für einzelne Subgruppen einer Indikation nach der Kategorie ihres jeweils attestierten Zusatznut-

---

20 Siehe dazu aktuell *Fischer/Heisser/Stargardt* 2016.

2. Problembereiche des AMNOG: Mythen und Fakten

zens zu verhandeln,[21] so dass die Erstattungsbeträge bei hohem Zusatznutzen für kleine Patientenpopulationen bisher nicht gekannte Rekorde erreichen könnten.

Mit Blick auf die Zukunft droht schließlich noch ein weiterer preistreibender Faktor, nachdem die Problematik inflationsbedingter Einbußen der pU bei dem bis 2022 verlängerten Preismoratorium durch den im AMVSG vorgesehenen Preisausgleich entschärft wurde: Im Zuge der „America-first-Strategie" des neuen amerikanischen Präsidenten *Donald Trump* wird sich nämlich der Preisdruck auf die Pharmaindustrie in den USA verschärfen, um sie zu veranlassen, ihre Launchpreise im Ausland zu erhöhen und dort Deckungsbeiträge für ihre F&E zu erwirtschaften.[22]

Das „AMNOG-Paradoxon"

Diese Argumente machen deutlich, dass „hoch" erscheinende Herstellerabgabepreise beim Launch neuer Arzneimittel und immer noch „zu hoch" empfundene Erstattungsbeträge nach Preisverhandlungen und Schiedssprüchen aus ökonomischen Sachzwängen resultieren und in aller Regel nicht – wie vielfach unterstellt – willkürlichen Preissetzungspraktiken der pharmazeutischen Unternehmer geschuldet sind.

Nach sechs Jahren AMNOG gewinnt man jedenfalls den Eindruck, dass ein „Circulus vitiosus" in Gang gekommen ist, bei dem die Regulierungen zur Preis- und Kostendämpfung bei neuen Arzneimitteln Anlass zu höheren Launchpreisen der nachfolgenden Produktgeneration geben, die gesundheitspolitisch mit noch strengeren Preisregulierungen beantwortet werden und den nächsten Preisschub auslösen usw. Man könnte dies als

---

21 NoE ist eine neue Forderung des GKV-SV zur Ablösung der bisherigen Mischpreise bei „stratifizierten", d. h. nach Patientensubgruppen nutzenbewerteten Arzneimitteln. Hiernach sollen künftig stratifizierte Zusatznutzen auch stratifizierte Erstattungsbeträge nach sich ziehen. Darin sieht sich der GKV-SV durch den Beschluss des Landessozialgerichts Berlin-Brandenburg (LSG BB) vom 22.02.2017, in dem die Mischpreisbildung bei Subgruppen mit und ohne Zusatznutzen als rechtswidrig erklärt wurde, bestärkt (*GKV-SV* 2017). Siehe dazu eingehender Abschnitt 2.3.

22 In den USA wird bereits seit Jahren beklagt, dass amerikanische Big-Pharma-Unternehmen ihre AMI im heimischen Markt aufgrund der relativ freien Preisbildung zu Höchstpreisen absetzen und das Ausland weit billiger beliefern würden. Bei einem Weltmarktanteil von fast 50 % der Umsätze (*Ernst & Young* 2016, S. 7), würden sie dadurch das Ausland nicht hinreichend an der Finanzierung ihrer F&E beteiligen und ihm ermöglichen, diesbezüglich Trittbrettfahrer der USA zu sein (*Scannell* 2015, S. 16 ff.).

„AMNOG-Paradoxon" bezeichnen: Denn je erfolgreicher das AMNOG mit seiner auf Kostendämpfung zielenden Preisregulierung ist, umso höher werden die Launchpreise – und notabene auch die Erstattungsbeträge – künftig sein (müssen), sollen die Patienten nicht unter der nachlassenden Innovationsdynamik mit dem dadurch bedingten Ausbleiben arzneimitteltherapeutischer Fortschritte leiden.

Abnehmender Mond bei Sovaldi & Co.
Das daraus abgeleitete Menetekel, die „Preistreiberei" der pharmazeutischen Unternehmer beim Launch ihrer Produkte führe zu einer „Kostenexplosion" und stelle auf Dauer eine finanzielle „Systemgefährdung" der GKV dar, hat sich bisher empirisch nicht bestätigt: Die Arzneimittelausgaben steigen längerfristig im Gleichklang mit den Ausgaben der übrigen Versorgungssektoren. Ihre Wachstumsrate wie auch ihr Anteil an den Gesundheitsausgaben insgesamt sind im vergangenen Jahrzehnt praktisch konstant geblieben. Dies ist sicherlich auch eine Folge der Gesundheitspolitik, die auf dem Generikamarkt schrittweise den Preiswettbewerb intensiviert und damit zur Kostendämpfung entscheidend beigetragen hat. Ob wie gewünscht das seit 2010 geltende Preismoratorium in Verbindung mit der vorübergehenden, bis 2013 befristeten Erhöhung des gesetzlichen Herstellerrabatts von 6 % auf 16 % – seitdem auf 7 % festgeschrieben – sowie die nutzenorientierte Preisfindung des AMNOG ähnlich kostendämpfend gewirkt haben, lässt sich im Lichte des AMNOG-Paradoxons aber bezweifeln. Vielmehr sind es ökonomische Gesetzmäßigkeiten und Sachzwänge, die unter den gegebenen Rahmenbedingungen die Preisbildung für innovative Arzneimittel bestimmen:

- Selbst ein Angebotsmonopolist kann seinen Launchpreis in der Regel nicht beliebig setzen, denn unter normalen Elastizitätsbedingungen der Nachfrage wird der gewinnmaximale Preis theoretisch nach „Grenzkosten gleich Grenzerlös" im *Cournot'schen Punkt* bestimmt.[23] Würde der Hersteller den Preis unter Missachtung der Preiselastizität der Nachfrage zu hoch ansetzen, müsste er Gewinneinbußen hinnehmen, weil die absetzbare Menge zurückginge und im Extremfall null wäre.

---

23 Im Gegensatz dazu verbreitet der *AVR (*2016, S. 136 ff.) den Mythos, dass die Hersteller „*durch die Möglichkeit der freien Preisbildung im ersten Jahr quasi jeden Preis verlangen*" könnten, was sich an den doppelt so hohen Packungspreisen der Neueinführungen im Vergleich zu den Bestandspräparaten im Patentmarkt erkennen ließe.

2. Problembereiche des AMNOG: Mythen und Fakten

Dadurch käme nämlich die von ihm gewünschte Marktdiffusion erst gar nicht in Gang.
- Der Launchpreis kann auch deshalb nicht beliebig hoch sein, weil sich der Innovator in der Regel mit seinem neuen Präparat preislich in einer Indikation positionieren muss, in der es zumindest in einigen Subgruppen Substitute gibt, mit denen sein Produkt im therapeutischen Wettbewerb und von daher auch unmittelbar in Preiskonkurrenz steht. Dies gilt insbesondere dann, wenn der mit der AMI erzielbare therapeutische Fortschritt gering ist.
- Auch ist das Produktmonopol des Innovators im therapeutischen Wettbewerb jederzeit durch neue, wirksamere Substanzen der Konkurrenz bestreitbar. Es kann deshalb opportun sein, den Launchpreis mit Blick auf die drohende potenzielle Konkurrenz so niedrig zu setzen, dass der Markteintritt wirtschaftlich unattraktiv erscheint. Ähnliche Kalküle können auch mit Blick auf potenzielle Re- bzw. Parallelimporte eine Rolle spielen.
- Kommt es wie bei den Hepatitis-C-Präparaten seit 2014 zum raschen Markteintritt therapeutisch gleichwertiger Folgeprodukte anderer Hersteller, müssen die „Latecomer" im Kampf um Marktanteile ihre Launchpreise niedriger ansetzen. Infolgedessen sinken die Therapiekosten umso mehr, je größer der Versorgungsanteil und je geringer die Marktbedeutung des Altoriginals sind. Für dessen Hersteller bedeuten sinkende Absatzmengen und -erlöse zugleich eine „implizite" Preissenkung.
- Erfahrungsgemäß folgt die Markterschließung bei Innovationen dem Verlauf einer S-Kurve: In der Anfangsphase sind die Verkaufsmengen noch gering und nehmen in der Expansionsphase immer stärker zu. Das ist auch bei Arzneimittel-Innovationen meist nicht anders. Deshalb bleiben die Umsätze selbst bei hohen Launchpreisen im ersten Jahr in der Regel überschaubar und der Budget-Effekt für die Krankenkassen erträglich. Dies gilt jedenfalls solange, bis die FNB Klarheit über die Höhe des Zusatznutzens gebracht hat und ein Erstattungsbetrag gilt.[24]

Als weitere Kostenbremse wirkt sich die Ablösung der Launchpreise durch niedrigere Erstattungsbeträge aus, die nach der FNB ausgehandelt oder durch die Schiedsstelle festgesetzt werden. Dieser Absenkungseffekt

---

24 Siehe dazu ausführlicher Abschnitt 2.5.

nimmt von Jahr zu Jahr mit der Zahl der gültigen Erstattungsbeträge und Verordnungsmengen zu und ist seit 2012 von rund 25 Mio. € auf 1,15 Mrd. € in 2016 gestiegen.[25] Im Fall Sovaldi®, in dem sich beide Seiten auf eine Absenkung des Launchpreises von 16.270 € pro Packung mit 28 Tabletten auf einen Erstattungsbetrag von 13.666,67 € geeinigt haben (*LAUER-TAXE* vom 01.04.2017), beträgt die Ersparnis pro Packung 2.603,33 € und pro Tablette 92,98 €. Hiernach kostet die zwölfwöchige Standardtherapie den Kassen zu Apothekenverkaufspreisen (AVP) und nach Abzug aller gesetzlichen Abschläge 50.512 €.

Das ist zwar viel Geld, muss aber bei Heilung einer sonst tödlichen Krankheit im Sinne einer umfassend angelegten dynamischen Kosten-Nutzen-Abwägung nicht unbedingt zu viel Geld sein.[26] Dem *Eco-Hep Report* 2016 zufolge, gibt es in Deutschland noch 267 Tsd. HCV (Hepatitis-C-Virus)-Infizierte bei jährlich 5.500 Neuzugängen und 1.300 Todesfällen (2015). Mit jährlich 25.000 antiviralen Eradikations-Therapien könnten die Krankheitsfälle bis 2040 auf unter 1.000 und die Todesfälle auf 100 im Jahr gesenkt werden. Die Kosten dafür würden sich inklusive intensivem Screening, aber ohne soziale Kosten und extrahepatitische Manifestationen auf rund 14,3 Mrd. € belaufen. Sie lägen damit aber im Vergleich zu den Kosten der Fortführung der überholten Therapien in Höhe von 13,2 Mrd. € „nur" um 1,1 Mrd. € darüber, was der „Preis" für die praktische Eliminierung einer bislang tödlichen Krankheit mit relativ hoher Prävalenz wäre.

Jedenfalls sollte in derartigen Fällen nicht mehr, wie häufig zu hören, von „Mondpreisen" die Rede sein, haben doch Hersteller und GKV-SV ihre anbieter- und nachfrageseitigen Kosten-, Nutzen- und Preisvorstellungen im vereinbarten Erstattungsbetrag zum Ausgleich gebracht. Der vergleichsweise geringe Rabatt von 16 % auf den Herstellerabgabepreis spricht zudem nicht gerade dafür, dass es sich beim Launchpreis von Sovaldi® tatsächlich um einen „Mondpreis" im ursprünglichen Wortsinn handelt.

Haben Medikamente das Potenzial zur vollständigen Heilung einer Krankheit, laufen die Hersteller zudem Gefahr, wirtschaftlich gesehen das Opfer ihres eigenen therapeutischen Erfolges zu werden: Denn ihr Markt

---

25 Vgl. *AVR* 2016, Tabelle 1.7, S. 21, sowie Tabelle 2-3 in Abschnitt 2.2.
26 Vgl. *Ulrich/Cassel* 2016, S. 34. Siehe dazu ausführlich *Hoyle* 2008; 2011; *Lu et al.* 2012; *Pistollato* 2015; *Jena/Philipson* 2016.

schrumpft dauerhaft auf das zur Behandlung von Neuerkrankungen notwendige Verordnungsvolumen. Dies hat sich seit 2014 in der Hepatitis-C-Therapie – zusammen mit dem erwähnten Rückgang der Launchpreise der inzwischen acht Sovaldi®-Folgeprodukte und ihrer anschließenden Ablösung durch niedrigere Erstattungsbeträge – bereits innerhalb von eineinhalb Jahren in einer Halbierung der Ausgaben niedergeschlagen (Abbildung 2-3). Allein in 2016 ging ihre Verordnungsmenge um 25 % und ihr Umsatz um 38 % zurück (*QuintilesIMS* 2017, S. 6).

Schließlich wird auch verdrängt, dass die Zahl der therapeutisch fortschrittlichen Substanzen pro Jahr, die als potenziell hochpreisig gelten können, tendenziell nicht etwa steigt, sondern um einen mittleren Wert von 12,6 schwankt.[27] Dies gewährleistet, dass Jahr für Jahr die Zahl der in

Abbildung 2-3: Bruttoumsatz mit antiviralen Hepatitis-C-Präparaten, 2014/01-2016/09

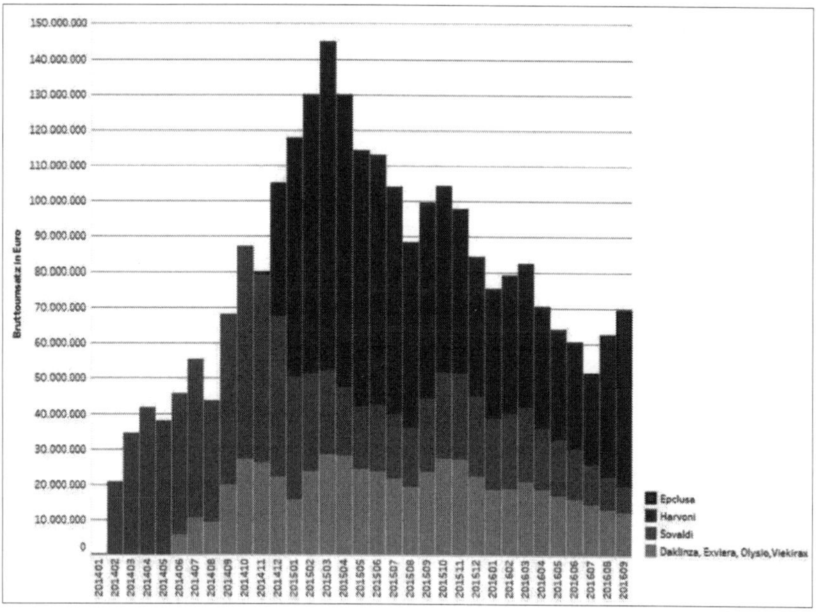

Quelle: *GKV-SV* 2016,4.

---

27 Gemeint sind damit Substanzen, die nach dem Bewertungsschema von *Fricke/ Klaus* vom AVR als therapeutisch innovativ klassifiziert werden (*AVR* 2016, Abbildung 3.1, S. 50).

den Patentmarkt eintretenden und nach Auslaufen des Patentschutzes ausscheidenden Präparate in etwa gleich ist, so dass die Ausgabeneffekte hoher Launchpreise und Erstattungsbeträge während der Patentlaufzeit durch anschließende Einspareffekte niedriger Generikapreise kompensiert werden. Wie aus Abbildung 2-4 ersichtlich, haben sich die Effekte in den letzten Jahren tatsächlich in etwa ausgeglichen.

Abbildung 2-4: Mehrausgaben durch neue Wirkstoffe versus Einsparungen durch Patentabläufe, 2009-2015

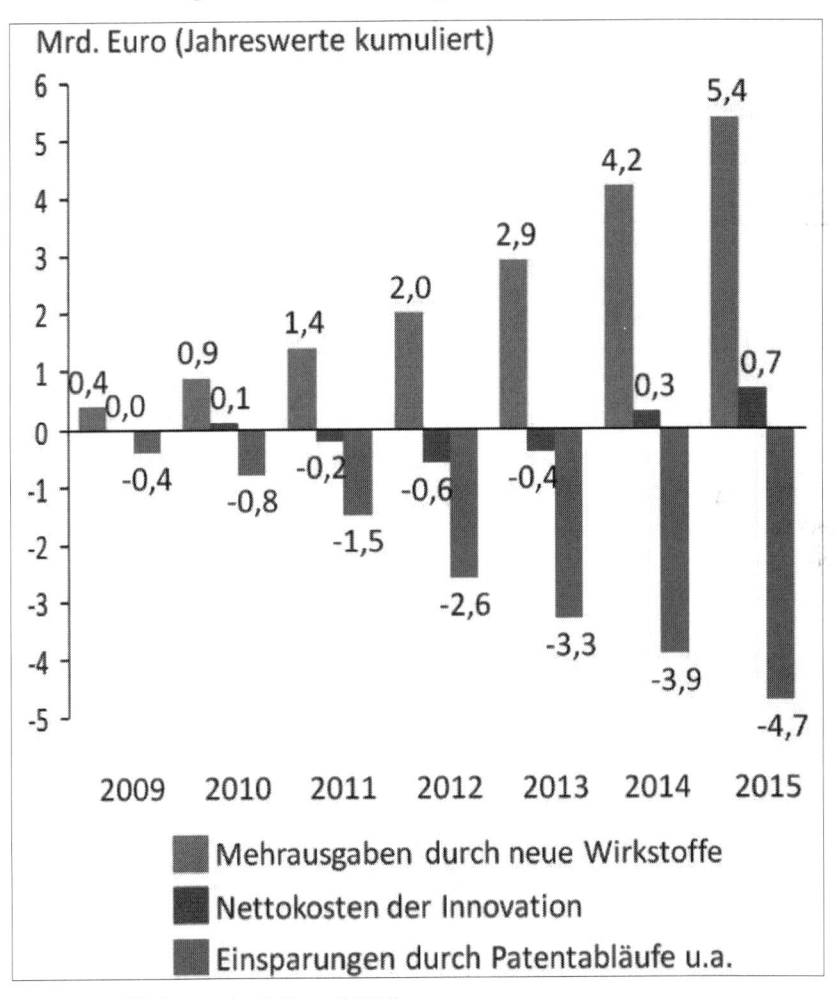

Quelle: Modifiziert nach *vfa/Steutel* 2016.

Fazit

Faktum ist, dass sich Arzneimittel-Innovationen auch unter dem AMNOG permanent verteuern und die Ausgaben dafür beträchtlich steigen. Darin kommen ökonomische Sachverhalte und Gesetzmäßigkeiten zum Ausdruck, denen wir den Namen „AMNOG-Paradoxon" gegeben haben, ohne ausschließen zu können, dass im Ausnahmefall auch „Preistreiberei" der Hersteller im Spiel ist, wie in der Öffentlichkeit meist unterstellt wird.

Es ist jedoch ein Mythos, dass daraus eine unbegrenzte Ausgabendynamik in der GKV-Arzneimittelversorgung resultiere, die fortschrittliche Pharmakotherapien unbezahlbar mache und letztlich die finanzielle Stabilität des GKV-Systems gefährde. Postfaktisch daraufhin zu fordern, die freie Preisbildung im ersten Jahr nach dem Launch abzuschaffen oder einzuschränken, entbehrt einer haltbaren Begründung und würde bedeuten, den einzigen noch wirksamen Innovationsanreiz aus dem Regulierungskonzept des AMNOG zu eliminieren – auch und gerade zum Schaden der Patienten.

2.2 Einsparpotenziale und Einsparziele

Ein weiterer Mythos verbindet sich mit dem Nachweis von „Einsparpotenzialen", mit dem der kassenseitigen Forderung nach Kostendämpfung bei Arzneimitteln Nachdruck verliehen werden soll. Hierunter sind vermeintliche Wirtschaftlichkeits- bzw. Effizienzreserven zu verstehen, die sich ergeben, falls nicht zu den jeweils günstigsten im In- und Ausland geltenden Preisen verordnet wird. Hypothetisch aus nationalen und internationalen Preisvergleichen ermittelt, sollen sie darüber informieren, wie weit die Arzneimittelausgaben gesenkt werden könnten, ohne die medizinische Versorgung zu beeinträchtigen. Es ist jedoch umstritten, ob es wissenschaftlich vertretbare und praktikable Methoden gibt, Einsparpotenziale valide und belastbar in Geld zu beziffern, vor allem aber, ob und inwieweit sie sich mittels gesundheitspolitischer Maßnahmen ausschöpfen bzw. realisieren lassen.[28]

---

28 Siehe hierzu ausführlich das Gutachten der Verfasser zur Rolle der Einsparpotenziale in der GKV-Arzneimittelversorgung (*Cassel/Ulrich* 2012,1).

Genese der Potenzialberechnungen
Im Brennpunkt der öffentlichen Diskussion um die Arzneimittelversorgung stehen nach wie vor „Unwirtschaftlichkeiten", die sich aus der Verordnung von Medikamenten mit einer vergleichsweise schlechten Preis- bzw. Kosten-Wirksamkeits-Relation ergeben. Das kann alle Arzneimittelkategorien betreffen – umstrittene Medikamente, Generika, Analoga und importierte Präparate genauso wie patentgeschützte Bestandspräparate und Arzneimittel-Innovationen mit und ohne Zusatznutzen. Gesundheitspolitisch wird darin ein gravierender Verstoß gegen das Wirtschaftlichkeitsgebot (§ 12 SGB V) wie auch eine Gefährdung der gesetzlich geforderten Beitragssatzstabilität (§ 71 SGB V) gesehen. Deshalb fehlt es nicht an Versuchen, über den Einzelnachweis unwirtschaftlicher Pharmakotherapien hinaus für das GKV-System als Ganzes zu beziffern, was sich durch die Substitution von umstrittenen oder für zu teuer gehaltenen Präparaten einerseits und die Absenkung der Inlandspreise auf Auslandsniveau andererseits einsparen ließe.

Ihr Ergebnis sind Einsparpotenziale (ESP), die mit verschiedenen Methoden aufgrund unterschiedlicher hypothetischer Annahmen zur Arzneimittel- und Preissubstitution aus dem laufenden Verordnungsgeschehen abgeleitet werden und daher im Ergebnis ziemlich divergent sind. Langjährig führend auf diesem Gebiet sind der von *Ulrich Schwabe* und *Dieter Paffrath* herausgegebene Arzneiverordnungs-Report (*AVR* 1985 ff.) und der BARMER GEK Arzneimittelreport von *Gerd Glaeske* und *Christel Schicktanz* (*BARMER GEK* 2010 ff.). Repräsentativ für die GKV-Arzneimittelversorgung ist jedoch allein der AVR, deckt er doch im Gegensatz zum BARMER GEK Arzneimittelreport mit seiner kassenspezifischen Datenbasis mit 40 Indikationsgruppen und weit über 3.000 Wirkstoffen und Wirkstoffkombinationen nahezu den gesamten GKV-Arzneimittelmarkt ab.[29] Zudem werden die vom AVR ausgewiesenen ESP alljährlich im September vorübergehend zum Medienereignis und bisweilen zum Politikum, wenn sie unmittelbar gesetzgeberische Maßnahmen provozieren – wie beim GKV-Wettbewerbsstärkungsgesetz (GKV-WSG) von 2009 oder beim AMNOG von 2011. Wenn Potenzialberechnungen derart weitreichende

---

29 Die Grundlage dafür bilden Daten des vom Wissenschaftlichen Institut der Ortskrankenkassen (WIdO) in der Trägerschaft des AOK-Bundesverbandes (AOK-BV) ermittelten GKV-Arzneimittelindex, der alle weit über 850 Mio. Verordnungen in der ambulanten Versorgung erfasst. Siehe hierzu und im Folgenden *Cassel/Ulrich* 2016,2, S. 89 ff.

Folgen haben können, darf es nicht verwundern, wenn sie nicht nur bewusst politisch instrumentalisiert, sondern auch interessengeleitet konzipiert werden, wofür die Genese der AVR-ESP reichlich Anschauungsmaterial liefert.

Einsparpotenziale im Arzneiverordnungs-Report

Traditionell nehmen die von über 40 Experten namentlich gezeichneten pharmakologisch-therapeutischen Analysen den größten Teil des auf 850 Großoktav-Seiten angewachsenen Reports ein. Das ihnen vorangestellte Einleitungskapitel beschränkte sich zunächst auf einen kurzen Überblick über die Verordnungen von neuen Arzneimitteln, Generika und umstrittenen Arzneimittelgruppen des Vorjahres, wurde aber im Laufe der Jahre sukzessive um pharmakoökonomische Fragestellungen und Analysen erweitert. Unter der Überschrift „Wirtschaftliche Aspekte" wurde zunächst über den Arzneimittelumsatz im Gesamtmarkt (Entwicklung der Verordnungsmengen und Arzneimittelpreise) sowie die Veränderungen im Verordnungsspektrum anhand einer bis heute fortgeführten Zerlegung in Strukturkomponenten (Inter- und Intramedikamenteneffekte) informiert, die selten über zwei Seiten Text hinausgingen.

Dies änderte sich erst, als das Thema „Kostendämpfung bei Arzneimitteln" immer populärer wurde und im *AVR* 1998 (S. 13 und 613) erstmals „Einsparpotenziale" für generische Wirkstoffe und umstrittene Arzneimittel publiziert wurden.[30] Schon wenig später wurden dann auch Analogpräparate mit einbezogen, die als patentgeschützte „Me toos" pharmakologisch-therapeutisch vergleichbarer Originalpräparate im Ruf standen, zwar teuer zu sein, aber gegenüber den nicht mehr geschützten Originalen oder anderen preiswerteren Substituenten keinen Zusatznutzen für die Patienten zu haben (*AVR* 2000, S. 13 ff.). Unter der Annahme, dass sowohl Präparate mit identischen (Generika) als auch mit pharmakologisch-therapeutisch vergleichbaren Wirkstoffen (Analoga) medizinisch problemlos substituierbar seien, wurde für 2001 erstmals ein „gesamtes" ESP im nationalen Preisvergleich (nPV) in Höhe von 4,2 Mrd. € ausgewiesen und eine mögliche Einsparung von 19,7 % des GKV-Arzneimittelumsatzes propagiert

---

30 Darunter wurden mögliche Einsparungen verstanden, die dadurch erzielbar wären, dass im generikafähigen Markt statt der Originalpräparate nur noch die preisgünstigsten Generika verordnet und umstrittene Arzneimittel gar nicht mehr verschrieben oder gegebenenfalls durch wirksamere Präparate substituiert werden.

(Tabelle 2-2).[31] Fortan haben die Krankenkassen unter Verweis auf die wissenschaftliche Reputation des WIdO und die daraus abgeleitete Validität seiner Berechnungen den Gesetzgeber regelmäßig mit der Forderung konfrontiert, die ermittelten Einsparmöglichkeiten durch geeignete Maßnahmen reformpolitisch zu realisieren.

Dies geschah bislang am auffälligsten im Vorfeld des AMNOG, das Anfang 2011 eine regulatorische „Pharmawende" für neue verschreibungspflichtige Patentpräparate einläutete. Schon geraume Zeit vorher wurde im AVR wiederholt beklagt, dass die Kassen infolge der bis dahin freien Preisbildung auf dem Patentmarkt im Vergleich zum Ausland überhöhte Preise erstatten müssten und dabei die hochpreisigen Arzneimittel-Innovationen die primären Kostentreiber seien. Außerdem hätten auch Analoga und Generika im Ausland meist deutlich niedrigere Preise als hierzulande, so dass sich bei ihnen über die ESP im nPV hinaus noch weitere Wirtschaftlichkeitsreserven aus den positiven Preisdifferenzen zwischen Deutschland und seinen Vergleichsländern ergäben.

Problematik der Potenzialberechnung im internationalen Preisvergleich
Bestehen bei Medikamenten bzw. Wirkstoffen, die medizinisch-therapeutisch problemlos substituierbar sind, im Inland wettbewerbsbedingt Preisdifferenzen, lassen sich daraus Einsparpotenziale ermitteln (ESP im nPV), die durch faktische Substitution bei der Verordnung meist auch realisierbar sind und damit als echte „Wirtschaftlichkeitsreserven" gelten können. Bei Preisdifferenzen zwischen In- und Ausland stellt sich dagegen grundsätzlich die Frage, ob und inwieweit sich daraus – von problematischen Berechnungsmethoden ganz abgesehen – überhaupt Einsparpotenziale (ESP im iPV) ableiten lassen, die sich vernünftigerweise als „Wirtschaftlichkeitsreserven" interpretieren lassen. Denn in diesem Fall mangelt es nicht nur an geeigneten Möglichkeiten wie Billigimporten oder im Inland veranlasste Preissenkungen, um die niedrigeren Auslandspreise quasi zu importieren, sondern auch an Beurteilungskriterien dafür, ob der Inlandspreis „zu hoch" oder etwa der Auslandspreis „zu niedrig" ist.

---

31 Siehe Tabelle 2-2, Zeilen (h)-(i), und die methodischen Erläuterungen in der nachfolgenden Box 2-1.

2. Problembereiche des AMNOG: Mythen und Fakten

Tabelle 2-2: GKV-Einsparpotenziale von 2001-2015 im AVR 2002-2016

Jahr ESP nach AM-Gruppen in Mrd. €	2001	2002	2003	2004	2005	2006	2007	2008	2009 iPV mit SE	2010 iPV mit GB	2011 iPV mit NL	2012 iPV mit FR	2013 iPV mit FR	2014 iVP mit NL	2015 iVP mit 8 Ländern
(a) Generika (nPV)	1,517	1,426	1,455	1,060	1,591	1,342	0,996	1,116	1,334	1,584	1,412	1,552	1,455	-	-
(b) Biosimilars (nPV)	-	-	-	-	-	-	-	-	-	-	-	0,039	0,057	-	-
(c) Analoga (nPV)	1,481	1,494	2,004	1,220	1,267	1,323	1,305	1,731	2,168	2,504	2,763	2,485	2,374	-	-
(d) Umstrittene (nPV)	1,197	1,141	1,019	0,643	0,672	0,599	0,577	0,581	0,582	0,572	0,516	0,513	0,510	-	-
(e) Nominales ESP (nPV)	4,195	4,061	4,478	2,923	3,530	3,264	2,878	3,428	4,084	4,660	-	-	-	-	-
(f) abzgl. Selektivrabatte	-	-	-	-	-	-	-	-	-	-	-1,634	-2,088	-2,972	-	-
(g) Reales ESP (nPV)	-	-	-	-	-	-	-	-	-	-	3,057	2,501	1,424	-	-
(h) Gesamtes ESP (nPV)	4,195	4,061	4,478	2,923	3,530	3,264	2,878	3,428	4,084	4,660	3,057	2,501	1,424	-	-
(i) Gesamtes ESP (nPV) in % von AMU bzw. AMK	19,7%	17,9%	18,6%	13,5%	15,0%	13,8%	11,6%	12,9%	14,3%	15,7%	11,6%	9,3%	5,1%	-	-
(j) Generika (iPV)	-	-	-	-	-	-	-	-	2,800	3,300	2,763	0,120	-	2,689	-
(k) Geschützte (iPV)	-	-	-	-	-	-	-	-	2,500	4,100	2,539	1,188	1,989	1,936	1,440
(l) Gesamtes ESP (iPV)	-	-	-	-	-	-	-	-	5,300	7,400	5,302	1,308	1,989	4,625	-
(m) Totales ESP	-	-	-	-	-	-	-	-	9,400	12,100	8,359	3,809	3,413	4,625	-
(n) Totales ESP in % von AMU bzw. AMK	-	-	-	-	-	-	-	-	33,0%	40,7%	31,8%	14,1%	12,1%	14,9%	-

Quelle: Eigene Zusammenstellung und Berechnungen nach *AVR* 2002-2012, Tabellen 1.1, 1.8 und 1.10-1.11; *AVR* 2013, Tabelle 1.12 und S. 1006 ff.; *AVR* 2014, Tabellen 1.3-1.4, 1.6-1.8 und 48.1; *AVR* 2015, Tab. 1.7; *AVR* 2016, S. 25, 193 ff.; *Cassel/Ulrich* 2014, S. 1196; - keine Angaben im AVR. Zu Definitionen und Berechnungsmodi siehe die nachfolgende Box 2-1.

2.2 Einsparpotenziale und Einsparziele

BOX 2-1: Definitionen und Berechnungsmodi der GKV-Einsparpotenziale im AVR 2002-2016

(1) Einsparpotenziale (ESP) werden im AVR durch nationale (nPV) oder internationale Preisvergleiche (iPV) von Präparaten mit billigeren Substituenten ermittelt, die identische Wirkstoffe oder medizinisch-pharmazeutisch vergleichbaren Wirkungen haben. Sie ergeben sich als Differenz zwischen dem Preis des teuren Präparats und dem des billigsten Substituenten, multipliziert mit der Verordnungsmenge des substituierten Arzneimittels.

(2) Im AVR werden die ESP nicht für alle einzelnen Präparate ermittelt und dann nach Arzneimittel-(AM-)Gruppen aufaddiert: Nach wie vor werden die Generika-ESP im nPV nur für die 20 umsatzstärksten Wirkstoffe ermittelt und dann auf den gesamten deutschen Generikamarkt hochgerechnet. Im iPV wurde dieses Verfahren von 2009 bis 2012 für die 50 umsatzstärksten generischen Substanzen angewendet. Für 2013 werden aber aus dem iPV keine Generika-ESP mehr berechnet. Die ESP der (Patent-)Geschützten wurden im iPV von 2009 bis 2012 jeweils auf der Basis von 50 Präparaten ermittelt, für 2013 von 200 Präparaten mit einem Marktanteil in Deutschland von 91,2 %. Im Preisvergleich von 2013 mit Frankreich (FR) wurden jedoch u. a. Krankenhauspräparate nicht berücksichtigt, so dass die ESP-Hochrechnung tatsächlich nur auf einer Repräsentanz von 75,3 % beruht (AVR 2014, Tabelle 48.1).

(3) Bis 2010 hat der AVR die ESP im nPV auf Basis von Apothekenverkaufspreisen (AVP) bzw. GKV-Fertigarzneimittel-(Brutto-)Umsätzen (AMU) ermittelt. Das Ergebnis daraus wird vom AVR als „nominales" ESP bezeichnet (e).

(4) Ab 2011 hat der AVR die Berechnungen auf Arzneimittel-Nettokosten (AMK) umgestellt. Sie ergeben sich aus den AMU abzüglich der gesetzlichen Apothekenabschläge und Herstellerrabatte nach §§ 130 und 130a SGB V. Die kassenindividuell gewährten Selektivrabatte nach § 130a (8) SGB V werden nicht produktbezogen, sondern für die Arzneimittel insgesamt pauschal abgesetzt (f). Das ESP daraus wird vom AVR als „reales" ESP bezeichnet (g). „Nominales" (2000-2010) und „reales" ESP (2011-2013) bilden jeweils das „gesamte" ESP im nPV (h).

(5) AMU und AMK enthalten im nPV die MwSt., im iPV wird sie herausgerechnet. Ab 2014 wird kein nPV mehr durchgeführt.

(6) Der iPV wird 2009 mit Schweden (SE), 2010 mit Großbritannien (GB), 2011 mit den Niederlanden (NL) und 2012 mit Frankreich (FR) für die jeweils 50 umsatzstärksten Generika und Geschützten in Deutschland (DE) durchgeführt und deren ESP auf den GKV-Gesamtmarkt hochgerechnet (j) und (k). Für 2013 erfolgt der iPV ebenfalls mit Frankreich (FR), aber nur noch für die Geschützten (k). 2014 werden die ESP für Generika (j) und Geschützte (k) nochmals für die NL, hochgerechnet auf der Basis der 250 umsatzstärksten Arzneimittel, ausgewiesen.

(7) Die so ermittelten ESP für Generika (j) und Geschützte (k) werden addiert und als „gesamtes" ESP im iPV bezeichnet (l). Die gesamten ESP aus nPV und iPV bilden das „totale" ESP (m).

(8) Für 2015 wird der iPV nur noch für Geschützte im Vergleich von durchschnittlichen Listenpreisen auf Herstellerebene (ApU ohne MwSt. und abzüglich gesetzlicher Rabatte und Abschläge im AMNOG-Verfahren) mit 8 Ländern durchgeführt (k).

(9) Der AVR wechselt wiederholt die AM-Gruppen, Berechnungsverfahren und Ergebnisdarstellungen, so dass die jährlich ausgewiesenen Werte nicht oder nur bedingt vergleichbar sind. Die ESP wurden von uns konsolidiert und so ausgewiesen, dass sie zumindest hinsichtlich Darstellungssystematik und Ergebniskonsolidierung intertemporal verglichen werden können.

Dies wird zum Problem, weil in die in- und ausländische Preisfindung jeweils alle nationalen Besonderheiten bzw. Unterschiede bei Patientenpräferenzen, Nutzenbewertungen, Preissetzungsregeln, Angebots- und Nachfragemacht, Versorgungsstrukturen und Regulierungssystemen eingehen und die Preise innerhalb eines Landes vergleichsweise nach oben oder unten verzerren können. Verdankt etwa ein Billigland seine niedrigen Arzneimittelpreise der staatlichen Preissetzung ohne eine nutzenbasierte Erstattung oder Rücksichtnahme auf eine qualitativ hochwertige, innovative und lückenlose Arzneimittelversorgung, wird man sich hierzulande mit Recht fragen, ob das im Vergleich mit diesem Land ausgewiesene ESP nach den eigenen Maßstäben tatsächlich als „Wirtschaftlichkeitsreserve" gelten kann und realisiert werden sollte.[32]

---

32 Siehe dazu ausführlich *Schlander/Jäcker/Völkl* 2012; *Mahlich/Sindern/Suppliet* 2014.

2. Problembereiche des AMNOG: Mythen und Fakten

Dennoch hat der AVR – beginnend in 2010 – für die Jahre 2009-2013 ergänzend zu den Einsparpotenzialen im nPV auch solche im internationalen Preisvergleich (iPV) mit einzelnen europäischen Ländern berechnet und konsolidiert als „totales" ESP ausgewiesen (Tabelle 2-2, Zeilen (j)-(n)). Die im Preisvergleich mit Schweden (2009) und Großbritannien (2010) ermittelten ESP der patentgeschützten Präparate in Höhe von 2,5 bzw. 4,1 Mrd. €[33] sind denn auch – in Verbindung mit den wiederholten Hinweisen auf ungebremste Ausgabenanstiege – nicht ohne Resonanz in der Politik geblieben, wie sich aus der Konstruktion und Begründung des AMNOG ableiten lässt (*Deutscher Bundestag* 2010,2, S. 1 f.).

Politische Instrumentalisierung der Einsparpotenziale
Der AVR war von daher mit seiner dringlichen Warnung vor einer systemgefährdenden Finanzbelastung durch hochpreisige Medikamente und der Aussicht auf Abhilfe durch Ausschöpfung immenser Einsparpotenziale pragmatisch so erfolgreich, dass er diese Linie bis dato konsequent beibehalten hat. So benutzen beispielsweise die Herausgeber des *AVR* 2016 die Darstellung der indikations- und arzneimittelgruppenbezogenen Verordnungsschwerpunkte im aktuellen Einleitungskapitel: „*Arzneimittelverordnungen 2015 im Überblick*" quasi nur noch als Stichwortgeber, um diese Botschaft an Politik und Öffentlichkeit deutlich vernehmbar zu machen und für weitere Kostendämpfung bei Arzneimitteln zur finanziellen Entlastung der Kassen einzutreten (*AVR* 2016, S. 3 ff.).

Auch zeigte sich immer wieder eine große Nähe – wenn nicht Übereinstimmung – mit der Programmatik des AOK-BV als Projektträger des AVR. Von daher stellt sich die Frage, ob die zur Einhaltung wissenschaftlicher Standards notwendige Distanz zur inhaltlichen Gestaltung des AVR gewahrt ist. Gewisse Zweifel daran weckt aber nicht nur die aktive Beteiligung des AOK-BV an den jährlichen Pressekonferenzen zum AVR, sondern auch ein erstmals im AVR vertretener Beitrag aus dem GKV-SV zu „*Ergebnissen des AMNOG-Erstattungsbetragsverfahrens*" (*Stackelberg et. al.* 2016, S. 159 ff.), in dem pointiert die Sichtweisen und pharmapolitischen Forderungen des maßgebenden Kassenverbandes propagiert wer-

---

[33] Siehe *AVR* 2010, S. 15 ff., und 2011, S. 14 ff., sowie Tabelle 2-2, Zeile (k). Das „totale" ESP aus dem nPV und iPV belief sich sogar auf unglaubliche 9,4 bzw. 12,1 Mrd. €, was einem Anteil von 33,0 bzw. 40,7 % am Gesamtumsatz aller verschreibungspflichtigen Arzneimittel hierzulande entsprochen hätte (Tabelle 2-2, Zeilen (m)-(n)).

den. Dies erscheint umso bedenklicher, als der AOK-BV einerseits das meinungsführende korporative Mitglied des GKV-SV ist und andererseits auch als Verhandlungsgegner der Arzneimittelhersteller im Preisfindungsprozess des AMNOG fungiert. Aufgrund dieser fragwürdigen Governance ist die Gefahr nicht ausgeschlossen, dass der AVR einseitig zur politischen Durchsetzung von Kasseninteressen instrumentalisiert wird.

Noch kritischer zu sehen sind jedoch Fehlinformationen der Öffentlichkeit, die auf theoretisch oder methodisch fragwürdigen Analysen beruhen oder aus einer falschen Interpretation richtiger Ergebnisse resultieren. Beispielsweise haben wir diesbezüglich schon mehrfach auf gravierende methodische Mängel der Berechnung von Einsparpotenzialen im AVR hingewiesen, deren Ergebnisse als fehlerhaft und unrealistisch herausgestellt und ihre unkritische Propagierung in der Öffentlichkeit kritisiert.[34] Statt die ESP-Berechnungen methodisch grundlegend zu verbessern oder ganz einzustellen, hat sie der AVR immer nur partiell modifiziert und auf immer weniger Arzneimittelgruppen und Vergleichsebenen reduziert, bis 2015 nur noch ein einziges Einsparpotenzial – nämlich das ESP im iPV bei patentgeschützten Präparaten – übrig geblieben ist (Tabelle 2-2, Zeile (k)). Auf diese Weise wurden der Öffentlichkeit, vor allem aber den politischen Entscheidungsträgern, jahrelang hohe Wirtschaftlichkeitsreserven und deren Realisierungsmöglichkeiten in der Absicht vorgespiegelt, weitere regulatorische Schritte in Richtung Kostendämpfung bei Arzneimitteln zu veranlassen. Es kann als spätes Eingeständnis all dessen gelten, dass erst jetzt der ESP-Ausweis für Patentpräparate methodisch grundlegend umgestellt und dazu einem neuen Autorenteam übertragen wurde (*Busse et al.* 2016,1, S. 193 ff.).

Einsparpotenziale im Sunset-Modus
Wie aus Abbildung 2-5 ersichtlich ist, erreichten die vom AVR im nationalen und internationalen Preisvergleich ausgewiesenen Einsparpotenziale im Jahr 2010 ihren Zenit. Mit Großbritannien als Vergleichsland ergab sich ein konsolidiertes „totales" ESP von 12,1 Mrd. €. Demzufolge hätte die GKV-Arzneimittelversorgung nach Umsätzen zu Apothekenverkaufspreisen (AVP) statt 29,7 Mrd. € nur noch 17,6 Mrd. € – also 40,7 % weniger – gekostet, falls die hiesigen Arzneimittelpreise auf das britische Ni-

---

34 Siehe *Cassel/Ulrich* 2012,1; 2013 und 2014,1, sowie die darin angegebenen Quellen, insbesondere *Häussler/Höer* 2006; *Pfannkuche et al.* 2007; *OPD* 2013.

2. Problembereiche des AMNOG: Mythen und Fakten

veau gesenkt und die jeweils preisgünstigsten Medikamente verordnet worden wären. Hätten diese Einsparungen – wie meist implizite unterstellt – ausschließlich zu Lasten der pharmazeutischen Unternehmer realisiert werden können, hätte die gesamte GKV-Arzneimittelversorgung zu Herstellerabgabepreisen ohne MwSt. statt 15,6 Mrd. € nicht mehr als 3,5 Mrd. € gekostet, die Pharmaindustrie aber um 77,6 % Ihres Nettoumsatzes gebracht.[35]

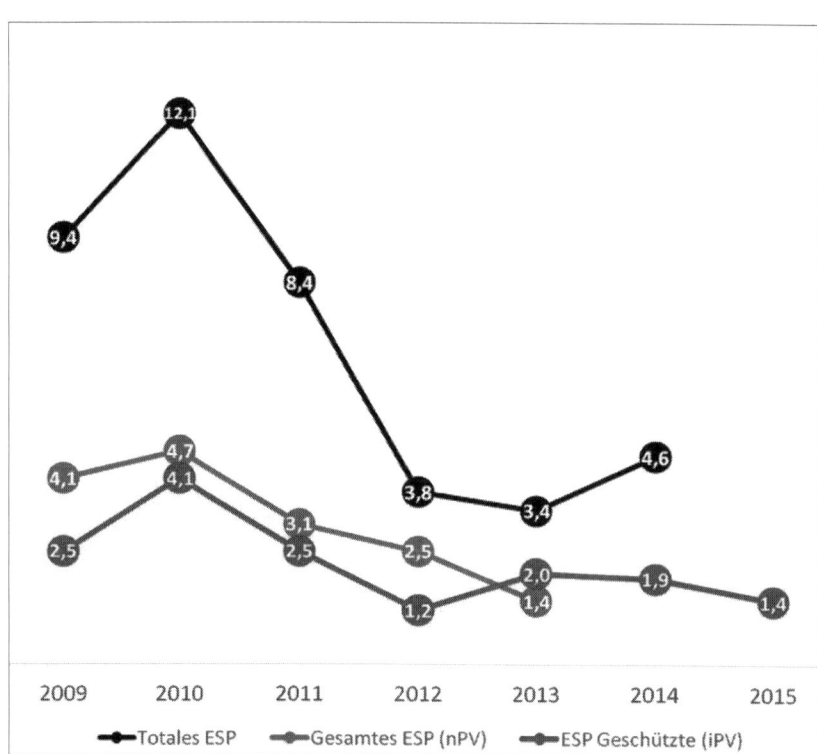

Abbildung 2-5: GKV-Einsparpotenziale von 2009-2015 im AVR 2010-2016*

*Alle Werte gerundet in Mrd. €. Fehlende Werte für 2014-2015 im AVR nicht berechnet bzw. ausgewiesen.

Quelle: Eigene Darstellung nach Daten aus Tabelle 2-2, Zeilen (h), (k) und (m).

---

[35] Eigene Berechnungen nach Daten für 2010 aus *AVR* 2011, S. 4, 41 und 204.

Diese Zahlen machen deutlich, wie realitätsfern das rein hypothetische ESP-Kalkül ist – von gravierenden Berechnungsfehlern wie der bis 2010 im nPV unterlassenen Absetzung der gesetzlichen Apotheken- und Herstellerabschläge nach § 130 und 130a SGB V sowie der Selektivrabatte, die Hersteller aufgrund von Rabattverträgen mit einzelnen Krankenkassen gewähren, ganz abgesehen.[36] Nachdem der AVR diesen Fehler im darauffolgenden Jahr endlich korrigiert und seine Berechnungen von (Brutto-)Umsätzen auf (Netto-)Kosten umgestellt hatte, sind die „gesamten" ESP aus dem nPV immer weiter zurückgegangen und haben sich in nur drei Jahren mehr als halbiert. Valide Kontrollrechnungen und plausible Erklärungen dafür – wie etwa methodische Veränderungen oder realisierte Einsparungen aufgrund veränderter Preise, Verordnungsmengen, Marktaustritte etc. – ist der AVR jedoch bis dato schuldig geblieben.

Stattdessen hat der AVR die ESP-Berechnung im nPV für das Jahr 2014 komplett eingestellt und Einsparpotenziale nur noch für Generika und Patentpräparate im iPV mit den Niederlanden ausgewiesen. Zur Begründung gab er an, dass nationale Preisvergleiche *„infolge der in den letzten Jahren eingetretenen Veränderungen auf dem deutschen Arzneimittelmarkt"* nicht mehr geeignet seien, *„die Einsparmöglichkeiten ausreichend und realitätsbezogen zu erfassen"* (*AVR* 2015, S. 29). Zudem zeigten die durch gesetzliche und vertragliche Rabatte bereits realisierten Einsparungen, *„dass die bisher verwendete Berechnung von Einsparpotenzialen auf der Basis nationaler Preisvergleiche methodisch nicht ausreichend ist, um die tatsächlich bestehenden Wirtschaftlichkeitsreserven des deutschen Arzneimittelmarktes zu prognostizieren"* (*a. a. O.*, S. 31). Es ist jedoch nicht ersichtlich, was sich in den letzten Jahren so Entscheidendes in der Arzneimittelversorgung verändert haben sollte, dass eine vom AVR über viele Jahre hinweg als sachgerecht und bewährt angesehene Methodik auf einmal ungeeignet sein soll. Vielmehr ist anzunehmen, dass mit dieser bemerkenswerten Begründung nur die fehlerhaften ESP-Berechnungen der Vergangenheit camoufliert werden sollen. Außerdem dürften die seit 2011 durch Absetzen der bereits gewährten Rabatte sprunghaft re-

---

36 Gesetzliche und selektivvertraglich gewährte Herstellerrabatte sind ökonomisch gesehen „bereits realisierte Einsparungen" und müssten von den aus den Bruttoumsätzen ermittelten ESP abgesetzt werden. Der AVR macht dies erst ab 2011, wodurch sich die nun als „real" bezeichneten ESP im nPV merklich verringert haben. Siehe zu den Berechnungsmodi Ziffer (4) der Box 2-1 und zur Kritik daran *Cassel/Ulrich* 2013; 2014,1.

2. Problembereiche des AMNOG: Mythen und Fakten

duzierten und danach stark rückläufigen gesamten ESP im nPV (Abbildung 2-5) dem AVR zu gering erschienen sein, um noch politisch glaubhaft instrumentalisiert zu werden.

Externe Autoren mit neuer Berechnungsmethodik
Ohnehin konzentrierte sich der AVR seit 2011 auf den Nachweis der ESP im internationalen Preisvergleich mit den Niederlanden und Frankreich, die jeweils zweimal zum Vergleich herangezogen wurden und aufgrund der in beiden Ländern andersartigen Preisfindung (*Cassel/Ulrich* 2012,2, S. 65 ff.) der Höhe nach recht unterschiedliche ESP ergaben. Gerade der iVP des AVR war jedoch von Anfang an mit gravierenden methodischen Mängeln behaftet und seine ESP-Ergebnisse in vielerlei Hinsicht fragwürdig.[37] Die Herausgeber des *AVR* 2016 scheinen nun für 2015 die Konsequenzen daraus gezogen zu haben. Dafür sprechen der personelle Wechsel in der Projektbearbeitung und die gänzlich neue, vom jetzigen Autorenteam (*Busse et al.* 2016,1) angewandte Methodik zum ESP-Nachweis nur noch für Patentpräparate. Damit ist vom anspruchsvollen AVR-Projekt zum umfassenden Nachweis „unverändert hoher Einsparpotenziale" bzw. „Wirtschaftlichkeitsreserven" nur noch ein einziger ESP-Wert in Höhe von vergleichsweise geringen 1,44 Mrd. € für 2015 übrig geblieben (Tabelle 2-2, letzte Spalte).[38]

Erstmals seit Einführung des internationalen Preisvergleichs im *AVR* 2010 finden sich nun einleitend ausführliche konzeptionelle Klarstellungen zu den damit verfolgten Zielsetzungen, den besonderen ökonomischen Herausforderungen bei internationalen Arzneimittelpreisen und dem methodischen Vorgehen in allen relevanten Details (*Busse et al.* 2016,1, S. 193 ff.). Dabei werden auch die umstrittenen ökonomischen und methodischen Aspekte früherer Berechnungen offen angesprochen, „de lege artis" sachlich diskutiert und neue Lösungswege für den iPV aufgezeigt. Als Er-

---

37 Zur Kritik siehe *Cassel/Ulrich* 2014,1, S. 1200 f. Auffällig ist vor allem, dass die für Frankreich ausgewiesenen ESP bei den Geschützten von 2012 auf 2013 um 67,4 % gestiegen und die für die Niederlande von 2011 auf 2014 um 23,75 % gesunken sein sollen (Tabelle 2-2, Zeile (k)), ohne dass dafür eine plausible Begründung gegeben wurde. Auch bleibt unerfindlich, warum für Frankreich im zweiten Jahr (2013) keine Generika-ESP mehr angegeben wurden (Tabelle 2-2, Zeile (j)).
38 Das im *AVR* 2016, S. 25, genannte Generika-ESP von 2,3 Mrd. € für 2015 ist lediglich eine vage Fortschreibung des mit der nun obsoleten Methodik im iPV mit den Niederlanden für 2014 berechneten Wertes. Dieses ESP wird deshalb in der letzten Spalte der Tabelle 2-2 nicht mit aufgeführt.

gebnis daraus sind die folgenden konzeptionellen Neuerungen hervorzuheben, die auf methodischen Vorarbeiten von *Busse et al.* 2016,2 beruhen:
- Die ESP werden auf der Herstellerebene quantifiziert, indem die öffentlich zugänglichen Listenpreise als Abgabepreise der pharmazeutischen Unternehmer (ApU) herangezogen werden. Dies trägt der wiederholten Forderung Rechnung, nur solche ESP auszuweisen, die ihre Ursache in unterschiedlichen Herstellerabgabepreisen haben und gegebenenfalls zu Lasten der Hersteller auch ausgeschöpft werden könnten.
- Erhoben werden die ApU abzüglich der MwSt. für einen standardisierten Warenkorb in acht nach Bruttoinlandsprodukt (BIP), Kaufkraftstandard (KKS) und Gesundheitsausgaben mit Deutschland vergleichbaren EU-Ländern (Belgien, Dänemark, Finnland, Frankreich, Großbritannien, die Niederlande, Österreich und Schweden). Dadurch werden Länder mit auffälligen Besonderheiten ausgeschlossen und somit intertemporale Vergleiche sinnvoller.
- In den Warenkorb gehen die 250 umsatzstärksten patentgeschützten Präparate ein, womit eine Marktabdeckung dieses Segments von 98,5 % erreicht wird. Bei den deutschen Bestandsmarktpräparaten wird der gesetzliche Herstellerabschlag von 7 % und bei den AMNOG-Präparaten zusätzlich die Absenkung auf den rechtskräftigen Erstattungsbetrag veranschlagt. Hierdurch könnten ESP auch für beide Produktkategorien berechnet werden, wobei vertraglich vereinbarte Individualrabatte im Patentmarkt nach wie vor unberücksichtigt bleiben.

Insoweit sind zentrale Forderungen nach einer methodisch vertretbaren ESP-Berechnung im iVP erfüllt.[39] Auf den gesamten Patentmarkt bezogen, mag deshalb auch die Bezeichnung Deutschlands als „Hochpreisland" und des aus dem Preisdurchschnitt aller acht Länder errechneten Betrages von 1,44 Mrd. € als „theoretisches" Einsparpotenzial zutreffend sein. Ob dies eine pragmatisch relevante Erkenntnis ist, bleibt jedoch fraglich.

Außer Spesen nichts gewesen
Bei näherer Betrachtung zeigt sich nämlich, dass das angegebene ESP nahezu ausschließlich aus patentgeschützten Bestandsmarktpräparaten resul-

---

39 Dennoch bleiben Fragen offen: wie etwa die nach der Diskrepanz zwischen dem Preisstand vom Mai 2016 und den Verordnungsgewichten aus 2015 oder nach der Art und Weise des Abzugs von „negativen" ESP, falls die Preise einzelner Präparate in Deutschland niedriger als im Ausland sind.

tiert. Berechnet man den Preisindex für die 61 AMNOG-Präparate nicht wie bei *Busse et al.* (2016,1, Tabelle 7.2, S. 200) nach Listenpreisen, sondern nach Erstattungsbeträgen, ergibt sich nämlich für Deutschland ein Indexwert von 78, so dass nur noch Frankreich (76), Dänemark (69) und Schweden (65) etwas günstiger abschneiden. Dagegen liegen Belgien, die Niederlande und Österreich mit einem Indexwert von 79 fast gleichauf, während Großbritannien (84) und Finnland (89) das deutsche Preisniveau sogar merklich übersteigen.

Dieses Ergebnis entspräche auch den Implikationen der in Abbildung 2-6 für 105 AMNOG-Präparate dargestellten Erstattungsbeträge in Relation zum mittleren internationalen Vergleichspreis aus 15 EU-Ländern: Hiernach liegen 69 % der deutschen Erstattungsbeträge unter dem mittleren und 30 % sogar unter dem niedrigsten ausländischen Listenpreis.[40] Hieraus dürfte sich jedoch kein nennenswertes ESP mehr ergeben. Dies lässt sich auch nicht mit dem Argument entkräften, dass das ESP höher ausfiele, wenn im Ausland Preistransparenz herrschen würde und die *„... faktisch gezahlten, rabattierten und damit in der Regel niedrigeren Herstellerabgabepreise aus den Vergleichsländern ..."* zur ESP-Berechnung genutzt werden könnten (*Busse et al.* 2016, S. 202). Dann blieben nämlich immer noch Preis-Mengen-Staffeln, Risk-Sharing-Verträge und andere Preisgestaltungsmöglichkeiten im In- und Ausland, die der internationalen Vergleichbarkeit der Preise entgegenstünden. Auch wären dann die inzwischen hierzulande nicht mehr ganz so seltenen Rabatte aus Selektivverträgen im Patentmarkt ESP-senkend zu veranschlagen.

Dieser Befund wird auch durch eine repräsentative Analyse der AMNOG-Erstattungsbeträge von 2011-2015 im Vergleich zu den öffentlich zugänglichen Herstellerabgabepreisen für 85 Medikamente aus 14 für die Preisverhandlungen hierzulande relevanten EU-Ländern bestätigt (*Hammerschmidt* 2016): Sie kommt zu dem statistisch signifikanten Ergebnis, dass der Erstattungsbetrag[41] bei 80 Präparaten, d. h. in 94,1 % der Fälle, geringer ist als der maximale europäische Preis. Den durchschnittli-

---

40 Nach neuesten Ergebnissen sogar 32 % (*vfa-Pressemitteilung* Nr. 6/2017 vom 19.04.2017).
41 Gemeint ist der Netto-Erstattungsbetrag nach Abzug des Herstellerrabatts nach § 130a (1) SGB V. Wird in den Erstattungsbetragsverhandlungen eine mögliche Ablösung des gesetzlichen Herstellerrabatts vereinbart, entfällt dieser (vgl. *Hammerschmidt* 2016, S. 3).

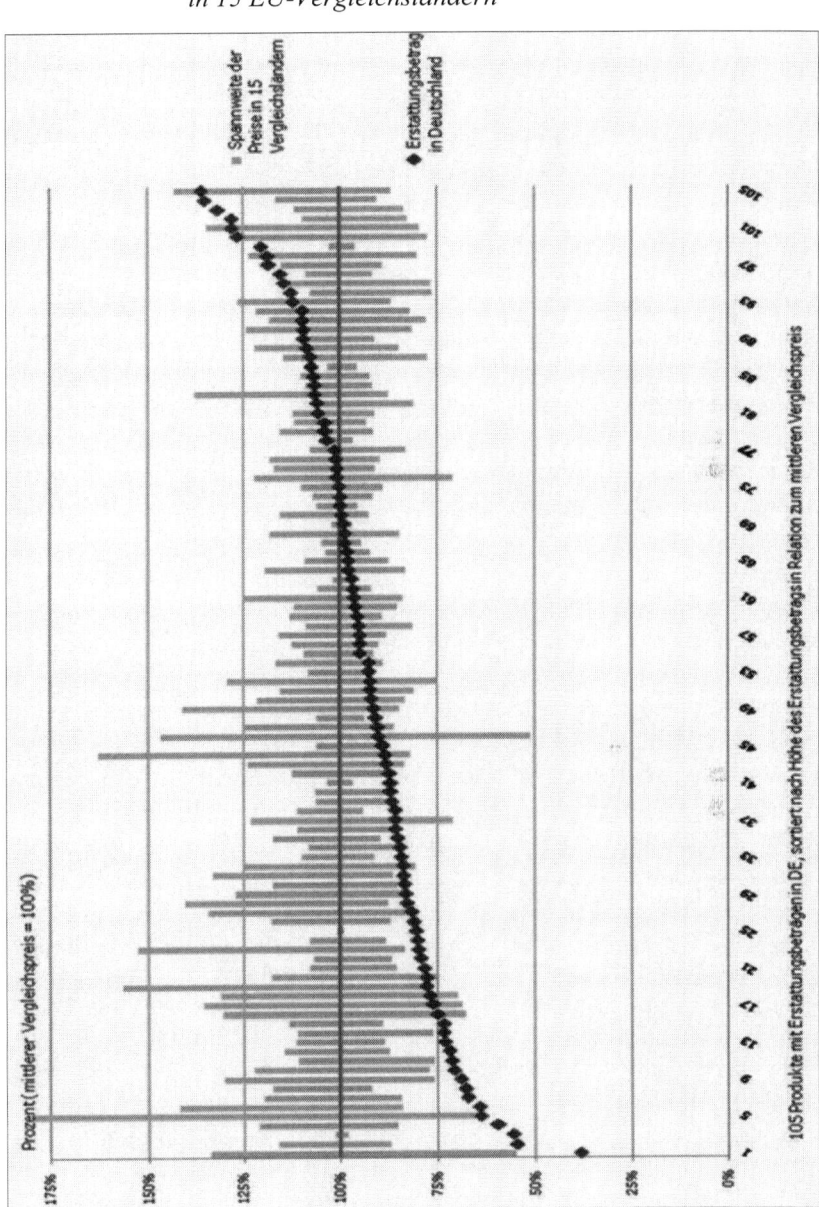

Abbildung 2-6: Deutsche Erstattungsbeträge und Preisspannen in 15 EU-Vergleichsländern*

*Stand: 22.12.2016.
Quelle: Modifiziert nach *vfa* 2016,2.

chen europäischen Preis unterschreiten 65 (76,5 %) und den minimalen noch 26 Präparate (30,6 %). Dabei liegen die Erstattungsbeträge im Mittel 25 % unter den höchsten und 12 % unter den durchschnittlichen europäischen Preisen (*Hammerschmidt* 2016, S. 5, und Tabelle 4 auf S. 6).

Das für 2015 mit 1,44 Mrd. € ausgewiesene Einsparpotenzial erweist sich somit als reines „Bestandsmarkt-ESP". Es resultiert daraus, dass die Herstellerabgabepreise der patentgeschützten Altpräparate, die bislang den AMNOG-Prozess nicht durchlaufen haben und ihn nach Aussetzung des „Bestandsmarktaufrufs"[42] auch nicht mehr durchlaufen werden, selbst nach Abzug des gesetzlichen Herstellerabschlags von derzeit 7 % hierzulande in der Regel teurer sind als im Ausland. Schon 2016 dürfte der ESP-Nachweis bereits merklich niedriger ausfallen und in den nächsten Jahren gegen Null gehen, weil immer mehr Altpräparate ihren Patentschutz verlieren und nur noch AMNOG-Präparate nachkommen, die aufgrund ihres abgesenkten Erstattungsbetrages kaum teurer als im Ausland sind. Von daher ist die letzte Bastion der Kassen im Kampf um Kostendämpfung bei Arzneimitteln ein Auslaufmodell und werden sich die ESP vollends als das dekuvrieren, was sie schon immer waren: ein Mythos.

Zweifelhafte Einsparziele und faktische Einsparungen

Wichtiger als hypothetische Einsparziele sind faktische Einsparungen. Sie sind kassenseitig das eigentliche Ziel der gesundheitspolitischen Instrumentalisierung der ESP und zugleich der Maßstab dafür, ob und inwieweit die ausgewiesenen Wirtschaftlichkeitsreserven durch die veranlassten regulatorischen Maßnahmen der Politik auch wirklich ausgeschöpft werden. In dieses Spannungsfeld haben sich auch die Regierungsfraktionen bei der AMNOG-Gesetzgebung bewegt, indem sie in ihrem Gesetzentwurf detaillierte quantitative Angaben zu den zu erwartenden finanziellen Auswirkungen des AMNOG auf die GKV gemacht haben. Ihre Kernbotschaft dazu lautete: *„Bei vollständiger Umsetzung des Vertragsmodells ergibt sich eine Entlastung von rd. 2 Mrd. Euro für die GK"* (*Deutscher Bundestag* 2010,1, S. 38 f.).[43]

---

42 Darunter ist die im AMNOG ursprünglich vorgesehene Möglichkeit zur Nutzenbewertung von Arzneimitteln im Bestandsmarkt zu verstehen, die mit dem 14. SGB V-Änderungsgesetz (14. SGB V ÄndG) von 2014 aufgehoben wurde.

43 Dies wird anschließend noch präzisiert und wiederholt (*a. a. O.*, S. 38, 2. Absatz): *„Für nicht festbetragsfähige Arzneimittel wird die Entlastung auf 1,7 Mrd. Euro geschätzt. Zuzüglich der Einsparung durch die schnelle Einbeziehung von Arznei-*

Obwohl die Zahlenangabe unmissverständlich als Folgenabschätzung des AMNOG deklariert ist und als (bedingte Status-pro-)Prognose anzusehen ist (*AMNOG-Report* 2017, S. 185), werden die genannten 2 Mrd. € immer wieder als „Einsparziel des AMNOG" hingestellt und mit der Forderung verbunden, es mit Maßnahmen wie dem Bestandsmarktaufruf oder der rückwirkenden Geltung der Erstattungsbeträge nun endlich zu erreichen (*Schwabe* 2016, S. 1).[44] Dabei liegt es in der Natur der Sache, dass sich Einsparungen durch Vereinbarung niedrigerer Erstattungsbeträge oder Einbeziehung in die Festbetragsregelung erst in dem Maße realisieren lassen, wie nach und nach immer mehr Medikamente das AMNOG-Verfahren durchlaufen haben. Und wenn der Gesetzgeber dann noch – wie geschehen – die ursprünglich von ihm vorgesehene Möglichkeit der Einbeziehung von Altpräparaten des Patentmarkts wieder zurücknimmt, gilt die Bedingung nicht mehr, von der die Geltung der Prognose abhängig gemacht wurde.

Wie aus Tabelle 2-3 ersichtlich, hat das AMNOG inzwischen gleichwohl zu beträchtlichen Einsparungen geführt. So sind allein die „Einsparungen" aus der Preisfindung von anfänglich 25 Mio. € (2012) schrittweise auf schätzungsweise 1,15 Mrd. € (2016) gestiegen. Rechnet man die zu Lasten der pharmazeutischen Unternehmer gehenden „Kompensationen" für den dispensierten Bestandsmarktaufruf hinzu, wurde die 2-Milliarden-Marke in 2016 schon fast erreicht. Diese Kompensationen resultieren aus dem seit 2014 erhöhten Herstellerrabatt einerseits und der Verlängerung des Preismoratoriums andererseits und sind den Rabatten bzw. Erstattungsbetragsabsenkungen gleichzustellen.[45] Dagegen sind Einsparungen,

---

mitteln ohne Zusatznutzen in die Festbeträge ergibt sich eine geschätzte Gesamtentlastung von rund 2 Mrd. Euro" (pro Jahr; die Verf.).

44 Stellvertretend für viele: *Ulrich Schwabe* (2016, S. 1) als Mitherausgeber des AVR auf der WIdO-Pressekonferenz zum AVR vom 26.09.2016. Die mit dem AMNOG verfolgten „Ziele" (Versorgung mit den besten und wirksamsten Arzneimitteln; wirtschaftliche und kosteneffiziente Arzneimittelversorgung; verlässliche Rahmenbedingungen für Innovationen, die Versichertenversorgung und die Sicherung von Arbeitsplätzen) werden denn auch gleich zu Anfang, die „Folgenabschätzung" aber sachgemäß erst zum Schluss genannt (*Deutscher Bundestag* 2010,1, S. 1 f. und 38 f.).

45 In der Gesetzesbegründung zum 14. SGB V ÄndG heißt es dazu: *„Die gesetzliche Möglichkeit zur Nutzenbewertung von Arzneimitteln im Bestandsmarkt wird aufgehoben. Dadurch entfällt nach Angaben der Antragsteller der administrative Aufwand für die betroffenen pharmazeutischen Unternehmer wie für die beteiligten Institutionen der Selbstverwaltung. Zur Kompensation der damit ebenfalls entfal-*

2. Problembereiche des AMNOG: Mythen und Fakten

die Krankenkassen aus den ANMOG-bedingten Versorgungslücken wie Marktaustritte, Nichteinführung und Nichtverordnung von Arzneimittel-Innovationen erzielen können, noch nicht einmal veranschlagt.[46] Von daher ist es ein Mythos, dem Gesetzgeber mit dem AMNOG ein konkretes Einsparziel zu unterstellen, das nach sechs Jahren immer noch nicht erreicht sei.

Tabelle 2-3: AMNOG-bezogene Einsparungen und Kompensationen, 2011-2016

Mio. € pro Jahr	2011	2012	2013	2014	2015	2016
Einsparungen* durch AMNOG-Preisfindung	0	25	150	443	796	1.150
Herstellerrabatt** 2014 erhöht von 6 % auf 7 %	-	-	-	100	100	100
Preismoratorium*** 2014 verlängert bis 2017	-	-	-	600	670	740
Summe aus Einsparungen und Kompensationen	0	25	150	1.143	1.566	1.990

*Einsparungen durch AMNOG-Preisfindung gemäß § 130b SGB V. **Angaben des Gesetzgebers für 2014-2016. ***Fortschreibung der Angabe des Gesetzgebers für 2014 mittels der jährlichen Inflationsrate in 2015-2016.

Quelle: Eigene Darstellung und Berechnungen nach Angaben aus *Deutscher Bundestag* 2013, S. 5 f.; *AVR* 2016, Tabelle 1.1 und 1.7, S. 4 und 21; *QuintilesIMS/Wald-Eßer* 2017, S. 4.

---

lenden Verpflichtung zur Vereinbarung angemessener Erstattungsbeträge für die gesetzliche Krankenversicherung und sonstige Kostenträger wird das Preismoratorium befristet bis zum 31. Dezember 2017 verlängert. Außerdem wird der allgemeine Herstellerabschlag in Form des Mengenrabatts von 6 auf 7 Prozent erhöht." (Deutscher Bundestag 2014,2, S. 1).

46 Derartige Einsparungen ergeben sich immer dann, wenn billige generische Präparate weiterverordnet werden, obwohl sie durch teurere neue Medikamente substituierbar wären, aber aus den genannten Gründen nicht substituiert werden bzw. nicht substituiert werden können. Siehe zu den AMNOG-bedingten Versorgungslücken nachfolgend Abschnitt 2.4 und 2.5.

Fazit

Faktum ist, dass das einzige im *AVR* 2016 noch ausgewiesene Einsparpotenzial ein reines „Bestandsmarkt-ESP" ist, das aus den im Vergleich zum Ausland hohen Herstellerabgabepreisen der nicht durch das AMNOG-Verfahren bewerteten patentgeschützten Altpräparate resultiert. Dadurch wird es aber in mehrfacher Hinsicht zum Mythos: Zum einen sind bloße Preisdifferenzen zwischen In- und Ausland ökonomisch gesehen nicht per se mit Einsparpotenzialen im Sinne von „Wirtschaftlichkeitsreserven" gleichzusetzen; und zum anderen ist pragmatisch gesehen nicht erkennbar, wie sich das Bestandsmarkt-ESP realisieren ließe, denn billigere Patentpräparate im vollen Umfang zu importieren, ist unmöglich, und ein Bestandsmarktaufruf, der zu niedrigeren Erstattungsbeträgen führen könnte, ist politisch derzeit auszuschließen. Außerdem sind Bestandsmarkt-ESP konzeptionell und quantitativ ohnehin ein wertloses „Auslaufmodell", weil der nationale Preisvergleich bereits als unergiebig eingestellt wurde und sich die verbliebenen Bestandsmarkt-ESP in Nichts auflösen, sobald in wenigen Jahren das letzte patentgeschützte Altpräparat generisch geworden ist und nur noch AMNOG-Präparate am Markt sind. Dann wird das AMNOG seine volle Wirkung entfalten und dem Mythos der „unerreichten Einsparzielen" vollends den Boden entziehen.

2.3 Nutzenorientierte Erstattung statt Mischpreise?

Ein weiterer Versuch der Krankenkassen, Einsparungen in der Versorgung mit Arzneimittel-Innovationen zu erzielen, ist die von ihnen geforderte Ablösung der bisher praktizierten Erstattung von „Mischpreisen" bei stratifizierten AMNOG-Präparaten durch eine „Nutzenorientierte Erstattung" (NoE). Hierzu hat der Verwaltungsrat des GKV-SV am 8. Juni 2016 ein Konzept verabschiedet. Dabei geht es um patentgeschützte Wirkstoffe, denen in der Frühen Nutzenbewertung bei verschiedenen Patientengruppen unterschiedliche Zusatznutzen attestiert werden. In diesen Fällen wird bisher ein Mischpreis als einheitlicher Erstattungsbetrag (EB) über alle Anwendungen des betreffenden Wirkstoffs vereinbart. Diese Mischpreise sollen nun durch eine nach der Höhe des Zusatznutzens in den einzelnen Subgruppen differenzierte Erstattung abgelöst werden, weil sie angeblich zu einer unwirtschaftlichen Verordnungsweise führen.

Künftig soll für Patientengruppen ohne Zusatznutzen ein „Basispreis" gelten, der sich nach den Kosten der wirtschaftlich zweckmäßigsten, in der Regel generischen Vergleichstherapie richtet. Bei Patientengruppen mit Zusatznutzen würde ein „Zusatznutzenpreis" (ZNP) erstattet, der als Aufschlag auf den Basispreis zwischen Hersteller und GKV-SV zu vereinbaren wäre und sich am subgruppenspezifischen Zusatznutzen orientieren soll. Dieser Preisfindungsmodus soll zugleich mit der Einführung eines neuartigen Abrechnungsverfahrens für Apotheker und Hersteller sowie mit einem „Ampelsystem" zur Information der verschreibenden Ärzte einhergehen.

Doch ist die These von der „Unwirtschaftlichkeit von Mischpreisen" nicht ebenfalls ein Mythos und von daher als Begründung für einen, wenn auch nur partiellen Wechsel des Erstattungsmodus bei stratifizierten AMNOG-Präparaten verfehlt? Wäre das NoE-Konzept überhaupt mit vertretbarem Regulierungsaufwand realisierbar? Und wenn ja, käme es nicht zu unerwünschten Nebenwirkungen auf die Versorgung mit fortschrittlichen Arzneimitteltherapien? Bei näherem Hinsehen wird sich zeigen, dass die NoE keine überlegene Lösung der Mischpreisproblematik bietet, sondern ein neuer, den Zielen des AMNOG zuwiderlaufender Regulierungsansatz ist, der mehr Probleme schaffen dürfte als er zu lösen imstande ist.[47]

Slicing und Value-Based Pricing

Bekanntlich wollte der Gesetzgeber mit dem AMNOG eine neue Balance zwischen Innovation und Bezahlbarkeit von Medikamenten schaffen (*BMG* 2016,1): Dazu ist zunächst der patientenrelevante Zusatznutzen eines neuen patentgeschützten Wirkstoffs im Vergleich zu einem bewährten Bestandspräparat – der „Zweckmäßigen Vergleichstherapie" (ZVT) – zu ermitteln. Das Ausmaß des Zusatznutzens soll dann den für alle Anwendungen des Medikaments einheitlichen Preis bzw. Erstattungsbetrag mitbestimmen, der zwischen dem pharmazeutischen Hersteller und dem GKV-SV zu vereinbaren ist. Dies soll gewährleisten, dass Preise und Verordnungen von Arzneimitteln wirtschaftlich sind und die Ärzte im Praxisalltag von bürokratischen Verpflichtungen und Regressansprüchen entlastet werden.

Die materielle Basis dieser nutzenorientierten, auch als „Value-Based Pricing" (VBP) bezeichneten Preisfindung (*Danzon/Towse/Mestre-Ferrandiz* 2013) ist die Frühe Nutzenbewertung (FNB) des G-BA unter maß-

---

[47] Die nachfolgende Analyse basiert wesentlich auf *Cassel/Ulrich* 2016,1; 2016,2. Zu den unterschiedlichen Positionen von Krankenkassen, Ärzten und Arzneimittelherstellern in der aktuellen Mischpreisdebatte siehe den Autorenbeitrag von *Greiner/Witte* und die drei Gastbeiträge im *AMNOG-Report* 2017, S. 158 ff. und 193 ff.

geblicher Beteiligung des IQWiG innerhalb von sechs Monaten nach dem Launch eines Präparats (*Cassel/Ulrich* 2015,1, S. 44 ff.). Mit ihr „quantifiziert" der G-BA den patientenrelevanten Zusatznutzen durch Zuordnung der Innovation zu einer der sechs Nutzenkategorien (erheblicher, beträchtlicher, geringer, nicht quantifizierbarer oder kein Zusatznutzen bzw. geringerer Nutzen gegenüber der ZVT) sowie Angabe der dafür vorliegenden Wahrscheinlichkeit bzw. Ergebnissicherheit nach insgesamt drei Stufen (Beleg, Hinweis oder Anhaltspunkt). Der FNB wird dabei unabhängig von der anschließend darauf aufsetzenden Preisfindung im Verhandlungswege oder bei Nichteinigung durch Beschluss der Schiedsstelle ein beträchtlicher Eigenwert beigemessen: Zutreffende Bewertungen vorausgesetzt, soll er sich aus dem Informationsgehalt der Kategorisierung des Zusatznutzens und ihrer Begründung durch den G-BA für das patientengerechte ärztliche Verordnungsverhalten ergeben, obwohl die FNB eigentlich nicht darauf angelegt ist, dass ihre Ergebnisse als Grundlage für Therapieempfehlungen an die Adresse des behandelnden Arztes dienen. Von daher ist der Gebrauchswert der Quantifizierung des Zusatznutzens in Form der Kategorisierung der bewerteten Medikamente als therapeutische Leitlinie in verschiedener Hinsicht begrenzt und sollte deshalb auch getrennt von ihrer eigentlichen Rolle als Grundlage von Wirtschaftlichkeitserwägungen bei der Anwendung von Arzneimitteln gesehen werden (*Frick* 2016,1).

Ausgangspunkt der FNB ist die bei der Zulassung eines Arzneimittels erfolgte Festlegung einer – oder auch mehrerer – Indikationen, für die der Wirkstoff aufgrund seiner Wirksamkeit, pharmazeutischen Qualität und Unbedenklichkeit therapeutisch für anwendbar gehalten wird und unter einer Pharmazentralnummer (PZN) zugelassen ist. Schon hieraus ergibt sich die Notwendigkeit, den Zusatznutzen differenziert zu bewerten, gegebenenfalls auch gegenüber unterschiedlichen Vergleichstherapien. Darüber hinaus erscheint es opportun, die Gesamtpopulation eines Anwendungsgebietes nach verschiedenen Kriterien in Teilpopulationen bzw. (Patienten-)Subgruppen aufzuteilen („Stratifizierung" bzw. „Slicing") und den Zusatznutzen gruppenspezifisch zu ermitteln, um so die Informationsbasis für eine patientengerechtere Anwendung zu verbessern.

Allerdings weist das IQWiG in seinen Methodenpapieren 4.2 (2015) und 5.0 (2016) nach wie vor darauf hin, dass Subgruppenanalysen diesbezüglich in der methodischen Literatur (sehr) kritisch diskutiert werden. Die Ergebnisinterpretation werde vor allem dadurch erschwert, dass in den Subgruppenanalysen häufig die Stichprobengröße zu gering sei („geringe

Power"), sie hinsichtlich ihrer Bildungsmerkmale oft post hoc stattfände, statt a priori geplant zu sein („kein Beweischarakter") oder auf Patienten innerhalb ihrer Subgruppe mehrere Gruppenmerkmale zuträfen („Effektmodifikation durch mehr als ein Subgruppenmerkmal"). Dementsprechend sollten die Ergebnisse von Subgruppenanalysen zwar in Bewertungen einfließen, aber nicht das Ergebnis der primären Analyse dominieren (*IQWiG* 2015, S. 158 f.; 2016, S. 194). Das AMNOG-Verfahren soll jedoch primär der Preisfindung und nicht der arzneimitteltherapeutischen Verordnungssteuerung dienen.[48] So weisen die Methodenpapiere des IQWiG ausdrücklich darauf hin, dass Subgruppenanalysen auch sozialrechtlich indiziert sein können, um z. B. die Anforderungen der §§ 35a und 139a (2) SGB V zu erfüllen, und dass in diesem Fall eine Ausnahme von der oben genannten Anwendungsregel vorliege (*IQWiG* 2015, S. 158 f.; 2016, S. 195).

Ob und inwieweit die Stratifizierungspraxis von G-BA und IQWiG im Rahmen der FNB der Preisfindung tatsächlich adäquat ist, lässt sich jedoch bezweifeln. Denn es gibt je nach Indikation, den darin etablierten Standardtherapien, den bereits im klinischen Test identifizierten Patientengruppen und den relevanten medizinischen Effektmodifikatoren – wie Geschlecht, Alter, Krankheitsschwere oder Krankheitsstadium – eine Vielzahl unterschiedlicher Kriterien zur Bildung von Subgruppen,[49] die enorme Ermessensspielräume beinhalten. Überdies kann die Subgruppenbildung auch wirtschaftlich motiviert sein und ist von daher äußerst strategieanfällig (*Cassel/Ulrich* 2015,1, S. 108 ff.). Davon abgesehen, implizieren die oben genannten methodischen Probleme ein gewisses Fehlerpotenzial, so dass „falsch-positive" wie „falsch-negative" Bewertungsergebnisse nicht ausgeschlossen sind (*Frick* 2015, S. 29 ff.; *AWMF* 2017,1).

Vor diesem Hintergrund ist die im internationalen Vergleich hierzulande recht ausgeprägte Stratifizierung eher kritisch zu sehen: Immerhin hat der G-BA in 116 bzw. 50,9 % der bis Ende 2016 abgeschlossenen 228

---

48 Dies wird in der aktuellen Diskussion um ein geeignetes „Arztinformationssystem" (AIS) vielfach übersehen, wenn gefordert wird, dass die Ergebnisse der im Dienst der Preisfindung stehenden FNB auch maßgeblich zur Steuerung der ärztlichen Verordnungsweise bzw. Optimierung der Behandlung eingesetzt werden sollten. Siehe kritisch dazu *Ingenhaag/Unmüßig/Welte* 2017 sowie unsere nachfolgenden Ausführungen zur „Funktionsweise der NoE".
49 Zu den unterschiedlichen Positionen siehe für den G-BA: *Behring* 2015; für die medizinischen Fachgesellschaften: *DGHO/Wörmann* 2016; und für die forschende Pharmaindustrie *Rasch/Dintsios* 2015.

2.3 Nutzenorientierte Erstattung statt Mischpreise?

Verfahren insgesamt 374 Subgruppen gebildet, davon in 94 Verfahren zwischen zwei und vier und in 22 Verfahren sogar zwischen fünf und maximal zehn Gruppen (Abbildung 2-8). Diese Häufung der Subgruppenbildung ist jedoch sachlich nicht zwingend. So stand das IQWiG anfangs dem Slicing eher kritisch gegenüber und ist mehrfach von der Gruppenbildung des G-BA abgewichen – und umgekehrt.[50] Beide Bewertungsinstanzen unterscheiden sich häufig aber auch von der Gruppenbildung der European Medicines Agency (EMA) – wie insbesondere auch von der präspezifizierten Gruppenbildung in den Zulassungsstudien der Hersteller.

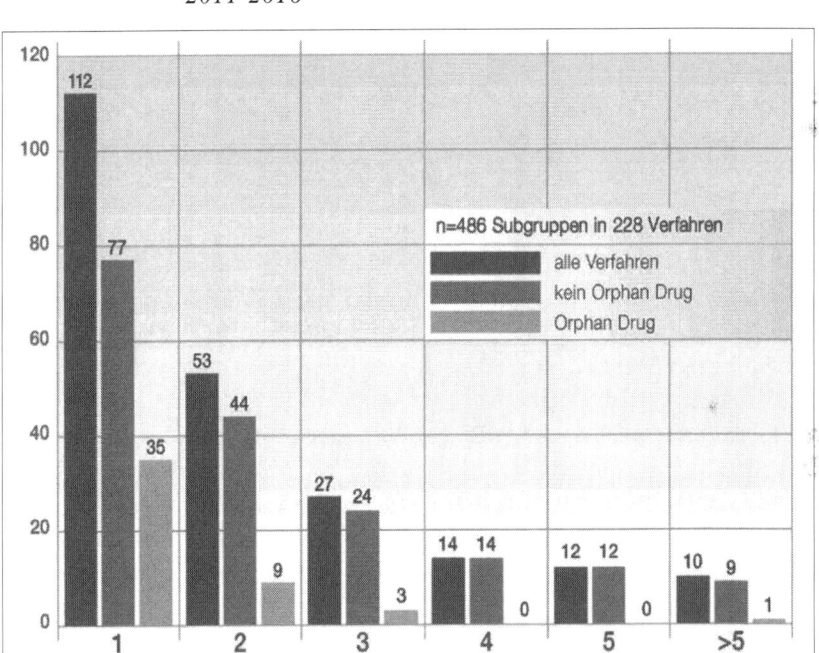

Abbildung 2-8: Subgruppen in vollständig abgeschlossenen Verfahren, 2011-2016*

Subgruppen	alle Verfahren	kein Orphan Drug	Orphan Drug
1	112	77	35
2	53	44	9
3	27	24	3
4	14	14	0
5	12	12	0
>5	10	9	1

n=486 Subgruppen in 228 Verfahren

*Die in der ersten Spalte mit nur einer Subgruppe nachrichtlich aufgeführten 112 Verfahren sind nicht stratifiziert. Die 116 stratifizierten Verfahren ergeben sich durch Aufsummierung der Zahlen über der ersten Säule in den nachfolgenden Spalten. Zu detaillierteren Angaben siehe weiter unten Tabelle 2-5.

Quelle: Eigene Darstellung nach Beschlüssen des G-BA.

---

50 Siehe den statistischen Übersichtsreport von *vfa/Rasch* 2017,1, S. 3 ff.

Schon von daher müssen die Bewertungsergebnisse nicht in jedem Falle übereinstimmen und – notabene – nicht immer zutreffend sein (*Frick* 2016,2, S. 8 ff.). Dies ist insbesondere dann bedenklich, wenn eine Institution wie der G-BA ein institutionelles „Bewertungsmonopol" hat und selbst seine möglichen Fehlurteile bzw. Irrtümer für die gesamte GKV-Versorgung und teilweise darüber hinaus für ganz Deutschland rechtsverbindlich sind.

Wie valide diese Subgruppenbildung in der FNB auch sein mag, so folgenschwer ist sie hinsichtlich einer anschließenden Preisfindung, die das Prinzip: „Money for Value" – vulgo: „je größer der Zusatznutzen, desto höher der Preis" – entsprechen sollte. Denn die Zielpopulationen verschiedener Anwendungsgebiete eines Medikaments, vor allem aber ihre Subgruppen, weisen so unterschiedliche Bewertungsergebnisse auf, dass sie sich anscheinend nicht in einem einheitlichen Preis bzw. Erstattungsbetrag abbilden lassen. Wie Abbildung 2-9 zeigt, hat der G-BA bis Ende 2016 bei 243 bzw. in 65 % von 374 Subgruppen keinen Zusatznutzen erkannt. Davon wurden nahezu 90 % wegen fehlender, ungeeigneter oder unvollständiger Daten sowie fehlender Dossiers oder Abweichungen von der ZVT materiell ungeprüft so kategorisiert (*AMNOG-Daten* 2017, Abbildung 9). In 2 Fällen (0,5 %) hat der G-BA sogar einen geringeren Nutzen festgestellt. Von den 129 Subgruppen mit ZN erhielten 54 (14,4 %) einen geringen, 28 (7,5 %) einen nicht quantifizierbaren, 45 (12,0 %) einen beträchtlichen und nur 2 (0,5 %) einen erheblichen ZN attestiert.

Das Value-Based Pricing wäre bei solchen Medikamenten unproblematisch, die lediglich für eine einzige Indikation zugelassen sind und deren Zielpopulation so homogen ist, dass sich der ZN für das Anwendungsgebiet als Ganzes quantifizieren lässt. In diesem Fall sind denn auch die Preisfindungsregeln des § 130b (1) und (3) SGB V ohne Weiteres anwendbar: Für Arzneimittel, denen vom G-BA nach § 35a (3) SGB V ein Zusatznutzen attestiert wird, soll ein sich prioritär nach dessen Ausmaß richtender Erstattungsbetrag vereinbart werden; und Arzneimittel, die keinen Zusatznutzen zuerkannt bekommen, werden nach Möglichkeit unter Festbetrag gestellt oder bekommen einen vereinbarten Erstattungsbetrag, der keine höheren Therapiekosten verursacht als die wirtschaftlichste ZVT.

Mischpreislogik und ihre Anwendungsbedingungen
Ist ein Wirkstoff jedoch in verschiedenen Indikationen zugelassen oder sind für bestimmte Anwendungsgebiete Subgruppen gebildet worden, können sich in der FNB ganz unterschiedliche Zusatznutzen ergeben. Sol-

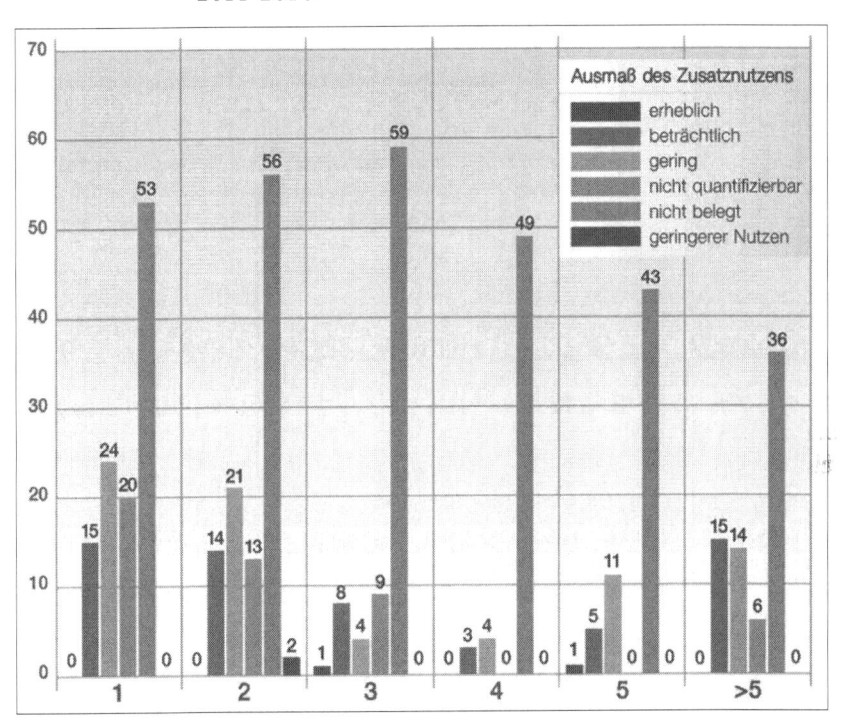

Abbildung 2-9: Bewertungsergebnisse des G-BA nach Subgruppen, 2011-2016*

Ausmaß des Zusatznutzens:
- erheblich
- beträchtlich
- gering
- nicht quantifizierbar
- nicht belegt
- geringerer Nutzen

Subgruppen	erheblich	beträchtlich	gering	nicht quantifizierbar	nicht belegt	geringerer Nutzen
1	0	15	24	20	53	0
2	0	14	21	13	56	2
3	1	8	4	9	59	0
4	0	0	3	4	49	0
5	1	5	0	11	43	0
>5	0	15	14	6	36	0

*Die in der ersten Spalte mit nur einer Subgruppe nachrichtlich aufgeführten Bewertungsergebnisse beziehen sich auf nicht stratifizierte Verfahren; siehe Abbildung 2-8.
Quelle: Eigene Darstellung nach Beschlüssen des G-BA.

len auch in derartigen Fällen wirkstoffbezogen einheitliche Erstattungsbeträge gelten, wäre im Prinzip zunächst für jede einzelne Indikation bzw. Subpopulation ein nutzenorientierter (Teil-)Betrag bzw. Erstattungspreis zu veranschlagen. Gewichtet mit den prospektiven Verordnungsmengen bzw. Patientenzahlen, ergäben die aufsummierten Beträge rein rechnerisch den Erstattungsbetrag des Wirkstoffs. Das Slicing bei der FNB zieht somit unter AMNOG-Bedingungen eine „Mischkalkulation" bei der Preisfindung nach sich und macht damit Erstattungsbeträge als Mischpreise (MiP) unabdingbar.

Ein einfaches Beispiel für ein Anwendungsgebiet mit zwei Subgruppen soll die Mischpreislogik verdeutlichen (Abbildung 2-10): Für die Subgruppe mit 200 Patienten ohne Zusatznutzen betrage der Erstattungsbetrag der wirtschaftlichsten ZVT 15 €, so dass sich die Verordnungskosten auf 3.000 € belaufen. In der Subgruppe mit einem annahmegemäß beträchtlichen Zusatznutzen befinden sich 100 Patienten, und die „Monetarisierung" des Zusatznutzens führe zu einem doppelt so hohen Erstattungsbetrag von 30 € mit Verordnungskosten von ebenfalls 3.000 €. Die Mischpreisbildung aus diesen beiden „Teilerstattungsbeträgen" ergibt insgesamt einen EB in Höhe von 20 € für die 300 Patienten der gesamten Zielpopulation und eine Belastung der Kostenträger in Höhe von 6.000 €, falls jeweils alle Patienten der prospektiven Teilpopulationen mit dem Arzneimittel versorgt werden.

Dabei ist davon auszugehen, dass „kein Zusatznutzen" nach G-BA nicht heißt, dass das Medikament „ohne Nutzen" für den Patienten ist, sonst wäre es nicht zugelassen. Vielmehr hat es im Vergleich zur ZVT zumindest den gleichen, möglicherweise sogar einen höheren Nutzen, der bei der FNB nicht erkannt wurde oder noch nicht erkannt werden konnte,

Abbildung 2-10: Mischpreisbildung bei Subpopulationen mit unterschiedlichem Zusatznutzen*

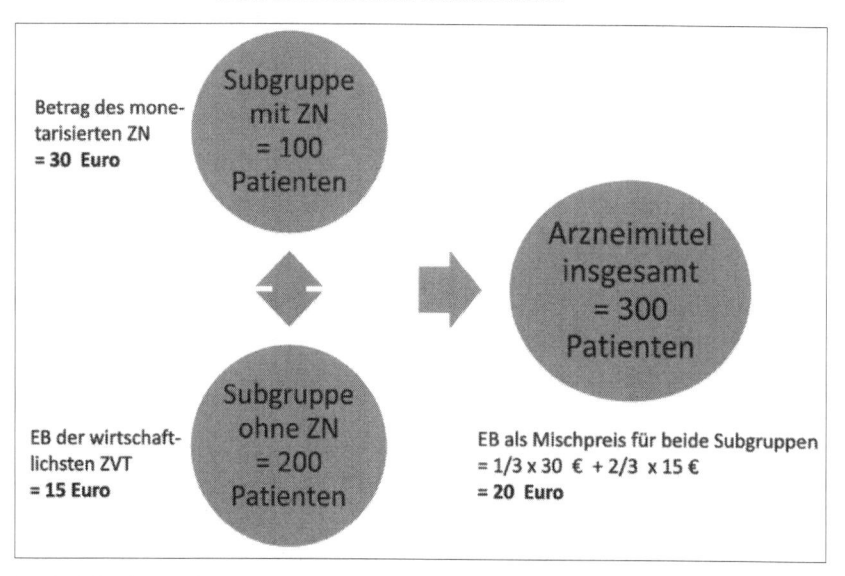

*Beispielrechnung für zwei Subgruppen mit und ohne ZN. EB – Erstattungsbetrag; ZN – Zusatznutzen; ZVT – Zweckmäßige Vergleichstherapie.
Quelle: Eigene Darstellung.

weil er sich erst im Versorgungsalltag herausstellt. Von daher steht seiner Verordnung zum MiP auch in Subgruppen ohne Zusatznutzen weder medizinisch noch wirtschaftlich etwas entgegen. Deshalb sind Verordnungseinschränkungen des G-BA zur Sicherstellung der „Wirtschaftlichkeit" nach § 92 (2) Satz 11 SGB V oder der „Versorgung", wie sie ursprünglich in § 35a (3) Satz 5 (neu) SGB V des AMVSG-Regierungsentwurfs vorgesehen waren,[51] bei Mischpreisen grundsätzlich nicht erforderlich.

Die Neuregelung hätte verhindern sollen, dass der Hersteller in bestimmten Ausnahmekonstellationen ein therapeutisch fortschrittliches Medikament nicht wieder vom Markt nimmt, so dass die Versorgung für einzelne davon betroffene Patientengruppen gesichert bliebe. Dieser Fall wäre im Beispiel der Abbildung 2-10 etwa dann gegeben, wenn die Subgruppe mit Zusatznutzen (ZN) aus nur 10 Patienten bestünde und der monetarisierte ZN 500 € betragen würde, während die Subgruppe ohne ZN aus 290 Patienten mit einem an der ZVT ausgerichteten Erstattungsbetrag von annahmegemäß 10 € bestünde. Würden alle 300 Patienten mit dem Präparat versorgt, beliefen sich der Gesamtumsatz auf 7.900 € und der MiP auf 26,33 €. Muss aber der Hersteller beim tatsächlichen Verordnungsverhalten davon ausgehen, dass das Produkt nicht oder nicht hinreichend in der Subgruppe ohne ZN verordnet wird, würde er sich den aus seiner Sicht erforderlichen Erlös von 5.000 € für die 10 Patienten mit ZN nur dann sichern können, wenn die Subgruppe ohne ZN von der Erstattung ausgeschlossen wäre und damit der Einheitspreis von 500 € gelten würde. Wäre ihm dies verwehrt, könnte er erwägen, das Produkt vom Markt zu nehmen und damit die Versorgung der Patientengruppe mit ZN zu gefährden, weil der MiP sich unter den genannte Bedingungen für ihn nicht rechnet.

Als Ausnahmeregelung für extrem gelagerte Fälle wie diesem mag das sachgerecht und praktikabel sein. Angesichts der aus verschiedenen Fachrichtungen an Verordnungsbeschränkungen geäußerten Kritik dürfte sich daraus jedoch kein Einfallstor für den automatischen Verordnungsaus-

---

51 Siehe *Deutscher Bundestag* 2016, S. 9, Tz 3a; *AMNOG-Report* 2017, S. 23 und 163 ff. Hiernach sollte der G-BA im Rahmen seiner Bewertungsbeschlüsse Verordnungseinschränkungen beschließen können, „*soweit ein Zusatznutzen nicht belegt ist und die Verordnungseinschränkung zur Sicherstellung der Versorgung einzelner Patientengruppen erforderlich ist*". Diese Spezialregelung für AMNOG-Präparate wurde aber kurz vor der Verabschiedung im Deutschen Bundestag wieder gestrichen, weil die bisherige Regelung in § 92 ausreiche.

2. Problembereiche des AMNOG: Mythen und Fakten

schluss bestimmter Subpopulationen wie der Gruppe ohne Zusatznutzen ergeben.[52] Es bleibt abzuwarten, ob der G-BA auch in Zukunft hiervon nur sachgerecht und spärlich Gebrauch macht, oder ob er den bedenklichen Weg in Richtung auf einen automatischen Verordnungsausschluss der Patientensubgruppen ohne ZN zur Vermeidung der Mischpreisbildung geht.

Können Mischpreise wirtschaftlich sein?
Grundsätzlich macht es wirtschaftlich keinen Unterschied, ob alle Patienten zum Mischpreis oder die einzelnen Subgruppen zu nutzenorientierten Preisen therapiert werden. In jedem Fall entstünden nicht mehr und nicht weniger als 6.000 € Gesamtkosten. Dagegen steht jedoch die Sichtweise von Kostenträgern und Teilen der Ärzteschaft,[53] denen der MiP von 20 € im obigen Beispiel für das neue Medikament bei Subgruppen ohne ZN gegenüber nur 15 € für vergleichbare, meist als ZVT dienende Bestandspräparate als zu hoch erscheint. Daraus wird im konkreten Behandlungsfall auf eine Unwirtschaftlichkeit geschlossen, falls Patienten in Subgruppen ohne ZN mit dem Mischpreispräparat versorgt werden.

Aufgrund der Mischpreislogik müssten jedoch Verordnungen in allen Subgruppen einer Indikation als wirtschaftlich gelten und die Hersteller darauf vertrauen können, dass die prospektive Verordnungsmenge auch

---

52 Die Kritik lässt sich in drei zentralen Punkten zusammenfassen: (1) Bei mehreren Indikationen und Indikationen mit Subgruppen mit jeweils unterschiedlichem Zusatznutzen lassen sich diejenigen ohne Zusatznutzen nicht widerspruchsfrei ausschließen; (2) Nutzenbewertungen bleiben auch im Kollektiv immer individuelle subjektive Wertentscheidungen und hängen von der ebenfalls subjektiven Auswahl der Methodik ab, so dass innovationshemmende „falsch-negative" Bewertungen nicht auszuschließen sind; und (3) werden die vom Erstattungsausschluss bedrohten Präparate ohne Zusatznutzen weit überwiegend materiell gar nicht bewertet – d. h. ihr Zusatznutzen „gilt" bloß als nicht belegt –, so dass darunter auch Substanzen mit zusätzlichem Patientennutzen sein können. Siehe z. B. *Walzer/Dröschel* 2014; *Bauer/May/Wasem* 2016; *vfa* 2016,1.

53 Als Reaktion auf das jüngste „Mischpreisurteil" des Landessozialgerichts Berlin-Brandenburg (*LSG BB* 2017; siehe Abschnitt 2.4), in dem Mischpreise in bestimmten Konstellationen für rechtswidrig erklärt werden, hat sich die Kassenärztliche Bundesvereinigung (*KBV* 2017) klar für die Beibehaltung der Erstattungsbetrags-Systematik mit Mischpreisen ausgesprochen, während auf Länderebene einige Kassenärztliche Vereinigungen (KV) – zusammen mit den Kassen und ihren Verbänden – die MiP im Versorgungsalltag zu unterlaufen versuchen. Siehe *Cassel/Ulrich* 2015,1, S. 123 ff.; *Weegen at al.* 2016.

tatsächlich in der Subgruppe ohne Zusatznutzen realisiert wird. Anderenfalls könnte der Hersteller für die Gruppe mit beträchtlichem Zusatznutzen auch nur den im Vergleich zum nutzenorientierten Teilbetrag von 30 € um 10 € niedrigeren MiP von 20 € erlösen, ohne mit einer Kompensation durch die Verordnungsmenge bei der Subgruppe ohne Zusatznutzen rechnen zu können. Damit würde jedoch das der Mischpreisvereinbarung zugrundeliegende Kalkül nicht mehr aufgehen. Deshalb müssten sich Kostenträger und Hersteller bei der Preisfindung auch prospektiv auf Verordnungsmengen oder Umsatzvolumina einigen. Werden diese über- oder unterschritten, sind Nachverhandlungen erforderlich, die entweder an der tatsächlichen Verordnungsmenge oder am Erstattungsbetrag ansetzen können. Zur Vermeidung hoher Transaktionskosten bieten sich dafür (prospektiv zu verhandelnde) Preis-Mengen-Staffelungen an, wie sie im AMVSG in § 130b (1a) neu SGB V ausdrücklich vorgesehen sind (*AMNOG-Report* 2017, S. 21 ff.).

Grundsätzlich kann somit das Wirtschaftlichkeitsgebot des § 12 (1) SGB V auch bei Vereinbarung von Mischpreisen als erfüllt gelten, wenn man statt der „Einzelfallbetrachtung" patientenindividueller Verordnungen eine „Durchschnittsbetrachtung" über das gesamte Patientenkollektiv eines Anwendungsgebiets mit Teilpopulationen anstellt.[54] Dann wird nämlich deutlich, dass ein MiP, der unter adäquaten Rahmenbedingungen sachgerecht kalkuliert und entsprechend vereinbart wird, im Vergleich zur segmentierten Preisfindung nach Höhe des Zusatznutzens ebenfalls wirtschaftlich ist und zu keinen höheren Therapiekosten führt.[55]

---

54 Damit vergleichbar argumentieren auch *Bauer/May/Wasem* (2016, S. 4 ff.), wenn sie der „Wirtschaftlichkeits*idee* des AMNOG" als einer ex ante rationalen Durchschnittsbetrachtung der Arzneimittelverordnungen auf Bundesebene die ex post rationale Betrachtung der Wirtschaftlichkeit von Einzelverordnungen auf regionaler Ebene gegenüberstellen.

55 So auch vereinzelt aus juristischer Sicht: „*Im Sinne des Gesetzeswortlauts ist der Preis, der in der Preisverhandlung* (für Subgruppen mit und ohne ZN; die Verf.) *verhandelt wird, ... ein Mischpreis. Dieser berücksichtigt sowohl die Subpopulation, in der kein Zusatznutzen festgestellt worden ist, als auch diejenige Subpopulation mit Zusatznutzen. Lege artis wäre demnach der Mischpreis per se wirtschaftlich*" (*Ehlers* 2017, S. 7; siehe auch *Ehlers/Bickmann* 2017; *Rybak* 2017, S. 842 ff.).

NoE als Mischpreisalternative

Der Gesetzgeber hat das AMNOG stets auch als eine Art „bürokratischen Befreiungsschlag" gesehen. Denn einerseits wollte er mit der FNB bei neuen Arzneimitteln hinsichtlich ihres therapeutischen Fortschritts die „Spreu vom Weizen" trennen und damit ihren Zusatznutzen für Ärzte und Patienten besser, schneller und verlässlicher erkennbar machen; andererseits wollte er mit der darauf aufsetzenden nutzenorientierten Preisfindung die Wirtschaftlichkeit der Verordnungen innerhalb einer Zulassungsindikation gewährleisten. Auf diese Weise durch transparente Bereitstellung pharmatherapeutischer Erkenntnisse unterstützt und von Wirtschaftlichkeitserwägungen im Praxisalltag entlastet, hätten die Ärzte ihren Patienten die verfügbaren Präparate ohne Prüfungs- und Regressbedenken verordnen können, weil deren Wirtschaftlichkeit der gesundheitspolitischen Intention nach auf der prozeduralen Metaebene des AMNOG geklärt wäre.

Hierzu soll es aber aus Sicht der Krankenkassen erst gar nicht kommen. Denn Mischpreise werden von ihnen aus der Einzelfallbetrachtung heraus bei Verordnungen in Subgruppen ohne Zusatznutzen oder mit geringerem Nutzen prinzipiell für unwirtschaftlich gehalten. Um sie zu umgehen, wurden bislang drei denkbare Wege diskutiert (*Cassel/Ulrich* 2015,1, S. 153 f.; *Ingenhaag/Unmüßig/Welte* 2017, S. 222 f.):

- Ein erster Weg wäre der generelle Verzicht auf Stratifizierung bei der FNB und die Vereinbarung eines dann zwangsläufig einheitlichen Erstattungsbetrages für die gesamte Zielpopulation der Zulassungsindikation. Dies verbietet sich aber schon deshalb, weil damit ein Verzicht auf Erkenntnisse über populationsspezifische Pharmakotherapien – quasi ein „Schleier des Unwissens" – verbunden wäre, wo doch schon in den Zulassungsstudien prospektiv stratifiziert wird.
- Zweitens wäre eine separate FNB für jede Subgruppe und die Vereinbarung subgruppenspezifischer Erstattungsbeträge denkbar – verbunden mit einer entsprechenden Diversifizierung des Produkts u. a. durch Kennzeichnung, Packungsgröße und jeweils eigener PZN. Dem stehen allerdings informationelle Probleme wie fehlende Markierungs- und Kodierungsregeln sowie die mangelnde therapeutische Trennschärfe zwischen den Patientengruppen entgegen. Abgesehen davon würde diese Option schon an der internationalen Arbitrage und nicht zuletzt am Widerstand der international aufgestellten Pharmaindustrie gegen einen kostspieligen nationalen Alleingang scheitern.

2.3 Nutzenorientierte Erstattung statt Mischpreise?

- Drittens schließlich käme ein genereller, gegebenenfalls befristeter Verordnungs- bzw. Erstattungsausschluss durch den G-BA für Subgruppen ohne Zusatznutzen oder geringerem Nutzen in Betracht. Diese Option wurde aus GKV-SV-Sicht in einem Beitrag von *Haas/Tebinka-Olbrich* (2015) zur Diskussion gestellt. Nach den eingangs bereits erwähnten kritischen Stellungnahmen vor allem aus Ärzteschaft und Pharmaindustrie, aber auch aus der Gesundheitsökonomie (siehe Fn 50), werden allenfalls selektive Verordnungs- bzw. Erstattungsausschlüsse erwogen, wie sie nach § 92 (2) Satz 11 SGB V bereits möglich sind.

Während also die ersten beiden Lösungen zu inakzeptablen medizinischen Informationsverlusten bzw. administrativen Kostenbelastungen führen würden und von daher nicht praktikabel erscheinen, stößt die letztere auf grundsätzliche Bedenken, die zumindest eine generelle Anwendung ausschließen.

Mit einem von *Haas et al.* 2016 vorgetragenen Konzept zur „Nutzenorientierten Erstattung" (NoE) propagiert der GKV-SV einen neuartigen vierten Lösungsweg: Dieser führt vom „Basispreis" bei Subgruppen ohne Zusatznutzen über einen vereinbarten „Zusatznutzenaufschlag" bei Subgruppen mit Zusatznutzen zum „Zusatznutzenpreis" für zusatznutzenstiftende Innovationen.[56] Zur Begründung stellt das Konzeptpapier auf ein Verständnis von Wirtschaftlichkeit ab, das ausschließlich auf der Einzelfallbetrachtung patientenindividueller Verordnungen beruht und die AMNOG-relevante Durchschnittsbetrachtung auf der Metaebene gänzlich ausblendet. Die logische Konsequenz: Der nach dem AMNOG zu bildende einheitliche Preis je Wirkstoff (Mischpreis) sei „... *nicht für alle Patientengruppen gleichermaßen wirtschaftlich, da er für die Patientengruppen, für die das Arzneimittel keinen Zusatznutzen hat, zu hoch ist, während er für Patientengruppen mit Zusatznutzen im Verhältnis zu niedrig ausfällt*" (*Haas et al.* 2016, S. 3). Daraus ergäben sich im Versorgungsalltag eine Reihe schwerwiegender Probleme, die nur über eine subgruppenspezifische Preisdifferenzierung lösbar seien:

---

56 Das Konzeptpapier verwendet den Begriff „Erstattungsbetrag" des AMNOG nicht mehr: An seine Stelle treten der „Zusatznutzenpreis" und der „Basispreis", die als unterschiedliche Erstattungsbeträge bzw. „Abrechnungspreise" bei Subgruppen mit und ohne Zusatznutzen zu verstehen sind.

2. Problembereiche des AMNOG: Mythen und Fakten

- Die *Ärzte* würden die Ergebnisse der FNB bei ihren Verordnungsentscheidungen nur unzureichend berücksichtigen. Deshalb seien sie mehrheitlich nicht in der Lage zu ersehen, für welche Patientengruppen die Verordnung nützlich und wirtschaftlich ist. Dadurch käme es unmittelbar zu Rechtsunsicherheiten bzw. Regressrisiken für die Ärzteschaft. Diese Begründung ist jedoch nicht überzeugend: Zum einen haben therapeutisch relevante Informationsdefizite der Ärzte nichts mit den Mischpreisen zu tun, sondern sind den vielfach als Therapieleitlinien nicht geeigneten und dazu noch unzureichend kommunizierten FNB-Beschlüssen des G-BA geschuldet; zum anderen bedarf es für die Ärzte keiner zusätzlichen Preis- und Kosteninformationen zur Beurteilung der Wirtschaftlichkeit, weil bei korrekt kalkulierten und vereinbarten Mischpreisen die Verordnung eines Medikaments in allen Subgruppen mit und ohne ZN – wie gezeigt – im Durchschnitt wirtschaftlich ist. Deshalb entstehen den Kassen auch keinerlei Mehrkosten, so dass sich insoweit aufwendige Monitoring- und Prüfungsprozeduren erübrigen, auf denen die entstandenen Rechtsunsicherheiten und Regressrisiken der verordnenden Ärzte überhaupt erst beruhen.
- Die *Patienten* könnten sich aufgrund der ärztlichen Informationsdefizite „… *derzeit nicht darauf verlassen, dass neue Arzneimittel … adäquat und wirtschaftlich eingesetzt werden*" (*Haas et al.* 2016, S. 4), was sich besonders krass an der „Überversorgung" von Subgruppen ohne ZN, wie beim Onkologikum Inlyta® mit dem Wirkstoff *Axitinib* zur Behandlung des metastasierten Nierenzellkarzinoms zeige. *Axitinib* ist jedoch in verschiedener Hinsicht ein Sonderfall, bei dem die behandelnden Ärzte über den therapeutischen Wert des Präparats quasi mit dem Rezeptblock gegen den G-BA-Beschluss gestimmt haben.[57] So hat die FNB bei nur 6 Patienten pro Jahr oder 1 % der Zielpopulation einen Hinweis auf einen geringen Zusatznutzen und bei 99 % keinen Beleg für einen Zusatznutzen ergeben. Trotzdem seien

---

57 Trotz Androhung von Wirtschaftlichkeitsprüfungen und Regressen gegenüber den behandelnden Kassenärzten werden derzeit geschätzte 40 % aller Patienten mit Mischpreis-Präparaten in Subgruppen therapiert, denen „kein ZN" attestiert wurde (*vfa* 2017). Diese aus Kassensicht „unwirtschaftlichen" und „rechtswidrigen" Verordnungen sind also keine Einzelfälle und können so gehäuft auch nicht auf „Informationsdefizite" der behandelnden Ärzte zurückgeführt werden. Eher scheint das Gegenteil der Fall zu sein, was aber mangels gesicherter empirischer Evidenz nur vermutet werden kann.

damit in 2014 gut 113 % der Zielpopulation behandelt worden, was 17.400 % der Subpopulation entspräche (*Haas et al.* 2016, Abb. 1, S. 4).[58] Diese angebliche „Überversorgung" ist aber bei einem Medikament, das nach G-BA nicht besser, aber auch nicht schlechter wirkt als die ZVT, nicht nur medizinisch unbedenklich, sondern bei einem adäquaten Mischpreis im Durchschnitt auch kosteneffizient. Weitaus bedenklicher ist dagegen, dass es bei Präparaten, die einen beträchtlichen Zusatznutzen attestiert bekamen, derzeit eher zu einer „Unterversorgung" kommt, weil sie wegen der Rechtsunsicherheit und Regressangst der Ärzte selbst drei Jahre nach ihrem Launch nur zögerlich verordnet werden und – wie nachfolgend im Abschnitt 2.5 gezeigt wird – selten über einen Verordnungsgrad von 20 % der subgruppenspezifischen Zielpopulation hinauskommen.[59]

- Den *Krankenkassen* wiederum mangele es an Transparenz über die Versorgungssituation bei Arzneimitteln mit differenziertem Zusatznutzen, so dass ihnen ein zielgruppenspezifisches Monitoring der Versorgung ihrer Patienten mit Mischpreispräparaten kaum möglich sei. Deshalb seien sie mit einem erheblichen Ausgaben- und Mengenrisiko bei Arzneimitteln ohne Zusatznutzen konfrontiert und liefen Gefahr, Mehrkosten ohne ein „Mehr an Nutzen" tragen zu müssen – vom Mehraufwand für nachträgliche Wirtschaftlichkeitsprüfungen ganz abgesehen. Bei richtig kalkulierten und vereinbarten Mischpreisen bedarf es jedoch keines aufwendigen patientenindividuellen Monitorings und auch keiner zusätzlichen Wirtschaftsprüfung, ist doch die Verordnung von Präparaten ohne Zusatznutzen medizinisch unbedenklich und im Durchschnitt auch wirtschaftlich.

---

58 Ein so hoher Versorgungsgrad lässt vermuten, dass dieser Wirkstoff aus Sicht der praktizierenden Ärzte tatsächlich weit mehr Patienten einen relevanten Zusatznutzen zu stiften scheint als es der G-BA erkannt hat. Dies wäre eine „falschnegative" Bewertung, für die sich gewisse Hinweise aus der Kritik der onkologischen Fachgesellschaft am Bewertungsverfahren bei *Axitinib* ergeben (*DGHO/ Wörmann* 2016, S. 23 f.). Außerdem ergibt die prozentuale Betrachtung wegen der geringen Bezugsbasis von nur sechs Patienten in der Zielgruppe mit Zusatznutzen gegenüber 1.044 versorgten Patienten insgesamt einen statistisch überzogenen Budgeteffekt, der absolut gesehen marginal ist.

59 Hierzu findet sich keinerlei Hinweis im Konzeptpapier des GKV-SV. Das ist verständlich, führt doch jede „Unterversorgung" mit Arzneimitteln unmittelbar zu willkommenen Einsparungen bei den Kostenträgern. Siehe dazu *Cassel/Ulrich* 2015,1, S. 151 ff.; 2015,2.

- Schließlich seien Mischpreise auch für die pharmazeutischen Unternehmer nachteilig, weil sie die Erstattungsbeträge nach unten verzerrten und im internationalen Preisvergleich den Eindruck hervorriefen, dass die erstatteten Preise hierzulande unterdurchschnittlich niedrig seien. Auch diese Besorgnis ist bei statistisch korrekt durchgeführten mengengewichteten Preisvergleichen weitgehend unbegründet, denn schließlich realisieren die Hersteller zu Mischpreisen potenziell auch eine höhere Absatzmenge. Besorgniserregend ist vielmehr, dass Kassen und Kassenärztliche Vereinigungen die Ausschöpfung dieses Potenzials durch Verordnungshindernisse und Regressdrohungen im Bereich der Subgruppen ohne Zusatznutzen zu verhindern und damit das Mischpreiskalkül zu unterlaufen versuchen. Deshalb sind auch die angeführten Rechtsunsicherheiten und Regressrisiken der verordnenden Ärzte nicht den Mischpreisen selbst, sondern dem einzelfallgeleiteten Wirtschaftlichkeitsverständnis der Kostenträger und seiner Umsetzung im praktischen Verordnungsgeschehen geschuldet.

Diese Argumente sind also sachlich nicht überzeugend und von daher nicht ausreichend, um die Ablösung der Mischpreise durch eine Preisdifferenzierung nach Therapiegebieten mit und ohne Zusatznutzen zu rechtfertigen. Dabei ist auch zu bedenken, dass mit dem NoE-Konzept ein nationaler Sonderweg bei der Preisfindung im stratifizierten Teilsegment des Arzneimittelmarktes beschritten würde, den einzuschlagen mit einem beträchtlichen zusätzlichen Regulierungsaufwand verbunden wäre.

Funktionsweise der NoE

Ziel des GKV-SV ist es, Mischpreise durch eine strikt am Zusatznutzen orientierte Erstattung zu ersetzen, um dem diagnostizierten *„Informationsdefizit mit den damit verbundenen Konsequenzen für die Versorgungsqualität, der Mischpreisproblematik und dem Regressrisiko"* zu begegnen (*Haas et al.* 2016, S. 5 ff.). Der Lösungsvorschlag dafür klingt zunächst einfach und besteht aus einer Differenzierung des bisherigen Erstattungsbetrages in zwei „Abrechnungspreise" (AP):

- Für *Subgruppen ohne Zusatznutzen* ist ein Abrechnungspreis (AP) zu vereinbaren, der nicht zu höheren Jahrestherapiekosten führen darf als die wirtschaftlichste ZVT. Er bildet den „Basispreis" (BP) für die darauf aufsetzende Preisfindung bei attestiertem Zusatznutzen.
- Für *Subgruppen mit Zusatznutzen* ist ein nutzenorientierter Abrechnungspreis als „Zusatznutzenpreis" (ZNP) zu vereinbaren, aus dem

2.3 Nutzenorientierte Erstattung statt Mischpreise?

sich rechnerisch der „Zusatznutzenaufschlag" (ZNA) als Differenz zwischen Zusatznutzen- und Basispreis ergibt.

Der ZNA ist abrechnungstechnisch von zentraler Bedeutung, weil ihn der Hersteller zusätzlich zum Basispreis erhält und er nur dann von der Apotheke bzw. dem Apothekenrechenzentrum gutgeschrieben wird, wenn das Präparat tatsächlich in der entsprechenden Zusatznutzengruppe abgegeben worden ist. Dazu sei es erforderlich, die nach der Arzneimittelpreisverordnung fälligen Handelsaufschläge von Apotheken und Großhandel für alle Abrechnungspreise einheitlich auf Grundlage des Basispreises zu berechnen[60] sowie allen GKV-Akteuren den Basis- und Zusatznutzenpreis verfügbar zu machen sowie die Patientengruppen an die Krankenkassen zu übermitteln. Dagegen brauchen zu Präparaten mit geringerem Nutzen als die ZVT – das Konzeptpapier spricht hier von Arzneimitteln mit „Schadenspotenzial" – keine Informationen übermittelt zu werden, weil sie von der Erstattung ausgeschlossen werden sollen.[61]

Dem Arzt wiederum soll künftig mittels eines technisch hinterlegten Kodes ein neues, ständig zu aktualisierendes Arztinformationssystem (AIS) in der zertifizierten Praxissoftware zur Verfügung stehen, das ihn bei der Verordnung unterstützen würde. Es soll die vom G-BA festgelegten Patientengruppen mit dem jeweils attestierten Zusatznutzen nach Ausmaß und Wahrscheinlichkeit in Form farbkodierter Beschlussinformationen – vulgo: „Ampel" – zusammen mit den Preisangaben enthalten. Darüber hinaus müssten „*perspektivisch ... den Ärzten über die Praxissoftware auch weitere, umfassende Informationen zum G-BA-geprüften Stellenwert von Arzneimitteln im gesamten Therapiegebiet zur Verfügung gestellt werden (insbesondere bei Therapiesequenzen oder Kombinationstherapien sowie dem Vergleich neuer Arzneimittel untereinander*" (Haas et al. 2016, S. 7). Die behandelnden Ärzte bräuchten dann ihre Patienten nur noch den Subgruppen zuzuordnen und die Information über ihre Ver-

---

60 Dadurch sollen die Distributionskosten auf Grundlage des Basispreises vereinheitlicht und administrativ aufwendige Ausgleiche zwischen den verschiedenen ZNA vermieden werden. Vorteilhaft wäre dann auch, wenn der ZNA vom Apothekenrechenzentrum gleich mit den fälligen Herstellerabschlägen verrechnet würde.

61 Das dürfte eine Diskussion darüber auslösen, ob dann nicht auch – zumindest im Fall neuer Präparate mit beträchtlichem oder erheblichem Zusatznutzen – die in der FNB unterlegene und somit therapeutisch obsolete ZVT von der Erstattung auszuschließen wäre.

2. Problembereiche des AMNOG: Mythen und Fakten

ordnung per Mausklick „zwingend routinemäßig" an die Krankenkasse zu transportieren.

Diese informationelle Aufrüstung des GKV-Systems wäre auch ohne NoE möglich und wünschenswert, sofern sie den Arzt tatsächlich bei der erwünschten, qualitativ hochwertigen Verordnung von Arzneimitteln zum Wohle des Patienten unterstützt und nicht etwa – wie das vorgesehene Ampelsystem – die ärztliche Therapieentscheidung quasi algorithmisch steuert.[62] Dem NoE-Konzept zufolge soll das AIS jedoch mit dem Versprechen von mehr Qualitätssicherung, Orientierungsvereinfachung und Regressprävention dazu genutzt werden, den Ärzten ein fragwürdiges „*farbkodiertes Ampelsystem*" zur einfacheren Indikationszuordnung ihrer Patienten, das Verordnen nur noch „*eines einzigen Medikaments pro Rezept*" und das „*Übermitteln der Daten an die Kassen mit einem Klick*" schmackhaft zu machen. Letztlich steht dies aber im Zeichen der Gewinnung und Bündelung von Verordnungsdaten zwecks Monitoring, Steuerung und Sanktionierung des ärztlichen Verordnungsverhaltens durch das GKV-System. Damit dürfte der Weg vom freiberuflich praktizierenden „Vertragsarzt" zum systemgesteuerten „Ampelarzt" der Krankenkassen vorgezeichnet sein.

Preisfindung im NoE-Konzept

Mit Blick auf eine auch in Zukunft qualitativ hochwertige, vor allem aber fortschrittliche GKV-Arzneimittelversorgung, droht das NoE-Konzept aber noch weit folgenschwerer zu sein.[63] Denn neue fortschrittliche Arzneimittel werden auf Dauer hierzulande nur verfügbar sein, wenn die Erstattungsbeträge aus Sicht der forschenden Arzneimittelhersteller auskömmlich sind. Und das sind sie nur, wenn sie über die Produktions- und Distributionskosten hinaus mindestens einen angemessenen Deckungsbei-

---

62 Das neue Arztinformationssystem soll den Arzt „zielgerichtet" unterstützen (*Haas et al.* 2016, S. 6 f.), was sich dem Konzeptpapier entsprechend wahlweise als „patientengerechte" oder „kostensparende" Verordnungsweise auslegen lässt.

63 Für die PKV dürfte dies kaum relevant sein, weil sie das ärztliche Verordnungsverhalten praktisch nicht reguliert. So sind die PKV-Patienten insbesondere nicht von Verordnungsbeschränkungen betroffen, die sie nicht selbst vertraglich mit ihrer Versicherung vereinbart haben, und können die hierzulande nicht verfügbaren Arzneimittel problemlos auf Kosten ihrer Krankenversicherung aus dem Ausland beziehen. Zudem zeigte sich, dass die in der GKV verordnungsfähigen AMNOG-Präparate bei Privatversicherten anteilig eine größere Bedeutung in der Verordnungspraxis haben als in der GKV (*Wild* 2016, S. 38 f.).

trag für die laufenden Forschungs- und Entwicklungskosten (F&E) zu erbringen versprechen. Inwieweit ist dies im NoE-Konzept gewährleistet?

Künftig soll für alle Subgruppen, denen in der FNB kein Zusatznutzen attestiert wurde, gemäß § 130b (3) SGB V ein Basispreis als Erstattungsbetrag vereinbart werden, der nicht zu höheren Therapiekosten führen darf als die jeweils wirtschaftlichste ZVT. Wie bereits einleitend dargestellt, wären nach den bisherigen Bewertungsergebnissen zu urteilen 65 % der gebildeten Subgruppen betroffen, worunter sich etwa 90 % befinden, in denen der Zusatznutzen lediglich als nicht belegt gilt. Deren Nutzenpotenzial ist aber nicht bekannt, so dass mit hoher Wahrscheinlichkeit auch Subgruppen darunter sind, die tatsächlich einen mehr oder weniger hohen Zusatznutzen haben, was hierzulande unerkannt bleibt, wenn das Präparat daraufhin vom Markt genommen wird. Derartige wirtschaftliche „Flops" sind mit 65,5 % der stratifizierten Verfahren ohne Zusatznutzen deutlich häufiger als in den nicht stratifizierten, die in 47,3 % der Fälle keinen Zusatznutzen attestiert bekamen.[64] Indem die NoE im Vergleich zur Mischpreisbildung das Slicing preiswirksam macht, erhöht sie somit das wirtschaftliche Risiko der Hersteller im Basispreissegment.

Hinzu kommt, dass unseren Untersuchungen zufolge die ZVT in 75 % der Subgruppen Generika sind oder zumindest generische Anteile haben (*Cassel/Ulrich* 2015,1, S. 55 ff.). In diesen Fällen geben die Basispreise aber keine F&E-Deckungsbeiträge her. Generika stehen nämlich hierzulande in einem scharfen Preiswettbewerb, der ihre Preise auf die Höhe der Produktions- und Distributionsgrenzkosten drückt. F&E-Kosten, die betriebswirtschaftlich meist als „versunkene" Fixkosten (Sunk Costs) gelten,[65] sind darin aber nicht enthalten und können somit auch über generi-

---

64 Errechnet bis Ende 2016 aus den Werten der Abbildungen 2-8 und 2-9 sowie der Tabelle 2-5 in Abschnitt 2.4. Absolut beläuft sich die Zahl der Subgruppen ohne ZN bei den stratifizierten Verfahren auf 243 von 374 Gruppen und bei den nicht stratifizierten auf 53 Gruppen, was hier der Zahl der Verfahren zu jeweils einer Gruppe entspricht.

65 International anerkannten Schätzungen zufolge lagen sie 2013 durchschnittlich bei 1,4 Mrd. $ (laufend) bzw. 2,6 Mrd. $ (kapitalisiert) pro erfolgreichem Medikament (*DiMasi/Grabowski/Hansen* 2016, S. 20 ff.) und müssten theoretisch über deren Preise bzw. Erlöse wieder hereingeholt werden. Tatsächlich werden die laufenden Erlöse aber nicht zur Deckung der (historischen) F&E-Kosten verwendet, sondern sie finanzieren die F&E der laufenden Produktpipeline. Das erklärt, warum der Innovationsprozess bei Arzneimitteln weltweit so sensibel auf jegliche Form der Kostendämpfung reagiert. Siehe *Cassel/Ulrich* 2015,1, S. 119 ff.

sche Basispreise nicht verdient werden. Aus Herstellersicht sind somit drei Viertel der zum Basispreis erstatteten Subgruppen hinsichtlich der F&E-Finanzierung ein wirtschaftlicher Ausfall.

Das wäre noch als unternehmerisches Risiko hinzunehmen und würde im Einklang mit der im Innovationswettbewerb um immer wirksamere Therapien herrschenden dynamischen Effizienz stehen, sofern die FNB tatsächlich absolut treffsicher wäre. Im NoE-Konzept sind jedoch die generischen Vergleichspreise zwingend als Verhandlungsbasis für den ZNP bzw. den ZNA bei Subgruppen mit Zusatznutzen vorgesehen: Sie sollen ausgehend vom Basispreis im Bottom-up-Verfahren ausschließlich nutzenorientiert, d. h. ohne jede Bezugnahme auf andere Preisdeterminanten wie F&E-Leistungen oder Internationale Vergleichspreise (IVP) vereinbart werden.[66] In dem eher seltenen Fall, dass die ZVT patentgeschützt ist, bestünde zwar noch eine gewisse Chance, eine Erstattung zu vereinbaren, die zumindest Teile der F&E-Kosten deckt, aber bei einem generischen Basispreis ist das bei Subgruppen mit geringem Zusatznutzen völlig und bei beträchtlichem oder erheblichem Zusatznutzen höchstwahrscheinlich ausgeschlossen. Dies hat folgende Gründe:

- Die F&E-Leistungen selbst sind kein legitimes Verhandlungsargument, ebenso wenig wie die IVP, die je nach Referenzland und dortiger Preisregulierung F&E-Leistungen enthalten könnten.
- Beim Bottom-up-Verfahren ist der Hersteller verhandlungsstrategisch im Nachteil, weil er nicht wie im Top-down-Verfahren Rabatte auf seinen Launchpreis verhandeln kann, die inklusive F&E-Leistungen kalkuliert sind und ursprünglich auch im AMNOG vorgesehen waren. Stattdessen muss der Hersteller um eine angemessene Monetarisierung des Zusatznutzens, für die es keinen Algorithmus gibt, mit dem GKV-SV hart ringen, so dass sich das Ergebnis letztlich nach der jeweiligen Verhandlungsmacht beider Parteien richtet.
- Da die Verhandlungsposition des Herstellers von Faktoren wie seiner Marktbedeutung und Reputation sowie der Glaubwürdigkeit einer möglichen Androhung der Rücknahme seines Produkts vom hiesigen

---

66 Die F&E-Kosten waren allerdings – trotz massiver Kritik (*Cassel/Ulrich* 2015,3) – schon bisher kein Preisfindungskriterium im AMNOG. Da die bislang hierzulande als IVP referenzierten „*Preise in anderen europäischen Ländern*" aufgrund der dort andersartigen Preisfindung eine gewisse Chance bieten, dass sich F&E-Kosten darin niederschlagen, würde bei Negierung der IVP eine betriebswirtschaftlich rationale AMNOG-Preisfindung weiter erschwert.

Markt (Marktaustritt bzw. Drug Exit) abhängt, werden die ZNP bzw. ZNA zwischen den einzelnen Indikationen bzw. ihren Subgruppen ziemlich divergent sein.
- Dies schwächt den Hersteller dahingehend, dass er bei Subgruppen mit unterschiedlichem Zusatznutzen ganz unterschiedliche ZNP zu vereinbaren hätte und völlig offen ist, ob und inwieweit er überhaupt subgruppenspezifisch mit einem Marktrückzug drohen könnte.
- Und schließlich: Je kleiner die Subgruppe ist, umso höher wird der vom Hersteller verlangte ZNP im Vergleich zum Mischpreis sein müssen, der aber preispsychologisch nur schwerlich durchsetzbar ist, wie die Debatte um „Mondpreise" zeigt (siehe oben Abschnitt 2.2.).

Gerade die letzten beiden Punkte sind besonders kritisch, weil im Konzeptpapier die NoE insoweit als vorteilhaft für die Arzneimittelhersteller dargestellt wird, als diese damit rechnen könnten, dass die Erstattung in Höhe des ZNP die positive Nutzenentscheidung des G-BA angemessen widerspiegelt. In der Folge resultierten daraus „... *höhere zusatznutzenbasierte Preise mit verbesserter Referenzwirkung im EU-Ausland für Patientengruppen mit Zusatznutzen ...*" (*Haas et al.* 2016, S. 8). Es ist jedoch fraglich, ob der ZNP unter den vielfach kritisierten asymmetrischen Verhandlungsbedingungen überhaupt jenes Maß erreichen oder gar überschreiten kann, das der subgruppenspezifischen Kalkulation bei Mischpreisen – das wären die 30 € im Beispiel der Abbildung 2-10 – zugrunde liegt.

Außerdem sind die Hersteller wie bei den Mischpreisen auch im Fall der NoE mit der Frage nach der tatsächlich erreichbaren Absatz- bzw. Verordnungsmenge konfrontiert, die multipliziert mit dem Erstattungsbetrag erst den de facto erzielten Gesamterlös eines Produkts ergibt. Wird nämlich die Mischpreislogik – wie noch im nachfolgenden Abschnitt 2.5 gezeigt wird – durch regionale Verordnungsbeschränkungen und Regressdrohungen unterlaufen, können die pharmazeutischen Unternehmer die kalkulierte prospektive Verordnungsmenge ihres jeweiligen Medikaments erst gar nicht realisieren. Letzteres dürfte auch im Fall der NoE drohen, wenn auch aus einem ganz anderen Grund: Da das Präparat für alle Patientensubgruppen identisch ist, sich aber je nach Subgruppe mehr oder weniger stark im Preis unterscheidet, dürfte es in der Ärzteschaft beträchtliche Anreize geben, ihre Patienten mit Zusatznutzen so zu kodieren, dass sie das verordnete Medikament zum Basispreis und nicht etwa zum viel höheren Zusatznutzenpreis erhalten.[67]

Risiken und Nebenwirkungen
Das NoE-Konzept des GKV-SV erweist sich somit keineswegs als überlegene Lösung der Mischpreisproblematik, sondern als ein höchst problembehafteter neuer Regulierungsansatz, mit dem die gewünschten Einsparungen bei Arzneimittelinnovationen teuer erkauft würden. Denn die Einsparungen sollen im Wesentlichen durch eine nach Patientensubgruppen differenzierte Preisfindung gelingen, die im Bottom-up-Verfahren auf meist generischen Basispreisen von Vergleichstherapien aufsetzt und sich ausschließlich am subgruppenspezifischen Zusatznutzen orientiert. Das birgt jedoch die Gefahr, dass selbst therapeutisch fortschrittliche Arzneimittel hierzulande keine ausreichenden Beiträge zur Deckung der laufenden F&E-Kosten erbringen können.

Sehen die international aufgestellten Pharma-Unternehmen aber nur noch geringe Chancen, in Deutschland auskömmliche Deckungsbeiträge für die beträchtlichen und weiterhin rasant steigenden Kosten der Entwicklung ihrer Arzneimittel-Innovationen zu erzielen, werden sie immer häufiger den hiesigen Pharmamarkt umgehen. Dies umso mehr, als die forschenden Hersteller damit rechnen müssen, dass bei der Preisfindung auf ihren Auslandsmärkten künftig die generischen Basispreise – und nicht etwa die höheren, nach Subgruppen differenzierten Zusatznutzenpreise – referenziert werden. Dies umso mehr, als das AMVSG in § 130b (1b) SGB V die ursprünglich vorgesehene Vertraulichkeit der vereinbarten Erstattungsbeträge *(BMG* 2016,2) aufgrund eines Koalitionskompromisses nicht mehr enthält. Schließlich liegt die internationale Referenzierung der Basispreise auch schon deshalb nahe, weil die subgruppenspezifische Preisdifferenzierung im Ausland noch weitgehend unbekannt ist.

Unter diesen Umständen in Deutschland Innovationen auszubieten oder ausgebotene Produkte trotz enttäuschender Nutzenbewertung und Preis-

---

67 Das hätte paradoxerweise zur Folge, dass die Wirtschaftlichkeitsprüfung der Krankenkassen nach § 106 SGB V, die eine patientengerechte wirtschaftliche Verordnungsweise gewährleisten soll, dafür zu sorgen hätte, dass Fehlkodierungen vermieden und die Kostenträger mit dem höheren ZNP statt mit dem günstigen Basispreis belastet werden. Dazu wird es jedoch nicht kommen, weil sich die Kassen vom „Down-Coding" willkommene Einspareffekte bzw. Wettbewerbsvorteile erhoffen können.

findung nicht vom Markt zu nehmen, würde bedeuten, die hiesigen Niedrigpreise quasi zu exportieren und sich damit auch international um den Erfolg der eigenen Arzneimittel-Innovationen zu bringen. Es ist deshalb zu befürchten, dass unter dem NoE-Regime stratifizierte AMNOG-Präparate für GKV-Patienten nur noch verzögert oder gar nicht mehr verfügbar wären, wofür es schon unter dem bisherigen AMNOG-Regime erste Anzeichen gibt.[68] Damit aber würden die Qualitäts- und Innovationsziele des AMNOG glatt verfehlt.

Effektivere Mischpreisregelung als Goldstandard
Die insgesamt zu erwartenden negativen Auswirkungen der NoE lassen es geraten erscheinen, der ursprünglichen Intention des AMNOG zu folgen und die Mischpreisregelung beizubehalten – allerdings nicht ohne sie effektiver als bisher zu gestalten.[69] Dazu bedürfte es im Gegensatz zum kompletten Wechsel des Erstattungsmodus im NoE-Konzept nur weniger reformpolitischer Weichenstellungen:

- Erstens müsste der Gesetzgeber in § 130b SGB V klarstellen, dass AMNOG-Präparate mit einem rechtskräftig vereinbarten oder festgesetzten Erstattungsbetrag eine „wirtschaftliche Leistung" nach § 12 (1) SGB V sind, falls sie indikationsgerecht in ihren vom G-BA im Bewertungsbeschluss der FNB festgelegten Anwendungsgebieten und Patientensubgruppen, einschließlich der Subgruppen ohne belegten Zusatznutzen, verordnet werden. Damit verlöre das Verdikt des LSB BB zur Rechtswidrigkeit der Mischpreisbildung seine Rechtsgrundlage.
- Zweitens wäre ergänzend dazu erforderlich, die in § 130b (2) SBG V enthaltene Soll-Bestimmung zur Vereinbarung über die Anerkennung der Verordnung von AMNOG-Präparaten als „Praxisbesonderheit" durch eine Muss-Vorschrift mit Bindungswirkung für alle regionalen Vereinbarungen und den entsprechenden Rechtsfolgen nach § 106 (5a) SGB V – darunter insbesondere die Freistellung von der „Wirtschaftlichkeitsprüfung" – zu ersetzen.
- Drittens müssten spezifische Details zur Verhandlung von Mischpreisen, der Festlegung prospektiver Verordnungsmengen bzw. Patientenpopulationen (Marktpotenzial) und der ex post erforderlichen Preisan-

---

68 Siehe *Cassel/Ulrich* 2015,1, S. 153 ff., sowie die nachfolgenden Abschnitte 2.5 und 2.6.
69 Siehe dazu auch *Bausch* 2017, S. 9; *AMNOG-Report* 2017, S. 161; *König/Penske* 2017.

2. Problembereiche des AMNOG: Mythen und Fakten

passung bei Abweichung der tatsächlichen von den prospektiven Werten in der bestehenden „Rahmenvereinbarung" zwischen GKV-SV und den maßgeblichen Pharmaverbänden nach § 130b (9) SGB V rechtsverbindlich geregelt werden.

- Viertens beträfe das insbesondere die mit dem AMVSG in § 130b (1a) neu SGB V als „Kann-Regelung" ausdrücklich legitimierte und bereits mehrfach praktizierte „mengenbezogene Staffelung" (Preis-Mengen- bzw. Preis-Volumen-Verträge), mit der die Einhaltung der Mischpreislogik bei unvorhergesehenen Marktentwicklungen effektiv und transaktionskostengünstig gewährleistet werden könnte. Da mit derartigen Korrekturmechanismen verlässlich verhindert werden soll, dass nicht antizipierte Verordnungsentwicklungen finanziell zu Lasten der Kassen oder Hersteller gehen, müssten sie als „Soll-Regelung" in der RV konkretisiert werden.

- Fünftens schließlich müsste mit Bindungswirkung für G-BA und IQWiG rechtlich klargestellt werden, dass die Subgruppenbildung in der FNB primär der Preisfindung und nicht der Verordnungssteuerung zu dienen hat. Demzufolge hätten sich beide Bewertungsinstanzen auf eine regelhafte Verfahrensweise für ein weniger subtiles Slicing zu verständigen, das zweckmäßiger, praktikabler und vor allem weniger strategieanfällig und kostspielig ist als die gegenwärtige Praxis der Subgruppenbildung.

Diese rechtliche Nachjustierung entspräche dem ursprünglichen Willen des Gesetzgebers, mit dem AMNOG einen Begriff von „Wirtschaftlichkeit" zu verbinden, der abstrakt-generell auf das „Arzneimittel" bzw. seine „Zulassungsindikation" bezogen ist – und eben nicht auf dessen ad hoc gebildeten Subgruppen. Damit wäre zugleich Rechtssicherheit für alle Beteiligten dahingehend geschaffen, dass die Verordnung von Mischpreis-Arzneimitteln generell in allen Subgruppen als wirtschaftlich gälte – also auch dann, wenn sie in solchen ohne Zusatznutzen erfolgt. Die Patienten könnten somit stratifizierte Präparate innerhalb der Indikation, für die sie zugelassen sind, ungeachtet der unterschiedlichen Zusatznutzen in den Subgruppen beanspruchen, die Leistungserbringer dürften sie bewirken und die Krankenkassen bewilligen. Dies wäre eine AMNOG-konforme Lösung, die ohne zusätzlichen Regulierungsbedarf auskäme, kostenneutral für die Krankenkassen bliebe und vor allem keine negativen Folgen für die Patientenversorgung befürchten ließe.

Fazit

Es ist ein kassenseitig verbreiteter Mythos, dass Mischpreise per se keine wirtschaftliche Verordnungsweise zuließen und deshalb den Wechsel des Erstattungsmodus bei stratifizierten Medikamenten zu einer am attestierten subgruppenspezifischen Zusatznutzen ausgerichteten Erstattung (NoE) erforderlich mache. Faktum ist vielmehr, dass Mischpreise nachweislich wirtschaftliches Verordnen über alle Subgruppen einer Indikation hinweg ermöglichen, sofern das Mischpreiskalkül nicht von Kassen und Ärzteschaft unterlaufen wird. Um dies zu verhindern, ist reformpolitisch für die Einhaltung der ihm zugrundeliegenden Verhaltensregeln der beteiligten Akteure zu sorgen. Die NoE ist jedenfalls als ein hypertrophes, mit unkalkulierbaren Risiken und Nebenwirkungen behaftetes Regulierungskonzept keine rationale Alternative zu einer effektiv gestalteten Mischpreis-Erstattung, zumal sie ihrem Kalkül nach ebenfalls als „nutzenorientiert" anzusehen ist.

2.4 Landessozialgericht Berlin-Brandenburg: sind Mischpreise rechtswidrig?

Im AMNOG wird der Begriff „Wirtschaftlichkeit" nicht explizit definiert. Insbesondere fehlen konkrete Vorschriften zur Preisfindung bei unterschiedlichem Zusatznutzen in den Subgruppen stratifizierter Arzneimittel, um dem „Wirtschaftlichkeitsgebot" des § 12 (1) SGB V gerecht werden zu können. Diese Lücke wurde bislang bei der Umsetzung des AMNOG pragmatisch geschlossen, indem keiner der maßgeblichen Akteure trotz anhaltender Kritik von Seiten der Krankenkassen die praktizierten Verhandlungs- und Schiedsverfahren einschließlich ihrer Ergebnisse grundsätzlich infrage stellte und das BMG als die Rechtsaufsicht führende Instanz sie tolerierte und damit legitimierte. Von daher konnten Mischpreise die normative Kraft des Faktischen für sich beanspruchen.[70] Diese Sichtweise wurde jedoch neuerdings in einer erstinstanzlichen Eilentscheidung des Landessozialgerichts Berlin-Brandenburg verworfen (*LSG BB* 2017). Auch wenn sich das Gericht in seinem Urteil vom 28. Juni in der Hauptsa-

---

70 Dies gilt ungeachtet der Tatsache, dass Mischpreise mit Duldung von G-BA und BMG nicht selten durch Wirtschaftsprüfungen und Regressdrohungen faktisch ausgehebelt werden. Siehe dazu oben Abschnitt 2.3, Fn 51.

che nur noch im Rahmen eines „obiter dictum" zur Rechtskonformität der Mischpreisbildung äußert, hat diese Sichtweise wegen ihrer Brisanz für das gesamte Regulierungskonzept des AMNOG beträchtliches Aufsehen erregt.

Juristische Leitsätze zur AMNOG-Preisfindung
Das Gericht stellt nämlich in seinem Beschluss vom 22. Februar 2017 zum Antrag auf vorläufigen Rechtsschutz im Rechtsstreit des GKV-SV gegen die Schiedsstelle nach § 130b (5) SGB V fest, dass die Mischpreisbildung rechtswidrig sei, wenn der G-BA bei einer Patientengruppe einen Zusatznutzen erkannt und zugleich bei einer oder mehreren Patientengruppen einen Zusatznutzen verneint hat; denn ein Mischpreis führe in dieser Konstellation zu nicht nutzenadäquaten „Preisverzerrungen" (zum Wortlaut siehe Tz (1) in Box 2-2). Aus dem Vorhandensein eines Erstattungsbetrages dürfe auch nicht automatisch auf die Wirtschaftlichkeit einer jeden Verordnung in den Anwendungsbereichen des betroffenen Arzneimittels geschlossen werden (Tz 2). Um statt der für rechtswidrig erklärten Mischpreise nutzengerechte Erstattungsbeträge zu ermöglichen, wird dem G-BA ausdrücklich zugestanden, die Verordnungsfähigkeit eines Medikaments bei Patientengruppen ohne Zusatznutzen einzuschränken (Tz 3). Für die verbleibenden Subgruppen mit attestiertem Zusatznutzen wird festgehalten, dass der Erstattungsbetrag ausschließlich im Bottom-up-Verfahren durch einen Zuschlag auf die Jahrestherapiekosten der ZVT zu vereinbaren sei, der umso höher ausfallen dürfe, je höher der Zusatznutzen vom G-BA taxiert wurde (Tz 4). Abweichungen von diesen Verfahrensvorschriften sei rechtlich ein Riegel vorgeschoben, weil allen an der Preisfindung Beteiligten (GKV-Spitzenverband, Hersteller und Schiedsstelle) keine Kompetenz zustände, die FNB-Beschlüsse des G-BA noch nicht einmal im Rahmen einer Evidenzkontrolle inhaltlich zu überprüfen oder gar zu verwerfen (Tz 5).

Diese als Substrat der Beschlussbegründung in einem Vorblatt für Entscheidungen des LSG BB zusammengestellten „Leitsätze" sind allgemein formuliert und erheben über den konkreten Rechtsstreit hinaus generellen Geltungsanspruch. Das Gericht hat darin nicht nur die Mischpreisbildung infrage gestellt, sondern auch neue, aus seiner Sicht rechtskonforme Verfahrensweisen und Kriterien der Preisfindung mit Bindungswirkung für die Preisverhandlungen und Schiedssprüche vorgeschlagen, die an ihre Stelle treten müssten (*LSG BB* 2017, S. 20, Tz 2.cc). Damit hat es einen „Sprengsatz" an das gesamte Regulierungssystem des AMNOG gelegt,

2.4 Landessozialgericht Berlin-Brandenburg: sind Mischpreise rechtswidrig?

der unabsehbare Folgen für die GKV-Versorgung mit therapeutisch fortschrittlichen Arzneimitteln sowie die bislang gerühmte Therapievielfalt und ärztliche Therapiefreiheit zum Schaden der Patienten hätte.[71] Unter dem Eindruck dieser einhelligen Reaktion aus dem Gesundheitswesen hat sich der 9. Senat des LSG BB inzwischen im Rahmen seines Urteils vom 28. Juni 2017 im Hauptsacheverfahren zwar nur noch als „*obiter dictum*" zur Rechtswidrigkeit der Mischpreisbildung geäußert (*LSG BB Pressesprecher* 2017, S. 2), aber die von ihm ausgelöste Diskussion und Rechtsunsicherheit wird bis zur zugelassenen Revision beim Bundessozialgericht (BSG) oder einer vorzeitigen gesetzlichen Regelung unvermindert anhalten (*Wasem* 2017, S. 6 ff.).

Box 2-2: Leitsätze des LSG BB vom 22.02.2017

(1) „Mischpreisbildung ist rechtswidrig, wenn der GBA bei einer Patientengruppe einen Zusatznutzen erkannt und zugleich bei einer oder mehreren Patientengruppen einen Zusatznutzen verneint hat; ein Mischpreis führt in dieser Konstellation zu nicht nutzenadäquaten Preisverzerrungen."

(2) „Aus dem Vorhandensein eines Erstattungsbetrages darf nicht automatisch auf die Wirtschaftlichkeit einer jeden Verordnung des betroffenen Arzneimittels in all seinen Anwendungsbereichen geschlossen werden."

(3) „Grundsätzlich darf der GBA gemäß § 92 Abs.1 SGB V anlässlich der Nutzenbewertung die Verordnungsfähigkeit eines Arzneimittels in Indikationen einschränken, für die kein Zusatznutzen erkennbar ist; so kann er die Bildung eines nutzengerechten Erstattungsbetrages ermöglichen."

(4) „Bei einem Arzneimittel, das einen Zusatznutzen gegenüber der zweckmäßigen Vergleichstherapie aufweist, ist der Erstattungsbetrag durch einen Zuschlag auf die Jahrestherapiekosten der zweckmäßigen Vergleichstherapie zu vereinbaren. Dieser „Zuschlag" darf umso höher ausfallen, je höher der Zusatznutzen vom GBA auf der Grundlage von § 5 Abs. 7 der AM-NutzenV taxiert wurde (erheblich, beträchtlich, gering)."

(5) „Dem Beschluss des GBA über die Nutzenbewertung nach § 35a Abs. 3 SGB V kommt als Teil der Arzneimittel-Richtlinie (§ 35a Abs. 3 Satz 6 SGB V) normative Wirkung zu, die die an der Preisbildung Beteiligten ebenso bindet wie … die Schiedsstelle. Die Genannten haben im Rahmen der Preisvereinbarung oder -festsetzung keine Kompetenz, den Nutzenbewertungsbeschluss des GBA inhaltlich zu überprüfen oder zu verwerfen, auch nicht im Rahmen einer bloßen Evidenzkontrolle."

Quelle: *LSG BB* 2017, Vorblatt, Leitsätze Tz 2. bis 6.a-b und 7., S. 1 f.

---

71 Der G-BA-Vorsitzende *Hecken* (2017) bezeichnet die Entscheidung des LSG BB sogar als „*brandgefährlich*" und befürchtet, dass es infolgedessen zu einem „*Stillstand der Arzneimittel-Entwicklung*" kommen könnte. Zur aktuellen Debatte darüber siehe ärztlicherseits *Bausch* 2017; *KBV* 2017; herstellerseitig *BPI* 2017; aus Kassensicht *AOK-BV* 2017; sowie zum Problemaufriss *gid* 2017; *OPG* 2017; *Rybak* 2017. Dagegen sah der Gesetzgeber offenbar (noch) keinen Handlungsbedarf, denn er hat die verschiedentlich vorgeschlagene Möglichkeit zur gerichtsfesten Klarstellung noch vor den Wahlen als „Omnibus" im Entwurf des „Blut- und Gewebegesetzes" vom 13.03.2017 ungenutzt gelassen. Dies nicht zuletzt auch deshalb, weil der GKV-Spitzenverband den LSG BB-Beschluss umgehend zum politischen Wegbereiter seines NoE-Konzepts instrumentalisiert hat (*GKV-SV* 2017).

2. Problembereiche des AMNOG: Mythen und Fakten

Eperzan: geringer Zusatznutzen mit brisanten Rechtsfolgen
Dem so weitreichenden Eilbeschluss lag ein eher geringfügig erscheinender Anlass zugrunde: Der GKV-SV hatte die Schiedsstelle vor dem zuständigen LSG BB wegen der Höhe des von ihr festgesetzten Erstattungsbetrages für das Antidiabetikum Eperzan® (*Albiglutid*) der Firma *GlaxoSmithKline* (GSK) verklagt. Zugleich hat er die aufschiebende Wirkung der Klage („Rechtsschutz") bis zum Urteil in der Hauptsache begehrt. Diesem Begehren wurde mit der vorliegenden Eilentscheidung stattgegeben. Das von der EMA europaweit zugelassene Präparat wurde am 1. Oktober 2014 ausgeboten und vom G-BA in der FNB nur in einer von fünf Subgruppen mit dem Hinweis auf einen geringen Zusatznutzen positiv bewertet. In den übrigen Subgruppen wurde kein ZN erkannt. Da der Erstattungsbetrag in den anschließenden Preisverhandlungen strittig blieb, hat der GKV-SV die Schiedsstelle angerufen. Sie hat am 6. April 2016 den Erstattungsbetrag auf 20,01 € festgesetzt und vom Hersteller verlangt, das Präparat künftig nur in der Subgruppe mit ZN zu bewerben. Tatsächlich ist Eperzan® immer noch zu diesem Preis gelistet und verfügbar, wird aber in keiner der Subgruppen beworben. Die schwerwiegende Hinterlassenschaft dieses Falles ist nun das „Mischpreisurteil", mit dem die Diskussion um die Wirtschaftlichkeit der Preisfindung und Verordnung stratifizierter Arzneimittel neu entfacht ist.[72]

Da dies eine ökonomische Kernfrage ist, mit der das AMNOG-Konzept steht oder fällt, werden Sozialgerichtsbarkeit und Gesetzgeber über kurz oder lang nicht um eine Klarstellung herumkommen, die Rechtssicherheit für ein sachgerechtes und praktikables Preisfindungsverfahren herstellt. Dem dient jedoch kein dogmatischer Disput um die Anwendung bestehender Gesetzesvorschriften und Rahmenvereinbarungen, die auch nach sechsjähriger Erfahrung im Sinne eines „lernenden Systems" noch nicht in Stein gemeißelt sind, sondern vielmehr die ergebnisoffene interdisziplinäre Suche nach einem ziel- und funktionsgerechteren Ordnungsrahmen für die komplexen Nutzenbewertungs- und Preisfindungsverfahren des AM-

---

72 Der für unser Gutachten relevante Tenor des Eilbeschlusses umfasst zum einen die Begründung der materiellen Rechtswidrigkeit von Mischpreisen in der im Rechtsstreit vorliegenden Sachverhaltskonstellation (*LSG BB* 2017, Tz B.bb, S. 16 ff.) und zum anderen die kritische Auseinandersetzung des Senats mit der Spruchpraxis der Schiedsstelle, insbesondere mit der ebenfalls für rechtswidrig gehaltenen Herleitung des MiP (*LSG BB* 2017, Tz B.cc, S. 20 ff.). Letzteres wird von uns nachfolgend in Kapitel 3. behandelt.

NOG. Dazu kann beitragen, die vorliegende Urteilsbegründung des LSG aus ökonomischer Sicht auf ihre Sachgerechtigkeit, Schlüssigkeit und Opportunität hin kritisch zu hinterfragen.

Der vorliegende Fall ist insofern lehrreich, weil Eperzan® mit dem Wirkstoff *Albiglutid* – als Pulver mit einem Lösungsmittel zur Herstellung einer einmal wöchentlich zu injizierende Injektionslösung – ein von der EMA zur Behandlung des Diabetes vom Typ 2 zugelassenes Inkretinmimetikum ist, das generell überhöhte Blutzuckerwerte absenkt und damit als Mono- oder Kombinationstherapie das erste Behandlungsziel für die betroffenen Diabetiker erreicht. Zur FNB hat der G-BA insgesamt fünf Patientensubgruppen gebildet und fünf ZVT mit unterschiedlichen Jahrestherapiekosten (JTK) festgelegt (Tabelle 2-4): In den Gruppen a, b1 und b2 wurden jeweils zwei ZVT benannt, davon in b1 und b2 dieselben, während für die Gruppen c und d nur eine einzige identische ZVT bestimmt wurde. Dementsprechend waren für die spätere Preisfindung auch fünf der Höhe nach beträchtlich unterschiedliche JTK relevant.

Im Bewertungsbeschluss vom 19. März 2015 hat der G-BA aber nur in der Gruppe b1 im Vergleich zu den benannten beiden ZVT einen Hinweis für einen geringen Zusatznutzen erkannt. Dem lagen insgesamt 8 Studien des Herstellers vor, von denen aber nur eine (Kombinationstherapie mit *Metformin* in b1 und b2; siehe Tabelle 2-4) die Kriterien für eine ZVT erfüllte, so dass ein Zusatznutzen in den Gruppen a, c und d nur als „nicht belegt galt" und demzufolge „kein ZN" attestiert werden konnte. Mit Beschluss vom 16. Juli 2015 hat der G-BA dann endgültig auch die Zielpopulationen („epidemiologisches Marktpotenzial") in den einzelnen Patientengruppen festgelegt und für b1 mit einer Gesamtzahl von 634.500 Patienten beziffert, was im Mittel einem Anteil an der Gesamtpopulation von 35,26 % entspricht. Rundgerechnet stehen damit die Anteile der Zielpopulationen mit und ohne Zusatznutzen in einem Verhältnis 35:65.

Mischpreisfindung der Schiedsstelle

Aufgrund dieser Sachlage und der bisherigen Preisfindungspraxis war es bei den Verhandlungen zwischen Hersteller und Spitzenverband wie auch im Schiedsverfahren unstrittig, dass ein einheitlicher Erstattungsbetrag als Mischpreis über alle Subgruppen zu bestimmen ist (*LSG BB* 2017, S. 6 f.). Nachdem sich die Parteien in den Preisverhandlungen nicht auf die Höhe des EB einigen konnten, hat die Schiedsstelle anschließend zwischen den vom Hersteller geforderten 21,41 € und dem vom GKV-SV angebotenen 6,71 € zu vermitteln versucht und am 6. April 2016 den als MiP berechneten EB auf 20,01 € festgesetzt. Dabei ging sie im Rahmen der ihr zustehenden Ermessensfreiheit in freier Würdigung der besonderen Umstände des Falles und Berücksichtigung der Besonderheiten des Therapiegebiets (§ 130b (4) Satz 2 SGB V) von den folgenden Prämissen aus:[73]

Tabelle 2-4: Basisdaten zum Schiedsverfahren im Fall Eperzan® (Albiglutid)

Gruppe	Therapie und Vergleichstherapie (Patientengruppe)	Patientenzahl (epidemiologisches Marktpotential für die zugelassene Indikation)	Anteil in Prozent an der Gesamtpatientenzahl, Schwankungen durch die Spanne in d)	Jahrestherapiekosten der zweckmäßigen Vergleichstherapie
a	In der Monotherapie; zweckmäßige Vergleichstherapie: Sulfonylharnstoff (Glibenclamid oder Glimeperid)	ca. 522.500	27,42 - 30,64 (Mittelwert: 29,03)	Glibenclamid: 13,03 bis 78,17 Euro Glimeperid: 29,67 bis 152,29 Euro
b1)	In der Zweifachkombination mit Metformin; zweckmäßige Vergleichstherapie: Metformin + Sulfonylharnstoff (Glibenclamid oder Glimeperid)	ca. 634.500	33,30 - 37,21 (Mittelwert: 35,26)	Glibenclamid + Metformin: 46,27 bis 177,88 Euro Glimeperid + Metformin: 62,91 bis 252,00 Euro
b2)	In der Zweifachkombination mit einem anderen blutzuckersenkenden Arzneimittel außer Metformin und Insulin; zweckmäßige Vergleichstherapie: Metformin + Sulfonylharnstoff (Glibenclamid oder Glimeperid)	ca. 35.900	1,88 – 2,11 (Mittelwert: 2,0)	Glibenclamid + Metformin: 46,27 bis 177,88 Euro Glimeperid + Metformin: 62,91 bis 252,00 Euro
c	In Kombination mit mindestens zwei anderen blutzuckersenkenden Arzneimitteln, wenn diese den Blutzucker zusammen mit einer Diät und Bewegung nicht ausreichend senken; zweckmäßige Vergleichstherapie: Metformin + Humaninsulin	ca. 62.500	3,28 – 3,66 (Mittelwert: 3,47)	Metformin + Humaninsulin (NPH-Insulin): 412,22 bis 857,68 Euro
d	In Kombination mit Insulin (mit oder ohne orale Antidiabetika); zweckmäßige Vergleichstherapie: Metformin + Humaninsulin	ca. 450.000 bis 650.000	26,38 – 34,12 (Mittelwert: 30,26) Summe der Mittelwerte: 100,01	Metformin + Humaninsulin (NPH-Insulin): 412,22 bis 857,68 Euro

Quelle: *LSG BB* 2017, S. 3.

---

[73] Vgl. hierzu und im Folgenden *LSG BB* 2017, S. 5 ff. und 16 ff.

2.4 Landessozialgericht Berlin-Brandenburg: sind Mischpreise rechtswidrig?

- Erstens ist die Schiedsstelle von den im Beschluss des G-BA festgelegten Patientenzahlen abgewichen und hat stattdessen den Berechnungen des Mischpreises ein Anteilsverhältnis der Gruppe mit ZN (b1) zu denen ohne ZN (a, b2, c und d) von 80:20 – gegenüber rund 35:65 nach Mittelwerten des G-BA aus Tabelle 2-4 – zugrunde gelegt;[74]
- zweitens ist sie einem Antrag des GKV-SV gefolgt und hat die Jahrestherapiekosten der ZVT in den vier Gruppen ohne ZN einheitlich auf 38,80 € angesetzt, so dass sie den Teilerstattungsbetrag über alle diese Gruppen als Mischpreis gebildet hat; und
- drittens hat sie für die Gruppe mit ZN (b1) einen rechnerischen Erstattungsbetrag auf Jahresbasis in Höhe von 1.215,42 € festgesetzt, in den der monetarisierte ZN mit 50 %, die Abgabepreise in anderen Ländern mit 20 % und die JTK vergleichbarer Arzneimittel mit 30 % eingehen.

Der Mischpreis von 20,01 € mit den wöchentlichen Therapiekosten als Bezugsgröße ergibt sich unter diesen Prämissen, wenn man die mit den Patientenanteilen gewichteten JTK bzw. Teilerstattungsbeträge addiert und das Ergebnis auf Wochenbasis inklusive des Herstellerrabatts umrechnet.[75]

Tenor auf dem ökonomischen Prüfstand
Ohne die arithmetische Richtigkeit dieser Verfahrensweise in Zweifel zu ziehen, hält das Gericht den Schiedsspruch materiell für rechtswidrig (*LSG BB* 2017, S. 13 ff.): Zum einen verstoße die Mischpreisbildung in der vorliegenden Sachverhaltskonstellation gegen die in § 130b (3) SGB V enthaltene und „*zwingend zu beachtende*" Vorgabe zur Höhe des Erstat-

---

74 Dies erklärt sich daraus, dass der G-BA das „epidemiologische" Marktpotenzial, die Schiedsstelle aber in Ansehung der Nichtbewerbung des Produkts durch den Hersteller und die daraus erwartungsgemäß resultierenden geringeren Verordnungsmengen ein „wirtschaftliches" Marktpotenzial zugrunde legt. Die Schiedsstelle stellt also keineswegs den Beschluss des G-BA infrage – wie dies anscheinend vom Gericht unterstellt wird (Tz 5 in Box 2.2) –, sondern bewegt sich bei der ihr obliegenden Preisfindung konsequenterweise auf einer ganz anderen Problemebene.

75 Konkret: 38,80 € x 0,2 + 1.215,42 € x 0,8 = 980,10 €, dividiert durch 365 Tage und multipliziert mit 7 Tagen, zuzüglich 1,21 € Netto-Herstellerabschlag = 20,01 € (MiP auf Wochenbasis). Abgesehen von der notwendigen Umrechnung von jährlichen auf wöchentliche Werte, stimmt diese Berechnungsweise mit der in Abbildung 2-10 beispielhaft angewandten überein.

tungsbetrages, zum anderen – und unabhängig davon – verstoße auch die Ermittlung des Erstattungsbetrages hinsichtlich der oben genannten Prämissen gegen geltendes Recht (§ 130b (9) Satz 2 SGB V in Verbindung mit § 5 (2) RV). Soweit es um die Rechtswidrigkeit des Mischpreises geht, für die das Gericht trotz seiner fallbezogenen Einschränkungen generelle Geltung für vergleichbare Fälle – d. h. insbesondere bei Patientensubgruppen mit und ohne Zusatznutzen – beansprucht, ist seine Begründung dafür aus ökonomischer Sicht in mehrfacher Hinsicht fragwürdig:[76]

- § 130b (1) Satz 1 SGB V bestimmt zwingend, dass für ein Arzneimittel, das nach § 35a (3) keinen ZN hat und keiner Festbetragsgruppe zugeordnet werden kann, ein EB zu vereinbaren ist, *„der nicht zu höheren Jahrestherapiekosten führt als die nach § 35a (1) Satz 7 bestimmte zweckmäßige Vergleichstherapie."* Diese Vorschrift ist relativ problemlos zu befolgen, wenn es für das Präparat und seine möglichen Subgruppen nur eine ZVT gibt. Dies ist auch der Fall, wenn für das Präparat und seine Subgruppen einheitlich mehrere ZVT bestimmt werden, die unterschiedliche JTK haben, weil in diesem Fall nach § 130a (3) Satz 2 SGB V die „wirtschaftlichste Alternative" maßgeblich ist. Dagegen hat der Gesetzgeber für Subgruppen ohne ZN mit jeweils unterschiedlich hohen ZVT wie im vorliegenden Fall keine Regelung getroffen; denn beispielsweise ist die ZVT *Glibenclamid* in der Gruppe a medizinisch-therapeutisch gesehen sicherlich keine „Alternative" zur ZVT *Metformin* plus *Humaninsulin* in der Gruppe c (Tabelle 2-4), sonst wären ja für die beiden Gruppen keine unterschiedlichen ZVT bestimmt worden. Und da die JTK mit 12 € bei a und 607 € bei c recht unterschiedlich sind (*LSG BB* 2017, S. 7), müssten also entweder für die beiden Subgruppen unterschiedliche Teilerstattungsbeträge gelten[77] oder – wie von der Schiedsstelle praktiziert – ein MiP über alle Gruppen ohne ZN gebildet werden. Letzteres wird jedoch vom Gericht nicht beanstandet, was im Widerspruch zu seinem Mischpreis-Verdikt steht, soweit es mit „nicht nutzenadäquaten Preisverzerrungen" begründet wird (siehe Tz (1) in Box 2-2).
- Im Widerspruch dazu steht aber auch, dass das Gericht offenbar Mischpreise für vertretbar hält, wenn es zwar keine Gruppen ohne ZN

---

76 Zur Frage der Rechtswidrigkeit der Prämissen bei der MiP-Ermittlung der Schiedsstelle siehe unten Abschnitt 3.
77 In diesem Fall würden die JTK bzw. der Teilerstattungsbetrag in Subgruppe c mit 607,00 € sogar deutlich über dem geschiedsten MiP von 20,01 € liegen.

gibt, dafür aber Fälle, in denen der ZN in verschiedenen Subgruppen unterschiedlich kategorisiert wurde. Dazu verweist der Senat ausdrücklich darauf hin, dass der Erstattungsbetrag nach § 5 (2) RV durch einen Zuschlag auf die JTK der ZVT zu vereinbaren sei, der sich primär nach dem Ausmaß des vom G-BA festgestellten Zusatznutzens richtet. Er „dürfe" somit umso höher sein, je höher er vom G-BA taxiert wurde, um einen „nutzengerechten Erstattungsbetrag" zu gewährleisten (Tz (4) in Box 2-2). Haben aber alle gebildeten Subgruppen einen unterschiedlich hohen ZN, müsste streng genommen für jede Nutzenkategorie (gering, beträchtlich, erheblich) ein unterschiedlich hoher Erstattungsbetrag bestimmt werden – oder wiederum ein einheitlicher Mischpreis. Dieser müsste dann aber – der Auffassung des Gerichts zu den Wirkungen von Mischpreisen folgend – ebenfalls zu „nicht nutzenadäquaten Preisverzerrungen" führen. Dennoch wird er vom Senat „*nicht von vornherein für ausgeschlossen*" gehalten (*LSG BB* 2017, S. 20).

Diese beiden Widersprüche ergeben sich zwangsläufig, wenn man von vornherein die der Mischpreislogik entsprechende „Durchschnittsbetrachtung" über das gesamte Patientenkollektiv eines stratifizierten Anwendungsgebiets ausschließt und nur die „Einzelfallbetrachtung" patientenindividueller Therapieoptionen gelten lässt – wie es der Senat im Tenor seines Beschlusses tut.

Dies ist aber nicht zwingend, wird doch die Durchschnittsbetrachtung im Regelwerk des AMNOG weder explizit noch implizit ausgeschlossen. Vielmehr deuten die Genese des AMNOG wie die Fassung des § 35a (1) Satz 3 Nr. 4 SGB V darauf hin, dass der Gesetzgeber im Jahr 2010 – also vor mehr als sechs Jahren angesichts noch fehlender Erfahrungen mit einer FNB – die Preisfindung für ein neues Arzneimittel in der ganzen Breite seiner Zulassungsindikation auf Grundlage einer Einheitsbewertung mit nur einer ZVT im Blick hatte.[78] Die Stratifizierung gewann erst an Bedeutung, als sie 2012 in größerem Umfang – nämlich in 10 von 27 FNB-Verfahren (37,0 %) mit durchschnittlich 2,4 gebildeten Subgruppen – angewandt wurde (Tabelle 2-5). Schon im Jahr darauf erreichte die Slicing-

---

78 So fordert § 35a (1) Satz 3 Nr. 4 lediglich, dass im Dossier des Herstellers für den G-BA Angaben zur „*Anzahl der Patienten und Patientengruppen, für die ein therapeutisch bedeutsamer Zusatznutzen besteht*", enthalten sein müssen. Eine Vorschrift zur Bildung von Patientensubgruppen findet sich erst seit dem 22.10.2011 in Kapitel 5, § 18 (1) der Verfahrensordnung des G-BA.

2. Problembereiche des AMNOG: Mythen und Fakten

Welle mit einem Anteil der stratifizierten Verfahren von 54,3 % ihren ersten Höhepunkt, der in den letzten beiden Jahren mit 54,7 % (2015) und 56,9 % (2016) sogar noch überschritten wurde. Dabei wurden pro stratifiziertem Verfahren 3,8 bzw. 3,0 Gruppen gebildet. Insgesamt wurde der Zusatznutzen in den vergangenen sechs Jahren in 116 Verfahren für 374 Zielpopulationen – das sind gut 3,2 Patientengruppen pro stratifiziertem Verfahren – bewertet und dementsprechend zur Mischpreisbildung in 116 Fällen herangezogen.

Offensichtlich hat der Gesetzgeber die Preisfindungsprobleme, die erst im Laufe der Jahre im Zuge der Stratifizierungspraxis des G-BA offenkundig wurden, weder hinreichend antizipiert noch durch juristisches Nachjustieren gelöst. Von daher lässt sich § 130b (3) SGB V bei stratifizierten Arzneimitteln gleichfalls als indikationsbezogen sehen. Es erscheint deshalb fraglich, wenn das Gericht dessen ungeachtet die Einzelfallbetrachtung zum alternativlosen Prinzip erhebt und in strikter Regelauslegung die Rechtswidrigkeit von Mischpreisen im Falle von Patientensubgruppen mit und ohne Zusatznutzen feststellt.

Tabelle 2-5: Subgruppenbildung in der Frühen Nutzenbewertung, 2011-2016*

Jahr	Zahl der abgeschlossenen Verfahren	Zahl der stratifizierten Verfahren	Anteil der stratifizierten Verfahren an den abgeschlossenen Verfahren	Zahl der gebildeten Subgruppen	Zahl der Subgruppen pro stratifiziertem Verfahren
	(1)	(2)	(3)	(4)	(5)
2011	2	1	50,0 %	4	4,0
2012	27	10	37,0 %	24	2,4
2013	35	19	54,3 %	55	2,9
2014	39	16	41,0 %	59	3,7
2015	53	29	54,7 %	109	3,8
2016	72	41	56,9 %	123	3,0
Gesamt	228	116	50,9 %	374	3,2

Quelle: Darstellung und Berechnungen nach Beschlüssen des G-BA.

2.4 Landessozialgericht Berlin-Brandenburg: sind Mischpreise rechtswidrig?

Mischpreise sind sehr wohl „nutzengerecht"
Folgt man dieser Sichtweise, gerät die Methode der Mischpreisbildung bei Subgruppen mit und ohne ZN zwangsläufig in Konflikt mit der buchstabengetreu ausgelegten Vorschrift des § 130b (1) SGB V. Denn der MiP muss rein rechnerisch als patientengewichteter Durchschnitt der Teilerstattungsbeträge der einzelnen Subgruppen immer höher sein als die JTK der ZVT – jedenfalls dann, wenn wie im vorliegenden Fall die JTK ebenfalls als Mischpreis über die Gruppen ohne ZN ermittelt wurden.[79] Und weil der MiP definitionsgemäß ein „Einheitspreis" ist, ist auch eine nach unterschiedlichen Nutzenkategorien differenzierte Erstattung nicht möglich, d. h. er führt in der Terminologie des Gerichts zu *„nicht nutzengerechten Preisen"* (*LSG BB* 2017, S. 18). Gemeint ist damit, dass ein MiP die unterschiedlich hohen ZN nicht adäquat abbildet bzw. monetarisiert: An den primär nutzenorientiert ermittelten Teilerstattungsbeträgen gemessen, ist er in der Gruppe mit ZN zu niedrig und in der Gruppe ohne ZN zu hoch.[80] Hieraus zieht der Senat jedoch eine Reihe von ökonomisch fragwürdigen, wenn nicht falschen Schlüssen, mit denen er seine Rechtsposition zu stützen versucht.

So verweist er auf eine eher populistisch motivierte, aber nicht beweiskräftige Berechnung, nach der der von der Schiedsstelle für Eperzan® festgesetzte MiP auf Jahresbasis in Höhe von 980,10 € die JTK der kostengünstigsten Patientengruppe a ohne ZN von 12 € *„um mehr als das Achtzigfache übersteigt"*.[81] Dies ist jedoch die Konsequenz der Schiedsstellenprämisse, nach der das Patientenverhältnis mit 80:20 zugunsten der Gruppe b1 mit einem geringen ZN angesetzt wurde. Wäre die Schiedsstelle dem G-BA-Beschluss gefolgt und hätte das Verhältnis mit 35:65 zu-

---

79 Weitere Möglichkeiten sind, dass nur eine einzige oder mehrere therapeutisch vergleichbare (alternative) ZVT herangezogen wurden.
80 Das Gericht spricht hier von *„nicht nutzenadäquaten Preisverzerrungen"*, was zumindest irreführend ist, weil es ja nur den MiP als festgestellten Einheitspreis gibt und die Teilerstattungsbeträge rein hypothetisch bzw. normativ sind. Verzerrt ist ökonomisch gesehen allenfalls die Relation von „Preis" (MiP) und „Wert" (monetarisierter ZN). Der MiP impliziert finanziell gesehen quasi eine „Quersubventionierung" der Patienten mit ZN durch solche ohne ZN, was dem Risikopool einer Krankenversicherung, in der Gesunde („Versicherte ohne Behandlungsnutzen") die Kranken („Versicherte mit Behandlungsnutzen") mitfinanzieren, nicht fremd ist.
81 *LSG BB* 2017, S. 18. Richtig ist allerdings, dass der MiP auf Jahresbasis 80-mal höher ist als die JTK der Patientengruppe a. Die entsprechenden Werte auf Wochenbasis betragen gerundet 20 € (MiP) und 0,25 € (Gruppe a).

grunde gelegt, wäre das Resultat ein MiP von 453,68 €, der „nur noch" das 37,8-fache der JTK von a betragen würde. Der MiP übersteigt also die JTK der Gruppen ohne ZN umso mehr, je größer ceteris paribus deren Patientenzahl bzw. Anteil an der Gesamtpopulation ist.

Den generellen Zusammenhang veranschaulicht Abbildung 2-11, die den MiP in Abhängigkeit von der Größe der Subgruppe ohne ZN (SG_{KZN}) darstellt. Die Kurve beginnt auf der Ordinate in Höhe des (konstanten) Teilerstattungsbetrages der Gruppe mit ZN (EB_{ZN}) für den Fall, dass die Patientenzahl in der Gruppe ohne ZN annahmegemäß Null ist (SG_{KZN} = 0). Sie verläuft dann mit zunehmender Patientenzahl in dieser Gruppe asymptotisch auf eine Parallele zur Abszisse in Höhe des konstanten Teilerstattungsbetrages (EB_{KZN}) der Gruppe ohne ZN zu, die sie theoretisch erst im Unendlichen ($SG_{KZN} = \infty$) erreicht. Praktisch gesehen wird daran deutlich, dass der MiP, wenn auch im übertragenen Sinne, „nutzenadäquat" bzw. „nutzengerecht" ist:[82] Er trägt nämlich – wie es Gesetzgeber und Gericht für die nutzenorientierte Preisfindung fordern – „*der Grundidee Rechnung, wonach der Preis eines Arzneimittels seinem Nutzen bzw. Zusatznutzen folgen solle*" (*LSG BB* 2017, S. 18). Denn wie sich zeigt, ist der MiP bei gegebenen Teilerstattungsbeträgen für die Gruppen mit und ohne ZN umso höher, je größer der Anteil der Patienten ist, für die das Medikament einen Zusatznutzen verspricht – und vice versa. Andererseits zeigt sich aber auch, dass die Preisdifferenz zwischen MiP und JTK – gemessen am senkrechten Abstand der Kurve von der Geraden in Abbildung 2-11 – umso geringer ausfällt, je höher der Anteil der Patienten ohne ZN ist. Und weil sie progressiv mit der Größe der Gruppe ohne ZN fällt, liegt

---

[82] Diese beiden Bezeichnungen stehen im Kontext der AMNOG-Devise: „Money for Value" bzw. „nutzenorientierte Preisfindung" für einen Begriff, der eine „vertikale" und eine „horizontale" Dimension hat: Mit der ersteren ist gemeint, dass Zuschläge und Erstattungsbeträge (als Einheits- oder Mischpreis) ihrer Höhe nach in einem erkennbaren Verhältnis zur Höhe des Zusatznutzens stehen sollten, so dass sie umso höher sein müssten, je größer der vom G-BA attestierte ZN ist. Mit der letzteren ist dagegen eine für stratifizierte Arzneimittel spezifische Dimension gemeint, nach der sich der MiP bei gegebenen (vereinbarten oder geschiedsten) Teilerstattungsbeträgen für Subgruppen mit und ohne ZN in einem erkennbaren Verhältnis zu deren Anteilen an der Gesamtpopulation bzw. der daraus ableitbaren Verordnungsmengen in einer Indikation steht; dementsprechend sollten der MiP und sein Abstand zu den JTK der ZVT umso größer sein, je mehr Patienten vom attestierten ZN profitieren, den ein stratifiziertes Medikament in den verschiedenen Subgruppen zu stiften vermag.

2.4 Landessozialgericht Berlin-Brandenburg: sind Mischpreise rechtswidrig?

der MiP in der Regel auch keineswegs so meilenweit von der ZVT entfernt wie im vorliegenden Streitfall.

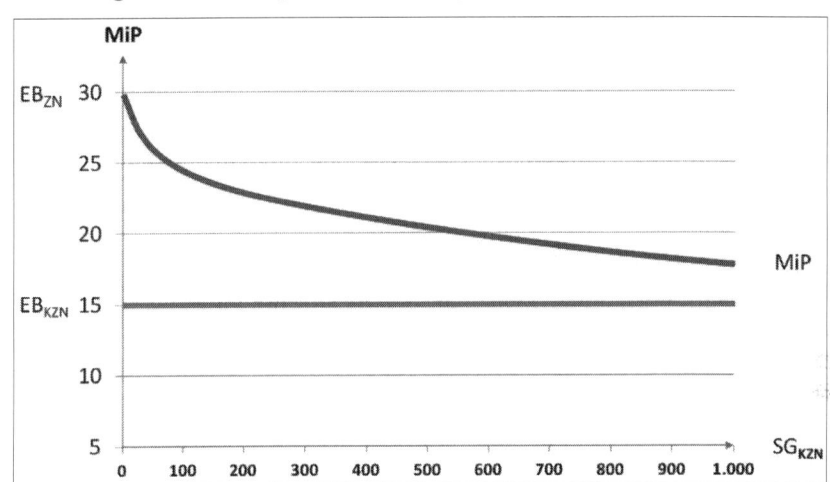

*Abbildung 2-11: Mischpreis als nutzengerechter Erstattungsbetrag**

*Den Zahlenangaben liegt das Beispiel aus Abbildung 2-10 zugrunde. Berechnungsformel zum Mischpreis und Legende siehe Box 2-3.

Quelle: Eigene Darstellung.

Box 2-3: Berechnungsformel zum Mischpreis in Abbildung 2-11

$$MiP = \frac{\overline{SG_{ZN}} \cdot \overline{EB_{ZN}} + SG_{KZN} \cdot \overline{EB_{KZN}}}{\overline{SG_{ZN}} + SG_{KZN}}$$

Legende:

- MiP — Erstattungsbetrag als Mischpreis über alle Subgruppen
- EB_{ZN}/EB_{KZN} — Teilerstattungsbetrag in der Subgruppe mit/ohne Zusatznutzen
- SG_{ZN}/SG_{KZN} — Patientenpopulation bzw. epidemiologisches Marktpotenzial in der Subgruppe mit/ohne Zusatznutzen

Mit ¯ markierte Größen sind annahmegemäß konstant

Quelle: Eigene Darstellung.

2. Problembereiche des AMNOG: Mythen und Fakten

Mythische Mischpreiswirkungen

Das Gericht führt noch drei weitere Argumente an, die sich jedoch bei näherem Hinsehen als Mythos erweisen:

- Erstens ist der Senat anscheinend der Meinung, dass Mischpreise zu „Mehrkosten" gegenüber den Vergleichstherapien führen und deshalb in rechtswidriger Weise den Zielsetzungen des Gesetzgebers entgegenstehen. Dies ergibt sich aus seinem ausdrücklichen Hinweis auf die Gesetzesbegründung des AMNOG (*Deutscher Bundestag* 2017,1, S. 31): Um nämlich die Versorgung mit Arzneimitteln mit neuen Wirkstoffen zu angemessenen Preisen sicherzustellen, solle „*über den Erstattungsbetrag bewirkt werden, dass neue Arzneimittel ohne Zusatznutzen keine Mehrkosten gegenüber der Vergleichstherapie entstehen lassen*" (*LSG BB* 2017, S. 14). Da aber der MiP, wie in Abbildung 2-10 gezeigt, stets die JTK der Vergleichstherapien übersteigt, liegt der Schluss nahe, dass er diese Bedingung in keiner Weise erfüllen kann. Tatsächlich ist aber die Mischpreislogik so angelegt, dass die Summe der – an den Teilerstattungsbeträgen gemessen – „zu viel" erstatteten Beträge bei den Verordnungen in Gruppen ohne ZN rechnerisch stets gleich der Summe ist, die bei Verordnungen in den Gruppen mit ZN „zu wenig" erstattet werden. Dies wurde bereits oben am Zahlenbeispiel der Abbildung 2-10 nachgewiesen und gilt für alle MiP entlang der Kurve in Abbildung 2-11. Notwendige Voraussetzung dafür ist freilich, dass genau die Mengen tatsächlich verordnet werden, die sich aus den Patientenpopulationen mit und ohne ZN ergeben, welche der MiP-Berechnung jeweils zugrunde liegen. Wird dagegen bei gleicher Gesamtpopulation im Verhältnis zur jeweils anderen Subgruppe faktisch mehr oder weniger verordnet, geht die Rechnung nicht auf: Mehrverordnungen in der Gruppe mit ZN und entsprechende Minderverordnungen in der Gruppe ohne ZN führen dann insgesamt zu Mehrkosten zu Lasten der Kassen und zu Gunsten der Hersteller, d. h. der ex ante kalkulierte MiP war ex post gesehen zu hoch. Im umgekehrten Fall sinken die Gesamtkosten mit der Folge, dass die Hersteller Erlöseinbußen erleiden und die Kassen entlastet werden, weil der kalkulatorische MiP im Nachhinein gesehen zu gering war.[83]

---

[83] Deshalb müssen Mischpreise auch stets mit einer Regelung für den Fall einhergehen, dass die prospektiven und tatsächlichen Patientenpopulationen bzw. die sich daraus ableitenden Verordnungsmengen in den Subgruppen ex ante und ex post auseinanderfallen.

- Zweitens argumentiert der Senat aus der Perspektive der verordnungsorientierten Einzelfallbetrachtung, dass Mischpreise über den Jahrestherapiekosten der ZVT lägen und deshalb „*nicht automatisch auf die Wirtschaftlichkeit einer jeden Verordnung des betreffenden Arzneimittels in all seinen Anwendungsbereichen geschlossen werden*" dürfe (*LSG BB* 2017, S. 18; siehe auch Tz (2) in Box 2-2). Dies ziehe eine vom Gesetzgeber vermutlich nicht beabsichtigte Weiterung nach sich; nämlich die Gefahr, dass Vertragsärzte, die ein arzneimittelrechtlich zugelassenes Arzneimittel in einer Gruppe ohne attestierten ZN verordnen, mit Wirtschaftlichkeitsprüfungen und Regressforderungen der Kassen zu rechnen hätten (*LSG BB* 2017, S. 18 f.). Letzteres ist zwar richtig und verbreitete Praxis, ist aber der vom Senat unkritisch übernommenen Sichtweise der Krankenkassen und ihrer Verbände geschuldet: Mit einer eigenartigen Doppelmoral vereinbaren sie zwar Mischpreise, verhindern aber wo immer es geht Verordnungen in Subgruppen ohne ZN als unwirtschaftlich und verhindern damit, dass das Mischpreiskalkül aufgehen kann. Tatsächlich sind Mischpreise insoweit wirtschaftlich, wie stratifizierte Medikamente im Umfang ihrer prospektiven Subpopulationen auch in Gruppen ohne ZN zum MiP verordnet werden, denn die dadurch angeblichen Mehrkosten der Kassen bei den Gruppen ohne ZN sind ja als Mindererlöse der Hersteller in den Gruppen mit ZN kompensatorisch einkalkuliert.
- Drittens folgt daraus ein weiterer Mythos, nämlich die Feststellung des Senats, ein als Mischpreis festgelegter Erstattungsbetrag sei für den Hersteller nicht tragfähig, „*weil er durch die kostendämpfende Einbeziehung der Patientengruppen ohne Zusatznutzen niedriger ausfällt als notwendig*" (*LSG BB* 2017, S. 19). Im Gegenteil: Ist ein MiP unter Berücksichtigung der prospektiven Patientenzahlen in den einzelnen Subgruppen vereinbart, wird der Hersteller nicht durch den MiP per se, sondern vielmehr durch Verweigerung der Verordnung des Arzneimittels in den Subgruppen ohne ZN und die daraus resultierenden Erlöseinbußen geschädigt.

Verordnungseinschränkungen als Gegengift

Aus alledem entwickelt das Gericht schließlich eine Art „Gegengiftthese": Um das „Gift" der von ihm für rechtswidrig erklärten Mischpreise unschädlich zu machen, soll der G-BA als „Gegengift" die Verordnungsfähigkeit stratifizierter Arzneimittel bei Patientensubgruppen, für die ein Zusatznutzen nicht belegt ist, im Rahmen seiner Bewertungsbeschlüsse einschränken, d. h. faktisch: ausschließen. Dazu sei der G-BA schon bisher nach § 92 (2) Satz 11 SGB V in der Lage und werde mit dem AMVSG von 2017 durch Neufassung des § 35a (3) Satz 5 SGB V auf besondere Weise legitimiert.[84] Bislang könne nämlich der G-BA Arzneimittelverordnungen u. a. dann einschränken oder ausschließen, „*wenn die Wirtschaftlichkeit nicht durch die Vereinbarung eines Erstattungsbetrages nach § 130b hergestellt werden kann*" (§ 92 (2) Satz 11). Da aber die Wirtschaftlichkeit „*gerade nicht durch Bildung eines einheitlichen Erstattungsbetrages im Sinne eines Mischpreises für alle Patientengruppen*" hergestellt werden könne, sei die Anwendungsbedingung dieser Vorschrift erfüllt (*LSG BB* 2017, S. 19).

Damit wäre jedoch der Weg frei für automatische Verordnungsausschlüsse bei allen Gruppen ohne ZN, was die Therapiefreiheit und Therapievielfalt erheblich beeinträchtigen würde. Mit der gleichen Logik müsste man dann im Interesse einer verbesserten Versorgungsqualität auch fordern, dass alle ZVT von der Verordnung auszuschließen sind, die den neuen Arzneimitteln bei der FNB therapeutisch unterlegen waren.

Bemerkenswerterweise spricht der Gesetzgeber im Gesetzestext aber nur von einem „*Erstattungsbetrag nach § 130b*", der die obige Spezifikation des Senats gar nicht enthält und demzufolge auf Einzel- und Mischpreise gleichermaßen anwendbar sein dürfte. Außerdem sind Mischpreise wie mehrfach dargelegt grundsätzlich wirtschaftlich, sofern man – anders als der Senat – eine für stratifizierte Präparate adäquate Definition von Wirtschaftlichkeit zugrunde legt. Von daher bedürfte es jedenfalls keiner Verordnungseinschränkungen bei Gruppen ohne ZN, um die Bildung eines nutzengerechten Erstattungsbetrages zu „*erleichtern*", der sich „*ausschließlich an derjenigen Indikation orientieren müsste, für die der GBA einen ZN zugebilligt hat*" (*LSG BB* 2017, S. 19).

Gänzlich abwegig ist aber die Behauptung des Senats, dass die zurückgezogene Neufassung des § 35a (3) Satz 5, nach der eine Verordnungseinschränkung nur zulässig hätte sein sollen, wenn sie zur „*Sicherstellung der Versorgung von einzelnen Patientengruppen*" notwendig ist, auf Fälle wie Eperzan® anwendbar sei (*LSG BB* 2017, S. 20). Denn bei diesem Medi-

---

84 Vgl. *LSG BB* 2017, S. 19 f.; siehe auch Tz (3) in Box 2-2. Das Gericht greift hier jedoch auf eine im Regierungsentwurf des AMVSG vom 07.11.2016 enthaltene Gesetzesänderung zurück, die aber nicht verabschiedet wurde. Obwohl die Argumentation des Senats im Eilverfahren auf inzwischen obsolet gewordenen Voraussetzungen basiert, gehen wir darauf ein, um ihre Widersprüchlichkeit aufzuzeigen.

kament umfasst die Gruppe b1 mit geringem Zusatznutzen das Gros der Patienten – nämlich 80 % des von der Schiedsstelle unterstellten wirtschaftlichen Marktpotenzials –, liegt der festgesetzte Erstattungsbetrag nur 6,5 % unter der Forderung des Herstellers und gibt es genügend Inkretinmimetika als therapeutische Alternativen, die jedoch teilweise teurer sind als Eperzan® mit seinem Mischpreis. Eine derartige Marktkonstellation ist geradezu das Musterbeispiel für eine weitestgehend sichergestellte und noch dazu kostengünstige Versorgung, die gerade keine Verordnungseinschränkung rechtfertigen würde.

Fazit
Der Gesetzgeber hat gut daran getan, die bisher erfolgreich praktizierte Mischpreisbildung bei stratifizierten Arzneimitteln durch Duldung zu legitimieren, wird nun aber durch die Rechtsprechung der Sozialgerichtsbarkeit herausgefordert. Deshalb ist eine Klarstellung zur Wirtschaftlichkeit von Mischpreisen unabdingbar, sei es durch ein abschließendes Grundsatzurteil des Bundessozialgerichts, nachdem der 9. Senat des LSG BB die Revision zugelassen und den Weg dafür freigemacht hat – oder besser noch durch den Gesetzgeber selbst. Er könnte Erstattungsbeträge, die rechtskräftig als Einheitspreis oder Mischpreis vereinbart oder festgesetzt werden, bei indikationsgerechter Verordnung als wirtschaftlich im Sinne des § 12 (1) SGB V erklären und alle Akteure bundeseinheitlich darauf verpflichten. Dagegen erscheint eine zufriedenstellende Regelung innerhalb der Rahmenvereinbarung (RV) zwischen GKV-SV und den maßgeblichen Pharmaverbänden – wie sie das LSG BB empfiehlt – ziemlich unwahrscheinlich, nachdem sich beide Seiten in Sachen Mischpreisbildung kontrovers positioniert haben und eine sachgerechte Vereinbarung kaum vorstellbar ist. Wie auch immer, das LSG-Verdikt der Mischpreise muss im Interesse einer verlässlichen Preisfindung und unbestreitbaren Geltung von Erstattungsbeträgen endlich vom Tisch. So auch die zentrale Forderung der Arbeitsgemeinschaft der Wissenschaftlichen Medizinischen Fachgesellschaften (AWMF), denn: „*Das Verfahren der Preisbildung muss rechtssicher und transparent sein*" (*AWMF* 2017,2, S. 2). Dass es zu den Mischpreisen ohnehin keine sachgerechte und praktikable Alternative gibt, hat bereits die vorstehende Analyse des NoE-Konzepts gezeigt.

2. Problembereiche des AMNOG: Mythen und Fakten

2.5 Verfügbarkeitslücken bei AMNOG-Präparaten

Versorgungseffekte der AMNOG-Regulierung
Erste Effekte der AMNOG-Regulierung (Nutzenbewertung und Preisfindung) auf die GKV-Versorgung mit neuen patentgeschützten Arzneimitteln sollten nach sechs Jahren empirisch belegbar sein. Unerwünschte Versorgungseffekte des AMNOG können sich in mehrfacher Hinsicht als „Versorgungslücken" bemerkbar machen (Abbildung 2-12). Darunter versteht man, dass Arzneimittel-Innovationen (AMI) hierzulande gar nicht zur Verfügung stehen („Verfügbarkeitslücken") oder zwar verfügbar sind, aber nicht oder nicht im wünschenswerten Ausmaß verordnet werden – und damit auch nicht den Weg zum Patienten finden („Verordnungslücken").

Grundsätzlich lassen sich Verfügbarkeitslücken auf verschiedene Ursachen zurückführen:

- Erstens werden EMA-zugelassene Arzneimittel-Innovationen (AMI) von den Herstellern erst gar nicht in Deutschland eingeführt bzw. ausgeboten (kein Markteintritt);
- zweitens kommt es zum Marktaustritt, falls die Hersteller ihre Produkte nach der FNB (Marktrückzug bzw. Opt-out)[85] oder später nach verhandeltem EB oder einem Schiedsspruch (Rücknahme bzw. Außervertriebnahme) wieder vom hiesigen Markt nehmen; und
- drittens können etwa durch verstärkte Exporte der AMNOG-Präparate Lieferengpässe bei Apotheken und Arzneimittelgroßhandel mit Blick auf den hiesigen Arzneimittelmarkt entstehen.

Verfügbarkeits- und Verordnungslücken
Ob sich das AMNOG hemmend auf den Markteintritt von Arzneimittel-Innovationen in Deutschland auswirkt („kein Markteintritt"), ist empirisch noch wenig und keinesfalls abschließend untersucht. Erstmals wurde die Fragestellung in einer von uns angeregten empirischen Untersuchung zu klären versucht (*Cassel/Ulrich* 2015, S. 84). Darin wird der Fragestellung nachgegangen, ob und inwieweit sich das AMNOG bereits als „Marktein-

---

85 Ein Marktrückzug (Opt-out) liegt vor, wenn der pU von § 4 (7) der Rahmenvereinbarung (RV) nach § 130b (9) SGB V Gebrauch macht und innerhalb von vier Wochen nach dem G-BA-Beschluss, d. h. vor der Verhandlung mit dem GKV-SV, sein Arzneimittel aus dem Markt zurückzieht.

tritts-Barriere" ausgewirkt hat. Weiter unten in diesem Abschnitt gehen wir dieser Fragestellung mit aktualisierten Daten erneut nach.

Abbildung 2-12: Versorgungseffekte des AMNOG

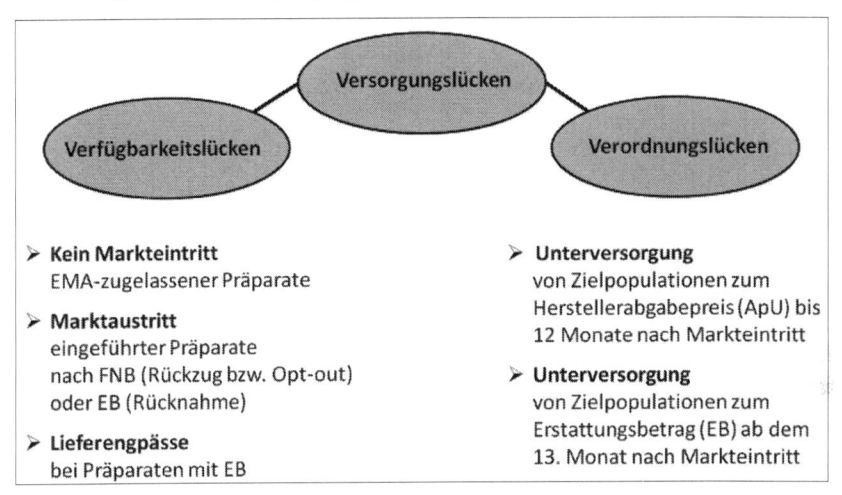

```
                      ┌─────────────────┐
                      │ Versorgungslücken│
                      └─────────────────┘
                       /               \
      ┌─────────────────┐           ┌─────────────────┐
      │ Verfügbarkeits- │           │ Verordnungs-    │
      │    lücken       │           │    lücken       │
      └─────────────────┘           └─────────────────┘
```

➢ **Kein Markteintritt** EMA-zugelassener Präparate ➢ **Marktaustritt** eingeführter Präparate nach FNB (Rückzug bzw. Opt-out) oder EB (Rücknahme) ➢ **Lieferengpässe** bei Präparaten mit EB	➢ **Unterversorgung** von Zielpopulationen zum Herstellerabgabepreis (ApU) bis 12 Monate nach Markteintritt ➢ **Unterversorgung** von Zielpopulationen zum Erstattungsbetrag (EB) ab dem 13. Monat nach Markteintritt

Legende: ApU – Abgabepreis pharmazeutischer Unternehmer; EB – Erstattungsbetrag; EMA – European Medicines Agency; FNB – Frühe Nutzenbewertung.

Quelle: Eigene Darstellung.

Bei den Verfügbarkeitslücken gewinnen zunehmend AMNOG-bedingte Marktaustritte („Marktrückzug" und „Marktrücknahme") sowie Lieferengpässe an Bedeutung. Bei einem Marktrückzug (Opt-out) gibt es nach der FNB keine Preisverhandlungen mehr mit dem GKV-SV. Das Medikament verliert seine Pharmazentralnummer (PZN), wird nach drei Monaten automatisch als zurückgezogen gelöscht und ist in Deutschland nicht mehr verfügbar. Es kann jedoch auf Rezept aus Auslandsapotheken importiert und auf Antrag des Patienten, Arztes oder Apothekers von den Krankenkassen erstattet werden. Das Präparat kann auch zu einem späteren Zeitpunkt erneut in Verkehr gebracht werden. Hierzu bedarf es dann einer neuen PZN (*Cassel/Ulrich* 2015, S. 77 f.).

Nach Scheitern der Preisverhandlungen bzw. nach erfolgtem Schiedsspruch kann der Hersteller das Arzneimittel außer Vertrieb nehmen („Rücknahme"). Setzt der Hersteller das Medikament außer Vertrieb, wird es ebenfalls dauerhaft nicht mehr in Deutschland angeboten und kann ohne neue PZN nicht reaktiviert werden. Für den pU besteht der Unterschied zwischen einem Marktrückzug und einer Rücknahme darin, dass beim Marktrückzug der bis dahin herstellerseitig festgesetzte und von den Kostenträgern erstattete Listenpreis (Abgabepreis des pU) unangetastet bleibt und im Hinblick auf eine internationale Preisreferenzierung weiter als deutscher Referenzpreis gilt. Im Fall einer Rücknahme kann der Erstattungsbetrag auf Antrag des Herstellers zwar nach sechs Monaten in der LAUER-TAXE gelöscht werden, ist aber öffentlich bekannt und damit international referenzierbar (*Cassel/Ulrich* 2015, S. 78).

Auch Lieferengpässe rechnen zu den Verfügbarkeitslücken.[86] Unabhängig von den konkreten Ursachen ist die Folge von Lieferengpässen stets eine Verschlechterung der Arzneimitteltherapiesicherheit (*Laschet* 2013, S. 1). Lieferengpässe beeinflussen sowohl die Patientensicherheit als auch den Patienten-Outcome im Sinne des individuellen Therapieerfolgs (*vfa/Rasch* 2017,2). Die Deutsche Gesellschaft für Hämatologie und Onkologie hat die Ursachen von Lieferengpässen zusammengefasst und beschrieben, welche Onkologika zuletzt betroffen waren (*Wörmann/Lüftner* 2017, S. 8 ff.). Ursächlich sind danach vor allem Herstellungsprobleme: Rund 90 % der Lieferengpässe in der Onkologie sind durch Qualitätsmängel in der Produktion bedingt. Obwohl die relevanten Produktionsstandards international Gültigkeit besitzen, kommt es immer wieder zu Verstößen in einzelnen Ländern. Neben den Qualitätsmängeln gibt es aber noch weitere Ursachen für Lieferengpässe: Dazu rechnen etwa Bedarfssteigerungen einerseits und die hier besonders interessierenden Marktrücknahmen andererseits.

Die Bundesregierung hat sich im AMVSG auch der Lieferengpässe bei Arzneimitteln angenommen. So werden die Hersteller unter anderem dazu verpflichtet, Lieferengpässe an die Krankenhäuser zu melden. Um Lieferengpässen von Arzneimitteln entgegenzuwirken, wird aktuell vom Bundesinstitut für Arzneimittel und Medizinprodukte (BfArM) eine Liste besonders versorgungsrelevanter, engpassgefährdeter Arzneimittel erarbeitet. Ein „Jour Fixe" unter Beteiligung der Bundesoberbehörden und der Fachkreise soll die Versorgungslage beobachten, bewerten und so mehr Transparenz bei der Versorgung mit Arzneimitteln und Impfstoffen schaffen (*BfArM* 2017).

---

86 Zur Definition und Erscheinungsformen von Lieferengpässen siehe *Schweim/Schweim* 2013, S. 12.

2.5 Verfügbarkeitslücken bei AMNOG-Präparaten

Im Kontext der AMNOG-Regulierung spielen für Lieferengpässe aber auch die internationalen Vergleichspreise der Arzneimittel eine besondere Rolle. Sogenannte Parallel-Händler machen sich höhere Preise im Ausland zunutze und exportieren die in Deutschland produzierten oder hier importierten Produkte dorthin, was hierzulande zu Lieferengpässen führen kann. Lieferengpässe können aber auch entstehen, wenn bei vergleichsweise niedrigeren Erstattungsbeträgen in Deutschland Länder mit höheren Preisen von ausländischen Herstellern bevorzugt beliefert werden. In diesem Kontext gilt es daher auch, über Anreize nachzudenken, wie man die Produktion engpassgefährdeter Arzneimittel wieder nach Deutschland bzw. nach Europa zurückverlagern könnte.

Im Unterschied zu Verfügbarkeitslücken resultieren Verordnungslücken aus unterbleibenden, verzögerten oder unzureichenden Verordnungen, so dass die Zielpopulation – d. h. die Gesamtheit der Patienten, die für die Therapie mit dem neuen Präparat grundsätzlich in Frage kommt – nur unzureichend versorgt wird und damit eine „Unterversorgung" entsteht. Dies kann sowohl das erste Jahr nach Markteintritt betreffen, wenn das Präparat zum Herstellerabgabepreis zur Verfügung steht, als auch den Zeitraum danach, wenn das Medikament zum EB abgegeben wird (siehe ausführlicher Abschnitt 2.6).

Detailanalyse: Markteintritts-Barrieren

Die von uns initiierte und nun aktualisierte Studie zu den Markteintritten (*BPI/Anton* 2016) geht der Fragestellung nach, ob und inwieweit sich das AMNOG als „Markteintritts-Barriere" bereits ausgewirkt hat. Hierzu wurden die von der EMA zugelassenen, aber in Deutschland nicht eingeführten Präparate mit Potenzial für eine FNB für die beiden Zeiträume ante AMNOG (2006-2010) und post AMNOG (2011-2015) miteinander verglichen.[87] Von den 170 post AMNOG-fähigen EMA-Zulassungen wurden

---

87 Die Zulassung aller mit Hilfe biotechnologischer oder sonstiger hochtechnologischer Verfahren hergestellten Arzneimittel, die zur Anwendung bei Mensch und Tier vorgesehen sind, muss über das zentralisierte Verfahren der EMA erfolgen. Dies gilt ebenfalls für alle Humanarzneimittel zur Behandlung von HIV/AIDS-Infektionen, Krebs, Diabetes oder neurodegenerativen Erkrankungen sowie für alle ausgewiesenen Arzneimittel zur Behandlung seltener Krankheiten (Orphan Drugs). Im Falle von Arzneimitteln, die unter keine der vorstehend genannten Kategorien fallen, können Unternehmen bei der EMA einen Antrag auf Erteilung der zentralisierten Genehmigung für das Inverkehrbringen einreichen, vorausgesetzt, das Arzneimittel stellt eine signifikante therapeutische, wissenschaftliche oder technische

30 Wirkstoffe in Deutschland nicht ausgeboten; und bei 22 Wirkstoffen kam es zu einem Marktaustritt, so dass die „Verfügbarkeitsquote" nach AMNOG auf rund 69 % gesunken ist (Tabelle 2-6).

Zur nachfolgenden Analyse der Markteintrittsbarriere bleiben die 22 Marktaustritte außer Betracht, um ausschließlich jene Produkte in den Blick zu nehmen, die erst gar nicht in Deutschland eingeführt sind. Aus Tabelle 2-7 geht hervor, dass sich die Anzahl der in Deutschland nicht eingeführten Präparate mit Potenzial für eine FNB von 2 ante AMNOG (2006-2010) auf 30 post AMNOG (2011-2015) deutlich erhöht hat. Dadurch sinkt die Verfügbarkeitsquote von 98,5 % (2006-2010) auf 82,4 % (2011-2015). Dies bedeutet, dass der Anteil der in Deutschland erst gar nicht in Verkehr gebrachten AMI in der fünfjährigen AMNOG-Periode gegenüber dem Zeitraum zuvor um 16 Prozentpunkte zugenommen hat. Auch wenn für die Analyse keine herstellerseitigen Begründungen für den Verzicht auf den Markteintritt vorliegen und insofern die Kausalität offenbleiben muss, spricht einiges für die Existenz eines merklichen Barriere-Effekts und damit die Verschlechterung der Versorgung der Patienten mit innovativen Arzneimitteln in Deutschland.

Detailanalyse: Marktaustritte

Von den Markteintritten sind die Marktaustritte (Rückzüge und Rücknahmen) nach Markteinführung zu unterscheiden: Die Abbildungen 2-13 und 2-14 geben einen Überblick über die Rückzüge und Rücknahmen im Anschluss an die FNB bzw. nach der Preisvereinbarung oder einem Schiedsspruch. Nachdem es herstellerseitig zu einem Rückzug oder einer Rücknahme gekommen ist, stehen seit 2011 insgesamt 28 Produkte nicht mehr dem deutschen Markt zur Verfügung. Während es in den Jahren 2011 und 2013 lediglich zu einem einzigen Marktaustritt kam, sind alleine im Jahr 2016 10 Marktaustritte zu verzeichnen. In den meisten Fällen kam es zu der Marktreaktion, nachdem der G-BA als Bewertungsergebnis festgelegt hat, dass der ZN als nicht belegt gilt. Lediglich in 4 Fällen kam es zu einem Marktaustritt nach einem anderslautenden G-BA-Beschluss. So wurde Provenge® (gegen Prostatakarzinom) 2015 nach der Nutzenbewertung zurückgezogen, obwohl der G-BA-Beschluss einen Anhaltspunkt für ei-

---

Innovation dar, oder das Produkt ist in anderer Hinsicht für die Gesundheit von Patienten von Interesse. Nicht jedes Präparat, das von der EMA zugelassen wird, kommt daher auch für die FNB in Deutschland infrage (*EMA* 2017).

2.5 Verfügbarkeitslücken bei AMNOG-Präparaten

nen nicht quantifizierbaren ZN sah.[88] Translana® (gegen Duchenne Muskeldystrophie) wurde 2016 nach dem Schiedsspruch zurückgenommen, obwohl der G-BA einen geringen ZN attestiert hatte. Victrelis® (chronische Hepatitis C) und Invico® (Hepatitis C) wurden 2016 ebenfalls nach dem Schiedsspruch zurückgenommen, wobei der G-BA-Beschluss dahingehend lautete, dass das Ausmaß des ZN nicht quantifizierbar sei.

Von den insgesamt 28 Marktaustritten kommt es in 13 Fällen zu einem Rückzug nach der FNB (Opt-out); einmal wurde die Zulassung zurückgegeben und in den restlichen 14 Fällen erfolgte eine Rücknahme, wobei in 4 Fällen das Präparat nach der Preisverhandlung und in 10 Fällen erst nach dem Schiedsspruch außer Vertrieb gestellt wurde.

Tabelle 2-6: Verfügbarkeit nach AMNOG, 2011-2015

	Verfügbarkeit nach AMNOG (2011-15)
Summe aller AMNOG-fähigen EMA-Zulassungen	170
Nicht in DE eingeführt (I)	30
Marktaustritte (II)	22
Summe I + II	52
In DE nicht oder nicht mehr verfügbare Arzneimittel	30,6 %
Verfügbarkeitsquote: Anteil noch in DE verfügbarer AM an allen AMNOG-fähigen EMA-Zulassungen	69,4 %

Quelle: Eigene Darstellung nach *EMA-Auswertung* 2017.

---

88 Provenge® hat die EU-Zulassung zurückgegeben, was mit dem Rückzug zusammenhängen könnte.

2. Problembereiche des AMNOG: Mythen und Fakten

Tabelle 2-7: Barriere-Wirkung des AMNOG beim Markteintritt

	Prä AMNOG*	Post AMNOG**
Summe aller Zulassungen (EMA)	211	274
Summe aller Zulassungen (EMA) mit Potenzial für FNB	129	170
Summe aller in DE nicht eingeführten Präparate mit Potenzial für FNB	2	30
Barriere-Effekt***	1,55 %	17,65 %
Verfügbarkeitsquote****	98,45 %	82,35 %

*2006-2010; **2011-2015; ***Anteil der Nichteinführungen in DE an allen Zulassungen (EMA) mit Potenzial für FNB; ****Anteil der Markteinführungen in DE an allen Zulassungen (EMA) Potenzial für FNB.

Quelle: Eigene Darstellung nach *BPI/Anton* 2014 und 2016.

Auffällig ist, dass 9 der 28 vom Markt genommenen Produkte Antidiabetika zur Behandlung von Diabetes Mellitus Typ 2 sind, was mit der umstrittenen Bewertungspraxis in diesem Indikationsgebiet zusammenhängen dürfte. Darunter sind orale Antidiabetika, aber auch Wirkstoffe mit neuem Wirkprinzip und neuer Galenik, die nun auf dem deutschen Markt nicht mehr verfügbar sind und sich hierzulande auch nicht mehr im Versorgungsalltag bewähren können.

Die Marktreaktionen lassen insgesamt auf eine größere Volatilität post AMNOG schließen. So wurde das mit einem belegten, aber nicht quantifizierbaren ZN bewertete Medikament Bosulif® vom Hersteller schon in der ersten Runde der EB-Verhandlungen vom Markt genommen, aber bereits vier Wochen später aufgrund einer gütlichen Einigung mit dem GKV-SV erneut ausgeboten („Opt-in"; daher auch nicht in den Abbildungen 2-13 und 2-14 enthalten). Und bei zwei weiteren Innovationen (Zelboraf® mit dem Wirkstoff *Vemurafenib* und Sativex® mit dem Extrakt aus *Cannabis Sativa* als Wirkstoff und ebenfalls nicht in den Abbildungen 2-13 und 2-14 enthalten) einigten sich die Hersteller erst nach den für sie unbefriedigenden Schiedssprüchen in Nachverhandlungen mit dem GKV-SV auf für sie günstigere Erstattungsbeträge.

2.5 Verfügbarkeitslücken bei AMNOG-Präparaten

Abbildung 2-13: Rückzüge und Rücknahmen von AMNOG-Präparaten I

Wirkstoff	Handelsname	Hersteller	Indikationsgebiet	Ergebnis Beschluss G-BA	Marktreaktion
2011					
Aliskiren / Amlodipin*	Rasilamlo®	Novartis Pharma GmbH	Essenzielle Hypertonie	Zusatznutzen nicht belegt	Opt-out nach Nutzenbewertung
2012					
Linagliptin	Trajenta®	Boehringer Ingelheim Pharma GmbH & Co. KG	Diabetes Mellitus Typ 2	Zusatznutzen nicht belegt	Opt-out nach Nutzenbewertung
Mikrobielle Collagenase	Xiapex®	Pfizer Pharma GmbH	Dupuytren'sche Kontraktur	Zusatznutzen nicht belegt	Opt-out nach Nutzenbewertung
Retigabin	Trobalt®	GSK GmbH & Co. KG	Zusatztherapie bei fokalen Krampfanfällen	Zusatznutzen nicht belegt	Opt-out nach Nutzenbewertung
2013					
Perampanel	Fycompa®	Eisai GmbH	Partielle Epilepsie	Zusatznutzen nicht belegt	Rücknahme nach Schiedsspruch
2014					
Lixisenatid	Lyxumia®	Sanofi-Aventis Deutschland GmbH	Diabetes Mellitus Typ 2	Zusatznutzen nicht belegt	Rücknahme nach Schiedsspruch
Linaclotid	Constella®	Almirall Hermal GmbH	Reizdarmsyndrom mit Obstipation	Zusatznutzen nicht belegt	Rücknahme nach Schiedsspruch
Bromfenac	Yellox®	Bausch & Lomb GmbH / Dr. Mann Pharma GmbH	Postoperative Entzündung am Auge nach Kataraktoperationen	Zusatznutzen nicht belegt	Rücknahme nach Schiedsspruch
Vildagliptin	Galvus®, Jalra®, Xiliarx®	Novartis Pharma GmbH	Diabetes Mellitus Typ 2	Zusatznutzen nicht belegt	Rücknahme nach Schiedsspruch
Vildagliptin / Metformin	Eucreas®, Icandra®, Zomarist®	Novartis Pharma GmbH	Diabetes Mellitus Typ 2	Zusatznutzen nicht belegt	Rücknahme nach Schiedsspruch
Lomitapid	Lojuxta®	Aegerion Pharmaceuticals GmbH	Hypercholesterinämie	Zusatznutzen nicht belegt	Opt-out nach Nutzenbewertung
Canagliflozin	Invokana®	Janssen-Cilag GmbH	Diabetes Mellitus Typ 2	Zusatznutzen nicht belegt	Opt-out nach Nutzenbewertung

* Rückgabe der Zulassung

Quelle: *AMNOG-Daten* 2017.

2. Problembereiche des AMNOG: Mythen und Fakten

Abbildung 2-14: Rückzüge und Rücknahmen von AMNOG-Präparaten II

Wirkstoff	Handelsname	Hersteller	Indikationsgebiet	Ergebnis Beschluss G-BA	Marktreaktion
2015					
Canagliflozin / Metformin	Vokanamet®	Janssen-Cilag GmbH	Diabetes Mellitus Typ 2	Zusatznutzen nicht belegt	Opt-out nach Nutzenbewertung
Lurasidon	Latuda®	Takeda GmbH	Schizophrenie	Zusatznutzen nicht belegt	Opt-out nach Nutzenbewertung
Colestilan*	BindRen®	Mitsubishi Pharma Deutschland GmbH	Hypercholesterinämie	Zusatznutzen nicht belegt	Rücknahme nach Preisverhandlung
Mirabegron	Betmiga®	Astellas Pharma GmbH	Überaktive Blase	Zusatznutzen nicht belegt	Rücknahme nach gescheiterten Preisverhandlungen
Sipuleucel-T*	Provenge®	Dendreon UK Limited	Prostatakarzinom	Anhaltspunkt für einen nicht quantifizierbaren Zusatznutzen	Rücknahme nach Nutzenbewertung
Tafluprost / Timolol	Taptiqom®	Santen GmbH	Offenwinkelglaukom, okuläre Hypertension	Zusatznutzen nicht belegt	Opt-out nach Nutzenbewertung
2016					
Insulin degludec	Tresiba®	Novo Nordisk Pharma GmbH	Diabetes mellitus (Typ 1 und Typ 2)	Zusatznutzen nicht belegt	Rücknahme nach Schiedsspruch
Gaxilose	LacTest®	VENTER PHARMA S.L.	Diagnose der Hypolactasie	Zusatznutzen nicht belegt	Opt-out nach Nutzenbewertung
Ataluren	Translarna®	PTC Therapeutics International Limited	Duchenne-Muskeldystrophie	geringer Zusatznutzen	Rücknahme nach Schiedsspruch
Regorafenib	Stivarga®	Bayer Vital GmbH	kolorektales Karzinom / Gastrointestinaler Stromatumor	Zusatznutzen nicht belegt	Opt-out nach Nutzenbewertung
Boceprevir	Victrelis®	MSD SHARP & DOHME GmbH	chron. Hepatitis C	Ausmaß nicht quantifizierbar	Rücknahme nach Preisverhandlung
Insulin degludec / Liraglutid	Xultophy®	Novo Nordisk Pharma GmbH	Diabetes mellitus Typ 2	Zusatznutzen nicht belegt	Rücknahme nach Schiedsspruch
Vortioxetin	Brintellix®	Lundbeck GmbH	Major Depression	Zusatznutzen nicht belegt	Rücknahme nach Schiedsspruch
Telaprevir**	Incivo®	Janssen-Cilag GmbH	Hepatitis C	nicht quantifizierbar	Rücknahme nach Preisverhandlung
Empagliflozin / Metformin	Synjardy®	Boehringer Ingelheim Pharma GmbH & Co. KG	Diabetes mellitus Typ 2	Zusatznutzen nicht belegt	Opt-out nach Nutzenbewertung
Osimertinib	TAGRISSO®	AstraZeneca GmbH	nicht-kleinzelliges Lungenkarzinom	Zusatznutzen nicht belegt	Opt-out nach Nutzenbewertung

* Rückgabe der Zulassung ** Zulassung abgelaufen

Quelle: *AMNOG-Daten* 2017.

Wie fragil die Versorgung mit Arzneimittel-Innovationen inzwischen geworden ist, zeigt auch der Fall des von der Firma Gilead ausgebotenen Hepatitis-C-Mittels Sovaldi® (Wirkstoff: *Sofosbuvir*), das zwar bei etwa 5 % der Patienten mit chronischer Hepatitis mit einem Hinweis auf einen beträchtlichen ZN bewertet wurde, aber wegen seiner hohen Therapiekosten heftig umstritten war (*Cassel/Ulrich* 2015, S. 38; siehe Abschnitt 2.2).

2.5 Verfügbarkeitslücken bei AMNOG-Präparaten

So blieben die EB-Verhandlungen nach fünf Runden bis Ende 2014 ergebnislos und hätten in der Schiedsstelle fortgesetzt werden müssen. Anfang Februar 2015 vereinbarten jedoch Hersteller und GKV-SV einen für beide Seiten akzeptablen EB, nachdem der Marktrückzug eines so wirksamen Präparats nicht mehr auszuschließen war und bereits drei große Krankenkassen (Barmer GEK, AOK Niedersachsen und AOK Rheinland/Hamburg) für ihre 14 Mio. Versicherten schon vor den zentralen Rabattverhandlungen des GKV-SV eigene „selektive" Rabattverträge abgeschlossen hatten, um die Versorgung ihrer Patienten sicherzustellen.

Detailanalyse: Produktverfügbarkeit
Bezieht man die Verfügbarkeit der AMNOG-Präparate auf die 137 Produkte mit abgeschlossener Nutzenbewertung und Preisfindung, sind davon nur noch 109 Produkte (79,6 %) verfügbar, während 27 (19,7 %) endgültig vom Markt genommen wurden (Abbildung 2-15). Bis auf 4 Fälle „galt" dabei der Zusatznutzen als nicht belegt, so dass bei der überwiegenden Zahl der Marktaustritte aus formellen Gründen kein Zusatznutzen zuerkannt wurde. Bekanntlich bedeutet das jedoch nicht, dass diese Substanzen tatsächlich keinen Zusatznutzen haben. Dennoch wird in der GKV vielfach die Auffassung vertreten, die Marktaustritte seien generell unbedenklich, weil stets gleichwertige Substitute zur Verfügung stünden und die Patientenversorgung in keiner Weise gefährdet sei.

Soweit diese Medikamente tatsächlich keinen ZN haben und gleichwertige Alternativen auf dem Markt sind, können sie in der Regel ohne Beeinträchtigung der Patienten substituiert werden. Bei chronischen Krankheiten ist die Umstellung der Patienten auf Alternativpräparate schon schwieriger und im Falle eines tatsächlich vorhandenen, aber in der FNB nicht gewürdigten Zusatznutzens werden die Zielpopulationen der betreffenden Substanzen oder ganzer Substanzklassen mehr oder weniger stark geschädigt. Der „worst case" wäre allerdings, wenn neue Arzneimittel mit beträchtlichem oder erheblichem ZN vom Markt gingen, was in kleineren Therapiegebieten mit relativ geringem Budget Impact nicht gänzlich auszuschließen ist. Die in der GKV verbreitete Auffassung, das AMNOG führe nicht zu Versorgungsproblemen, ist jedenfalls ohne Würdigung des Einzelfalls und mit Blick auf die noch fehlende Bewährung im Versorgungsalltag ungerechtfertigt, zumindest aber voreilig (*Cassel/Ulrich* 2015, S. 82).

2. Problembereiche des AMNOG: Mythen und Fakten

Abbildung 2-15: Verfügbarkeit von Produkten nach Abschluss der FNB und Preisverhandlungen

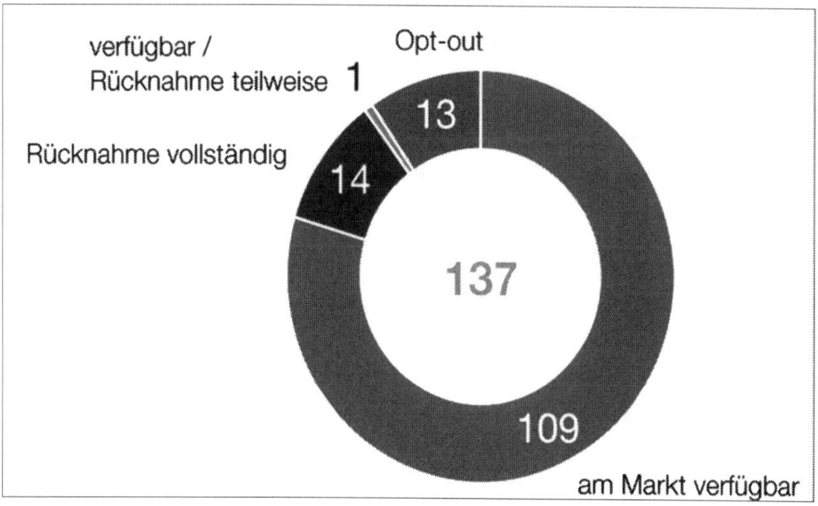

- verfügbar / Rücknahme teilweise: 1
- Opt-out: 13
- Rücknahme vollständig: 14
- am Markt verfügbar: 137 / 109

Quelle: *AMNOG-Daten* 2017.

Detailanalyse: Produktverfügbarkeit im Ländervergleich

In diesem Kontext interessiert auch die Frage, wie andere Länder von Verfügbarkeitslücken betroffen sind und ob es signifikante Unterschiede zwischen Deutschland und ausgewählten Vergleichsländern gibt, die ebenfalls – wenn auch nur ansatzweise – eine nutzenorientierte Preisfindung (Value-based Pricing) verfolgen, dazu eine Nutzenbewertung neuer Medikamente vornehmen und auch unter wirtschaftlichen Aspekten mit Deutschland vergleichbar sind. Abbildung 2-16 informiert über die Verfügbarkeit von 24 Arzneimittel-Innovationen in England, den Niederlanden und Frankreich, die alle in Deutschland während des AMNOG-Verfahrens vom Markt genommen wurden und somit nicht mehr verfügbar sind.

Zunächst fällt auf, dass in England alle 24 Präparate verfügbar sind. Offenbar unterscheidet sich der englische Bewertungsprozess durch das National Institute for Health and Care Excellence (NICE) signifikant vom deutschen Bewertungsprozess des G-BA, indem er weniger rigoros zu sein scheint. Aber auch im Vergleich zu den Niederlanden und Frankreich zeigen sich deutliche Unterschiede zwischen den einzelnen Bewertungsverfahren: In den Niederlanden sind von den 24 AMI immerhin 18 verfügbar, lediglich 6 Präparate werden auf dem niederländischen Markt nicht oder nicht mehr angeboten. In Frankreich bestehen Verfügbarkeitslücken für 13 der 24 Innovationen, was im Umkehrschluss aber auch bedeutet, dass im Gegensatz zu Deutschland immerhin knapp die Hälfte der Präparate (46 %) auf dem französischen Markt weiter verfügbar sind.

Weitere Interpretationen erlauben die drei abgegrenzten Blöcke in Abbildung 2-16. Der erste Block enthält die Präparate mit Verfügbarkeit in allen drei Vergleichsländern. Hierunter finden sich auch die Diabetes-Wirkstoffe (*Vildagliptin, Vildagliptin/Metformin, Insulin degludec*), die nach dem Marktaustritt auf dem deutschen Markt nicht mehr verfügbar sind. Der zweite Block enthält insofern gemischte Bewertungsergebnisse, da nun auch in den Niederlanden und in Frankreich Präparate nicht mehr verfügbar sind. Interessanterweise gibt es aber zwischen Frankreich und den Niederlanden bei diesen AMI keine übereinstimmende Bewertung. Alle Präparate sind stets wechselseitig verfügbar. Präparate, die in Frankreich verfügbar sind, sind in den Niederlanden nicht mehr verfügbar und vice versa. Dabei fällt die strengere Bewertung in Frankreich mit Blick auf Diabetes-Präparate auf, die in diesem zweiten Block alle ausgeschlossen sind. Die Verfügbarkeitslücken in den Niederlanden betreffen dabei die Indikationen Duchenne Muskeldystrophie, nichtkleinzelliges Lungenkarzinom und kolorektales Karzinom und damit Präparate für sehr unterschiedliche Krankheitsbilder mit sehr verschiedenen Patientenzahlen und einem recht unterschiedlichen Budget Impact. In den Niederlanden und Frankreich nicht mehr verfügbar sind die drei Wirkstoffe im letzten Block der Abbildung 2-16. Dabei handelt es sich um zwei Hepatitis-C-Präparate und ein Präparat gegen die Dupuytren-Krankheit (Dupuytrensche Kontraktur), wobei insbesondere die beiden Hepatitis-C-Präparate wegen ihrer hohen Therapiekosten auch international umstritten sind.

Grundsätzlich sollten die Nutzenbewertungsverfahren in allen Ländern sicherstellen, dass Patienten Zugang zu innovativen und wirksamen Therapien haben – und das möglichst kosteneffizient. Die Vorgehensweise ist nicht neu: Die Vorreiter dieses Verfahrens, Australien und Kanada, haben damit bereits vor knapp 20 Jahren begonnen und neue Arzneimittel nach der Marktzulassung einer Nutzenbewertung im Vergleich zu Therapiealternativen unterzogen. Unter anderem haben Belgien, Frankreich, England, die Niederlande, Schottland, Schweden und Wales eine solche Methodik eingeführt. Deutschland kam 2011 mit seinem AMNOG vergleichsweise spät hinzu.

2. Problembereiche des AMNOG: Mythen und Fakten

Abbildung 2-16: Verfügbarkeitslücken in Deutschland im Vergleich zu England, den Niederlanden und Frankreich zum 31.12.2016

Wirkstoff	Handelsname	Hersteller	Indikationsgebiet	Verfügbar in		
				UK	NL	FR
Bromfenac	Yellox®	Bausch & Lomb / Dr. Mann Pharma	Postoperative Entzündung am Auge nach Kataraktoperationen	ja	ja	ja
Insulin degludec / Liraglutid	Xultophy®	Novo Nordisk Pharma GmbH	Diabetes mellitus Typ 2	ja	ja	ja
Mirabegron	Betmiga™	Astellas Pharma GmbH	Überaktive Blase	ja	ja	ja
Perampanel	Fycompa®	Eisai GmbH	partielle Epilepsie	ja	ja	ja
Retigabin	Trobalt®	GSK GmbH & Co. KG	Zusatztherapie bei fokalen Krampfanfällen	ja	ja	ja
Vildagliptin	Galvus®, Jalra®, Xiliarx®	Novartis Pharma GmbH	Diabetes Mellitus Typ 2	ja	ja	ja
Vildagliptin / Metformin	Eucreas®, Icandra®, Zomarist®	Novartis Pharma GmbH	Diabetes Mellitus Typ 2	ja	ja	ja
Vortioxetin	Brintellix®	Lundbeck GmbH	Major Depression	ja	ja	ja
Canagliflozin	Invokana®	Janssen-Cilag GmbH	Diabetes Mellitus Typ 2	ja	ja	nein
Canagliflozin / Metformin	Vokanamet®	Janssen-Cilag GmbH	Diabetes Mellitus Typ 2	ja	ja	nein
Empagliflozin / Metformin	Synjardy®	Boehringer Ingelheim Pharma GmbH & Co. KG	Diabetes mellitus Typ 2	ja	ja	nein
Insulin degludec	Tresiba®	Novo Nordisk Pharma GmbH	Diabetes mellitus (Typ 1 und Typ 2)	ja	ja	nein
Linaclotid	Constella®	Almirall Hermal GmbH	Reizdarmsyndrom mit Obstipation	ja	ja	nein
Linagliptin	Trajenta®	Boehringer Ingelheim Pharma GmbH & Co. KG	Diabetes Mellitus Typ 2	ja	ja	nein
Lixisenatid	Lyxumia®	Sanofi-Aventis Deutschland GmbH	Diabetes mellitus Typ 2	ja	ja	nein
Lomitapid	Lojuxta®	Aegerion Pharmaceuticals GmbH	Hypercholesterinämie	ja	ja	nein
Lurasidon	Latuda®	Takeda GmbH	Schizophrenie	ja	ja	nein
Tafluprost / Timolol	Taptiqom®	Santen GmbH	Offenwinkelglaukom, okuläre Hypertension	ja	ja	nein
Ataluren	Translarna™	PTC Therapeutics International Limited	Duchenne-Muskeldystrophie	ja	nein	ja
Osimertinib	TAGRISSO®	AstraZeneca GmbH	nicht-kleinzelliges Lungenkarzinom	ja	nein	ja
Regorafenib	Stivarga®	Bayer Vital GmbH	kolorektales Karzinom / Gastrointestinaler Stromatumor	ja	nein	ja
Boceprevir	Victrelis®	MSD SHARP & DOHME GmbH	chron. Hepatitis C	ja	nein	nein
Mikrobielle Collagenase	Xiapex®	Pfizer Pharma GmbH	Dupuytren'sche Kontraktur	ja	nein	nein
Telaprevir	Incivo®	Janssen-Cilag GmbH	Hepatitis C	ja	nein	nein

Quelle: *BPI-MARIS* 2017.

2.5 Verfügbarkeitslücken bei AMNOG-Präparaten

Die internationale Diskussion im Arzneimittelsektor ist seit langem geprägt von der Suche nach einer Balance in einem Spannungsfeld aus Förderung von Innovationen, Stärkung der Wettbewerbsfähigkeit der Pharmaindustrie, Verbesserung der Gesundheit der Bevölkerung, gleichem Zugang zu medizinischen Innovationen und finanzieller Nachhaltigkeit des gesamten Gesundheitssystems. Um die wissenschaftliche Kooperation im Bereich der Gesundheitstechnologiebewertung zu fördern, arbeiten zurzeit 45 von europäischen Staaten benannte Organisationen im Rahmen eines Projekts der EU-Kommission (Joint Action) an einem Netzwerk für Health Technology Assessment (*EUnetHTA – European Network for HTA*).[89] Ziel ist es, Strukturen und Grundlagen zu implementieren, den wissenschaftlichen Austausch und die Zusammenarbeit zu fördern und damit zu einer effektiven und effizienten Ressourcennutzung beizutragen. Eines der wichtigsten Themen sind dabei die Methoden zur Nutzenbewertung von Arzneimitteln.

Produktverfügbarkeit – ein Spiegelbild der Nutzenbewertung?
Entscheidungen über den Wert und den Nutzen von Arzneimitteln, wie sie in Deutschland vom IQWiG vorbereitet und vom G-BA getroffen werden, scheinen auf den ersten Blick ein vergleichsweise objektives Votum darüber zu ermöglichen, welchen ZN ein Medikament hat und welcher Preis dafür angemessen ist. Wenn es ein solches Votum gäbe, wäre aber schwer zu erklären, warum die Entscheidungen der nationalen Behörden in den betrachteten Vergleichsländern über ein und dasselbe Produkt so unterschiedlich ausfallen. Warum sollte eine Nutzenbewertung in Deutschland anders ausfallen als in Frankreich, den Niederlanden oder England und warum scheint der G-BA dazu zu neigen, in den geschilderten Fällen strenger zu urteilen als beispielsweise das englische NICE?[90] Diese Fragen werden in einer neuen Studie von Wissenschaftlern der Universitäten aus Hamburg, München und New York zu beantworten versucht (*Fischer et al.* 2016, S. 1115 ff.).

In die Analyse einbezogen wurden alle frühen Nutzenbewertungen des G-BA (FJC – Federal Joint Committee) im Zeitraum zwischen Januar

---

89 Siehe zu den Richtlinien des Netzwerks für Health Technology Assessment: www.http://eunethta.eu/eunethta-guidelines.
90 Die anschließenden Preisverhandlungen können dagegen kaum harmonisiert werden, da sich die Zahlungsbereitschaft und auch die Zahlungsfähigkeit für die Arzneimittelversorgung zwischen den einzelnen Ländern signifikant unterscheiden.

2. Problembereiche des AMNOG: Mythen und Fakten

2011 und Dezember 2014. Diese wurden mit den Beschlüssen des englischen NICE, des Scottish Medicines Consortium (SMC) und des Australian Pharmaceutical Benefits Advisory Committee (PBAC) verglichen. Die Autoren kommen zusammenfassend zu folgendem Ergebnis: *„We show that the FJC – an agency relatively new in structurally assessing the health benefit of pharmaceuticals – deviates considerably in decisions compared to other HTA agencies. Our study also reveals that the FJC tends to appraise stricter than NICE"* (*Fischer et al.* 2016, S. 1115).

Bei den vergleichenden Nutzenbewertungen schwankt die Übereinstimmung der Entscheidungen des G-BA zwischen 52,7 % mit NICE und 69,7 % mit dem australischen PBAC. Im Vergleich zum englischen NICE heißt das aber auch, dass nahezu jede zweite Bewertung des G-BA anders ausfällt als der Beschluss des NICE. Schon bei der Bestimmung der zweckmäßigen Vergleichstherapie liegen die Behörden weit auseinander. Das zeigt, dass dieselben Daten durchaus unterschiedlich interpretiert werden können.

Bewertungsunterschiede gibt es nicht nur international, sondern auch national, beispielsweise mit Blick auf IQWiG und G-BA: *„Seit 2011 wich der G-BA bezüglich der besten Patientengruppe in 37 von 115 Verfahren von der Einschätzung des IQWiG ab, was einem Anteil von 32 % der betreffenden Verfahren entspricht"* (*Häussler et al.* 2016, S. 93 ff.). In 14 % der Fälle erkannte der G-BA einen höheren ZN an, in 18 % hingegen veränderte er die IQWiG-Entscheidung in Richtung eines niedrigeren Zusatznutzens. Einen Trend kann man aus den Zahlen nicht herauslesen; mal gibt es in einem Jahr mehr Verschlechterungen als Verbesserungen gegenüber des IQWiG-Bescheides, mal ist es umgekehrt. Auch Fachgesellschaften liegen mit vielen Entscheidungen des AMNOG über Kreuz, ein weiterer Hinweis, dass man dieselben Daten durchaus unterschiedlich interpretieren kann.

Viele Faktoren spielen in der Bewertung eines Arzneimittels eine Rolle. Die vier untersuchten Behörden unterscheiden sich deutlich u. a. darin, wie sie Studienendpunkte bewerten und ob sie Surrogatparameter akzeptieren, welche Vergleichstherapien sie ansetzen oder wie sie damit umgehen, wenn Evidenz nicht ausreichend zur Verfügung steht. Die Entscheidung über den ZN eines Arzneimittels ist deshalb immer auch eine Entscheidung unter Unsicherheit.

2.5 Verfügbarkeitslücken bei AMNOG-Präparaten

Fazit

Nach sechs Jahren zeigen sich erste Effekte der AMNOG-Regulierung auf die GKV-Versorgung mit neuen patentgeschützten Arzneimitteln in Form von Versorgungslücken. Sie können als Verfügbarkeits- oder Verordnungslücken auftreten: Verfügbarkeitslücken entstehen, wenn Hersteller erstens ihre innovativen und von der EMA zugelassenen Präparate erst gar nicht in Deutschland einführen oder zweitens ihre Produkte nach der FNB zurückziehen (Opt-out) bzw. später nach verhandeltem EB oder einem Schiedsspruch wieder vom hiesigen Markt nehmen (Marktrücknahme). Schließlich können drittens Verfügbarkeitslücken auch durch Lieferengpässe entstehen, falls hierzulande verfügbare AMNOG-Produkte verstärkt ins Ausland abgegeben bzw. exportiert werden.

Anhand einer aktuellen Studie zu den Markteintritten, können wir die Situationen ante und post AMNOG miteinander vergleichen. Dabei zeigt sich, dass post AMNOG die Verfügbarkeitsquote von AMNOG-fähigen Produkten durch das Nichteintreten in den deutschen Markt von 98 % auf 82 % gesunken ist. Dies bedeutet, dass der Anteil der in Deutschland erst nicht in Verkehr gebrachten AMI in der fünfjährigen AMNOG-Periode gegenüber dem Zeitraum zuvor um 16 Prozentpunkte zugenommen hat.

Durch Opt-outs und Marktrücknahmen stehen seit 2011 insgesamt 28 Produkte nicht mehr auf dem deutschen Markt zur Verfügung. Während es in den Jahren 2011 und 2013 lediglich zu einem einzigen Marktaustritt kam, sind alleine im Jahr 2016 10 Produkte vom Markt gegangen. Von den insgesamt 28 Marktaustritten kommt es in 14 Fällen zu einem Rückzug nach der FNB; in den restlichen 14 Fällen erfolgte eine Rücknahme, wobei in 4 Fällen das Präparat nach der Preisverhandlung und in 10 Fällen erst nach dem Schiedsspruch außer Vertrieb gestellt wurde.

Auch wenn für die Analyse keine herstellerseitigen Begründungen für den Verzicht auf den Markteintritt vorliegen und insofern die Kausalität noch offenbleiben muss, spricht theoretisch einiges für die Existenz eines Barriere-Effekts des AMNOG. Dagegen sind die genannten Marktaustritte ausnahmslos Reaktionen der pharmazeutischen Unternehmer auf die aus ihrer Sicht unzureichenden Ergebnisse des AMNOG-Verfahrens. In beiden Fällen wird die Therapievielfalt eingeschränkt und damit die Versorgung der Patienten mit innovativen Arzneimitteln in Deutschland beeinträchtigt.

Unsere international vergleichenden Annalysen zeigen in diesem Kontext, dass Nutzenbewertungen immer auch Wertscheidungen sind: Je strikter die Bewertung ausfällt, desto größer ist das Risiko, dass wichtige therapeutische Optionen nicht beim Patienten ankommen. Umgekehrt gilt aber auch: Je weniger strikt die Bewertung, desto größer das Risiko, dass Präparate einen ZN zugesprochen bekommen, die möglicherweise keinen haben. Auf dieser Gratwanderung findet letztlich in allen Ländern die Nutzenbewertung von Arzneimitteln statt. Dies erklärt die im Ländervergleich recht unterschiedlichen Bewertungsergebnisse und die entsprechenden Reaktionen der Hersteller darauf.

2.6 Verordnungslücken bei Innovationen mit hohem Zusatznutzen

Das AMNOG wirkt aber nicht nur als Verfügbarkeitshürde für neu zugelassene Arzneimittel, sondern scheint durch die Art und Weise seiner praktischen Umsetzung auch ein zusätzliches Hemmnis dafür zu bilden, dass fortschrittliche Arzneimitteltherapien in dem Maße verordnet werden, wie es aufgrund der Nutzenbewertung durch den G-BA zu erwarten wäre. Für die betroffenen Patienten würde dies einen erzwungenen Verzicht auf therapeutisch für sie nützliche, möglicherweise lebenserhaltende Medikamente bedeuten. Das wäre ethisch sicherlich nicht vertretbar und widerspräche dem mit dem AMNOG verfolgten Ziel, allen Patienten in der GKV eine qualitativ hochwertige, fortschrittliche Arzneimitteltherapie zu gewähren. Es liegt somit im vitalen Interesse der Versicherten wie der Politik zu erfahren, ob und inwieweit derartige „Verordnungslücken" in der GKV-Arzneimittelversorgung bestehen, worauf sie zurückzuführen sind und wie sie reformpolitisch verhindert werden könnten.

„Vollversorgung": ein Mythos?
Ante AMNOG konnte sich Deutschland rühmen, so gut wie keine medikamentösen Verfügbarkeitslücken zu haben: Die von der EMA zugelassenen Wirkstoffe wurden hierzulande nahezu ausnahmslos und unverzüglich ausgeboten (*Cassel/Ulrich* 2012,2, S. 139 f.) und waren meist zu den vom Hersteller bei der Markteinführung (Launch) gesetzten Preisen verord-

2.6 Verordnungslücken bei Innovationen mit hohem Zusatznutzen

nungs- und erstattungsfähig.[91] Der Hersteller konnte somit sein neues Produkt ohne Weiteres den Ärzten zur indikationsgerechten Verordnung empfehlen und mit geeigneten Marketingstrategien dessen Marktdurchdringung bzw. Diffusion im Wettbewerb mit therapeutischen Alternativen voranbringen. Hierbei waren Verordnungslücken keineswegs ausgeschlossen, war doch die Marktdurchdringung für den Innovator in aller Regel ein zeitraubendes und kostspieliges Unterfangen, bei dem er mannigfaltige Vorbehalte, Informationsdefizite, Erfahrungsmängel und Risikoerwägungen der Ärzte zu überwinden hatte, bevor sein Produkt auf das Rezept gelangte und schließlich beim Patienten ankam.

Diffusionshemmnisse sind zum Teil unvermeidlich und von daher nach wie vor relevant, doch haben sie sich durch das AMNOG-Procedere in einem entscheidenden Punkt geändert: Seit der Pharmawende muss nämlich die Arzneimittel-Innovation (AMI) innerhalb eines halben Jahres nach der Zulassung die Frühe Nutzenbewertung (FNB) beim G-BA durchlaufen und den Nachweis erbringen, dass sie im Vergleich zu konventionellen Therapien einen Zusatznutzen für die Patienten hat. Bis dahin kann der Hersteller sein Produkt zwar zum frei gesetzten Launchpreis vermarkten; solange aber der ZN noch nicht vom G-BA attestiert ist und der EB noch nicht feststeht, sind die verordnenden Ärzte mit der Ungewissheit darüber konfrontiert, ob und inwieweit mit der AMI ein therapeutischer Fortschritt beim Patienten erzielbar ist und wie hoch der Preis dafür letztlich sein wird. Beides entscheidet darüber, ob die ärztliche Verordnung als wirtschaftlich im Sinne des § 12 (1) SGB V gilt oder ob die Ärzte im Rahmen der Wirtschaftlichkeitsprüfung nach § 106 SGB V in finanziellen Regress genommen werden können, falls sich aufgrund der Nutzenbewertung und Preisfindung die Unwirtschaftlichkeit der Verordnung einer AMI generell oder im Einzelfall herausstellen sollte.

---

91 Eine Ausnahme hiervon bildeten Analogpräparate, d. h. Produkte mit patentierten pharmakologisch-therapeutisch vergleichbaren Wirkstoffen mit gleicher oder ähnlicher Wirkung wie das Originalpräparat. Sie wurden meist Festbeträgen der Stufe 2 oder 3 zugeordnet und unter Festbetrag gestellt. Analoga wurden vielfach als nutzlose imitative Nachfolgerprodukte („Me-Too-Präparate" bzw. „Scheininnovationen") diskreditiert: Sie galten als nicht oder nur unwesentlich wirksamer als die meist schon patentfreien Originale, waren aber deutlich teurer als diese. Die damit verbundene Problematik bildete den entscheidenden Anlass für die mit dem *AMNOG* 2011 in Kraft getretene Pharmawende und wurde durch sie gegenstandslos.

Aber selbst dann, wenn Nutzenbewertung und Preisfindung erfolgreich abgeschlossen sind, bestehen weitere Unsicherheiten fort. Sie hängen vor allem mit der höchst kontroversen Diskussion um die Wirtschaftlichkeit von Mischpreisen (MiP) bei stratifizierten Präparaten im Falle unterschiedlicher Bewertung in den einzelnen Subgruppen zusammen (siehe oben Abschnitt 2.3 und 2.4). Es wäre verwunderlich, wenn die daraus resultierenden Regressrisiken der praktizierenden Ärzteschaft, gepaart mit deren Vorbehalten gegenüber der Verordnung von Innovationen mit immer höheren Launchpreisen und Erstattungsbeträgen,[92] keine negativen Auswirkungen auf das Verordnungsverhalten insbesondere bei hochpreisigen Produkten hätten. Dennoch wird die daraus resultierende Gefahr von Verordnungslücken und der damit entstehenden „Unterversorgung" von Zielpopulationen in Indikationen mit attestiertem Zusatznutzen (siehe oben Abbildung 2-12) bislang öffentlich noch kaum wahrgenommen und in den wenigen bis dato vorliegenden empirischen Analysen zur Marktdurchdringung nicht explizit thematisiert.[93]

---

92 Gemeint sind damit die in der „Mondpreisdebatte" ärztlicherseits häufig angeführten Argumente gegen die ihrer Meinung nach ungerechtfertigt hohen Therapiekosten, insbesondere im Bereich der Onkologie. Siehe dazu ausführlich Abschnitt 2.1. und 2.3.

93 Im *AVR* 2015 haben die Autoren *Schaufler/Telschow* mit einem „Time-to-Market-Ansatz" die Ist-Werte der Versorgungsmengen neuer Wirkstoffe vor (2008-2010) und nach AMNOG (2011-2013) als durchschnittlichen Anteil der maximalen monatlichen VO-Menge in den ersten 13 (!) Monaten nach dem Launch verglichen und – aufgrund der Fragestellung und Methodik: verständlicherweise – keinen signifikanten Unterschied gefunden. Daraus schließen sie, *„dass die Patienten weiterhin sehr schnell mit neuen Arzneimitteln therapiert werden"* (*AVR* 2015, S. 229 und Abbildung 3.13). Indirekt bestätigen sie damit aber, dass das AMNOG die bei Produkten mit erwiesenem ZN in den ersten Monaten nach der FNB eigentlich zu erwartende Beschleunigung der Diffusion nicht bewirkt, und lassen die Frage, was nach dem ersten Verordnungsjahr geschieht, unbeantwortet. Im *AMNOG-Report* 2016 (S. 214 ff.) und 2017 (S. 237 ff.) entwickeln die Autoren *Greiner/Witte* zum Nachweis von kurzfristigen AMNOG-Effekten innerhalb nur eines Jahres nach G-BA-Beschluss einen „DDD-Uptake-Ansatz": Aus DAK-Verordnungsdaten von AMNOG-Präparaten werden nach Nutzenkategorien, Art der ZVT oder Solisten- bzw. Solitärstatus „Uptake-Raten" als durchschnittliche relative Änderungen bzw. Wachstumsraten des DDD-Verordnungsvolumens von einem Monat zum anderen berechnet. Im Ergebnis zeigt sich u. a., dass die Uptake-Rate bei Präparaten mit patentgeschützter ZVT von 16 % (gewichteter Mittelwert) um 4 Prozentpunkte höher ist als bei Produkten mit generischer ZVT (*AMNOG-Report* 2016, Abbildung 36, S. 215) und dass sie bei Orphan Drugs mit Solitärstatus (14,5 %) deutlich über der von Produkten ohne (13,8 %) liegt (*AMNOG-Report* 2017, Abbildung 43, S.

2.6 Verordnungslücken bei Innovationen mit hohem Zusatznutzen

Die damit propagierte heile Welt der „Vollversorgung" aller Zielpopulationen mit den für sie im AMNOG-Verfahren als therapeutisch vorteilhaft und wirtschaftlich ermittelten AMI könnte sich aber bald als Mythos erweisen, gibt es doch inzwischen mehr als nur anekdotische Evidenz für das Gegenteil.[94] So gewährt Abbildung 2-17 einen ersten Einblick in die Versorgungslage mit AMNOG-Präparaten, die in den Jahren 2011-2015 ausgeboten wurden und danach bis 2015 ganzjährig verfügbar waren, mindestens in einer Subgruppe einen Zusatznutzen attestiert bekamen und keine medikamentöse Alternative hatten. In ihr sind die Ergebnisse der jüngsten Analyse des IGES-Instituts zum erwarteten und tatsächlichen Verbrauch von Wirkstoffen mit abgeschlossener FNB zusammengefasst (*AM-Atlas* 2016, S. 104 ff.). Dargestellt ist der von uns sogenannte „Verordnungsgrad" (VO-Grad) als prozentualer Anteil des tatsächlichen Verbrauchs eines Wirkstoffs an dem vom G-BA maximal erwarteten Verbrauch der Zielpopulation in DDD (Defined Daily Dose) für insgesamt 20 Wirkstoffe. Die „Verordnungslücke" ergibt sich dann als Differenz zwi-

---

242). Hierin sehen die Autoren zwar eine gewisse Bestätigung unserer Hypothese von negativen Verordnungseffekten der AMNOG-Regulierung (*AMNOG-Report* 2016, S. 2014 f.; 2017, S. 240), können aber mit diesem auf reinen Ist-Werten basierenden Ansatz nichts zu Umfang und Entwicklung der Unterversorgung mit AMNOG-Präparaten beitragen. Schließlich hat ein Autorenteam des IGES (*de Millas et al.* 2017) eine vergleichende Studie zur Marktdurchdringung innerhalb der ersten 2 (!) Jahre nach dem Launch von insgesamt 105 AMI, die vor (2005-2010) oder nach dem AMNOG (2011-2013) in Deutschland eingeführt wurden, vorgelegt. Als Diffusionsmaß dient wie im vorliegenden Gutachten der Verordnungsgrad als Anteil des tatsächlichen Verbrauchs in der GKV am epidemiologischen Marktpotenzial in DDD. Über alle Produkte hinweg war der VO-Grad post AMNOG zwar höher als in der Vorperiode, aber statistisch nicht signifikant, was an der problematischen Generierung der Zielpopulationen von Ante-AMNOG-Präparaten liegen könnte. Folglich gäben die Ergebnisse „*... weder einen Hinweis darauf, dass die frühe Nutzenbewertung die Anwendung neuer Arzneimittel fördert, noch dass sie diese behindert*" (*de Millas et al.* 2017, S. 150). Das ist formal zwar richtig, aber gemessen an der mit dem AMNOG verfolgten Absicht, die Diffusion zu beschleunigen und damit die Unterversorgung mit therapeutisch fortschrittlichen Medikamenten zu verringern, als Misserfolg der Pharmawende zu werten. Zur Frage nach dem Ausmaß und der längerfristigen Entwicklung der Unterversorgung gibt auch diese Studie keine Antwort.

94 Siehe *AM-Atlas* 2013, S. 400 ff.; 2014, S. 398 ff.; Cassel/Ulrich 2015,1, S. 94 ff.; 2015,2, S. 9 ff. Diese Analysen stehen unter mancherlei methodischen Vorbehalten, so dass ihre statistischen Ergebnisse nur im Kontext mit den Kommentierungen zu sehen sind.

2. Problembereiche des AMNOG: Mythen und Fakten

schen maximaler Versorgung (100 %) und dem jeweils in Prozent ausgewiesenen VO-Grad.

Abbildung 2-17:   Verordnungsgrad von neuen Wirkstoffen mit Zusatznutzen, 2012-2015

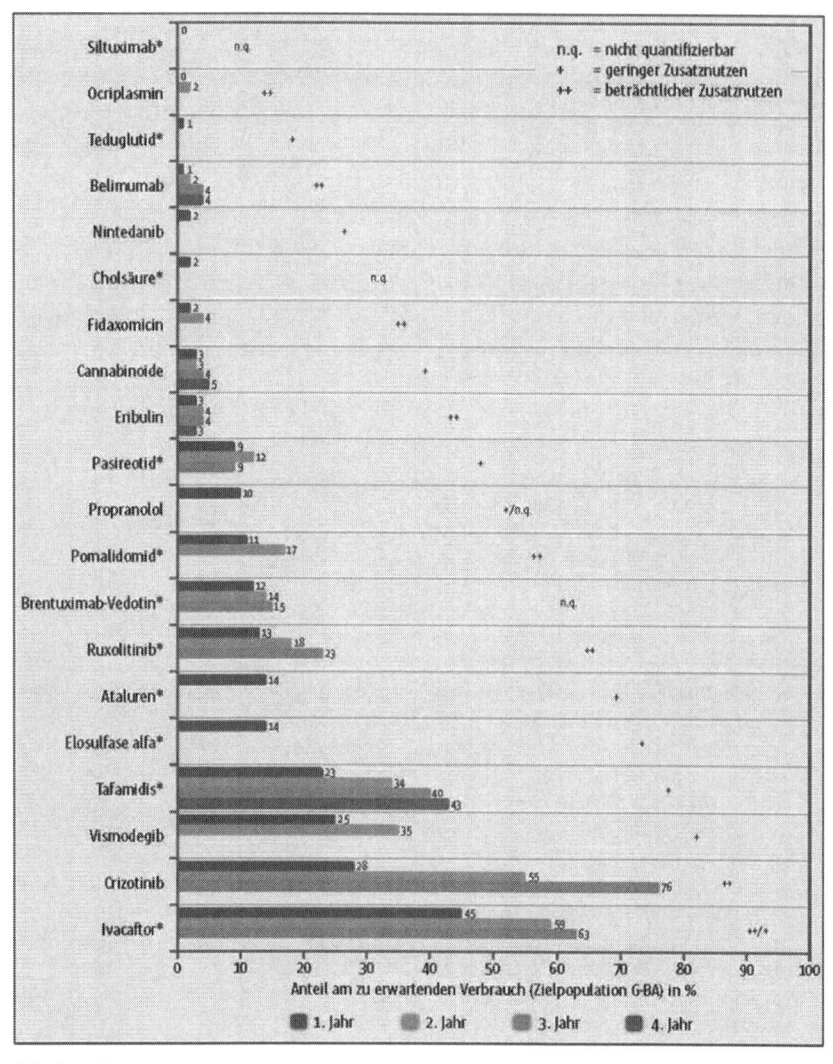

*Orphan Drugs.
Quelle: *AM-Atlas* 2016, S. 110.

Auf den ersten Blick sind die Ergebnisse nicht einfach zu deuten. Dies ist zum Teil der mangelnden Differenzierung der 20 Wirkstoffe nach Status, Indikationsgebiet und Verfügbarkeitsdauer geschuldet. So sind über die Hälfte der Wirkstoffe (11 von 20) Orphan Drugs und knapp die Hälfte onkologische Präparate (9 von 20, wovon vier bereits bei den Orphan Drugs mitgezählte sind). Diese Medikamente weisen mit Blick auf den Nachweis von VO-Graden nach Zulassung, Anwendung, Population und Marktumfeld schwer abschätzbare Besonderheiten auf. Außerdem sind 7 Wirkstoffe in 2015 erst ein volles Kalenderjahr verfügbar, so dass sie für die am VO-Grad gemessene Marktdurchdringung bzw. Diffusion nur eingeschränkten Aussagewert haben. Dennoch legen die Berechnungen generell einige interessante Schlussfolgerungen nahe:

- Erstens ist kein Zusammenhang zwischen der Höhe des VO-Grades und der Quantifizierung des Zusatznutzens (n. q. = nicht quantifizierbar; + = gering; ++ = beträchtlich) erkennbar – weder bei der Gesamtheit der Wirkstoffe im ersten Jahr der Verfügbarkeit noch bei den 13 Substanzen, die schon mehrere Jahre verfügbar sind.
- Zweitens kommen im ersten Jahr der Verfügbarkeit 9 Wirkstoffe nicht über einen VO-Grad von 3 % hinaus, darunter mit *Ocriplasmin, Belimumab, Fidaxomicin* und *Eribulin* vier Substanzen mit beträchtlichem ZN. Zwei weitere (onkologische) Wirkstoffe mit beträchtlichem ZN (*Pomalidomid* und *Ruxolitinib*) erreichen einen VO-Grad von 11 % bzw. 13 %.
- Drittens nimmt die Marktdurchdringung – mit Ausnahme von *Eribulin* und *Pasireotid* – mit der Dauer der Verfügbarkeit weiter zu, wenn auch eher in kleinen Schritten. Lediglich in zwei Fällen mit beträchtlichem ZN – *Crizotinib* (Xalkori®), einem Mittel gegen Bronchialkarzinom, und *Ivacaftor* (Kalydeco®), einem Orphan Drug gegen zystische Fibrose – erreicht der VO-Grad im dritten Jahr der Verfügbarkeit mit 76 % bzw. 63 % einen deutlich größeren Wert.

Rein zahlenmäßig betrachtet, würden diese hochwirksamen Medikamente aber immer noch 24 % bzw. 37 % der Patienten in der Zielpopulation vorenthalten. Bei den übrigen drei Wirkstoffen mit beträchtlichem ZN läge die rechnerische Verordnungslücke nach drei bzw. vier Jahren sogar bei 77 % (*Ruxolitinib*), 96 % (*Belimumab*) und 97 % (*Eribulin*).

Dem hält der *AM-Atlas* (2016, S. 109 ff.) allerdings zu recht entgegen, dass es einerseits eine Reihe triftiger Gründe für geringe tatsächliche Verordnungsmengen gäbe und andererseits der G-BA aufgrund seiner Berechnungsmethoden einen zu hohen Bedarf annähme, so dass der faktische

VO-Grad systematisch zu niedrig ausgewiesen würde. Doch selbst bei Korrektur dieser Annahmen ergäbe sich, *„dass vielfach Innovationen mit Zusatznutzen die Patienten kaum erreichen"*; und weiter: *„Dass diese Aussage anhand einer Auswahl von Arzneimitteln getroffen wurde, für die es entweder keine medikamentösen therapeutischen Alternativen gibt bzw. gegenüber diesen Alternativen ein Zusatznutzen belegt wurde, ist umso bedenklicher"* (*AM-Atlas* 2016, S. 111).

Verordnungslücken als theoretisches und normatives Paradigma
Dieses Fazit ist zwar ein ernstzunehmender Hinweis darauf, dass das AMNOG über die Verfügbarkeitslücken hinaus noch weitere negative Auswirkungen auf die GKV-Versorgung der Patienten mit fortschrittlichen Arzneimitteltherapien hat, ist aber für einen belastbaren empirischen Nachweis nicht hinreichend. Dazu bedarf es eines theoretisch fundierten Denkmusters (Paradigma) zur Erfassung und Erklärung des Diffusionsprozesses, der einsetzt, sobald ein neues patentgeschütztes Arzneimittel die Nutzenbewertung und Preisfindung erfolgreich durchlaufen hat und weiterhin verfügbar bleibt. Das von uns verwendete Paradigma kombiniert bekannte ökonomische Erkenntnisse aus der evolutorischen Markttheorie mit normativen versorgungspolitischen Postulaten, die sich aus den Grundprinzipien der GKV ableiten lassen. Dieser Denkansatz wird zunächst in zwei Schritten anhand der nachfolgenden Abbildungen 2-18 und 2-19 dargestellt.

Seit dem Aufkommen der in der Denktradition von *Joseph Schumpeter* stehenden evolutorischen Markttheorie ist es üblich geworden, die von bedeutsamen Produktinnovationen angestoßene Entwicklung von Märkten in Phasen einzuteilen.[95] Diesem Paradigma folgend, wird in Abbildung 2-18 der hypothetische zeitliche Entwicklungspfad des Marktes mit der am VO-Grad gemessenen Diffusion einer Arzneimittel-Innovation mit beträchtlichem oder erheblichem Zusatznutzen schematisch dargestellt: Er verläuft zunächst in Form einer S-Kurve und geht in Höhe der 100 %-Marke (Punkt D) in eine Parallele zur Abszisse über. Alle Punkte auf die-

---

95 Auf *Heuss* (1965, S. 14 ff.) geht die Einteilung in Experimentierungs-, Expansions-, Ausreifungs- sowie Stagnations- und Rückbildungsphase sowie ihre theoretische Begründung zurück. Die sich in diesen Phasen vollziehende Positionierung des Produkts im markt- und wettbewerblichen Interaktionsprozess wird als Marktdurchdringung, Marktpenetration oder auch Marktdiffusion bezeichnet.

2.6 Verordnungslücken bei Innovationen mit hohem Zusatznutzen

ser Kurve markieren VO-Grade, die annahmegemäß unter den jeweils gegebenen Umständen maximal erreichbar sind: Bei 100 % ist das Medikament zum „Therapiestandard" geworden, und es werden alle Patienten der Zielpopulation damit versorgt.

Vom Launch beginnend, nimmt der VO-Grad aber in der „Einführungsphase" erst moderat und dann in der „Erprobungsphase" progressiv zu.[96] Er bleibt jedoch deutlich unter der 100 %-Marke, was sich auf Informations- und Erfahrungsdefizite der Ärzteschaft, Schwierigkeiten bei der Therapieumstellung, regulatorische Hemmnisse und anderes mehr zurückführen lässt.[97] Im Idealfall wird die Diffusion durch Therapieerfolge

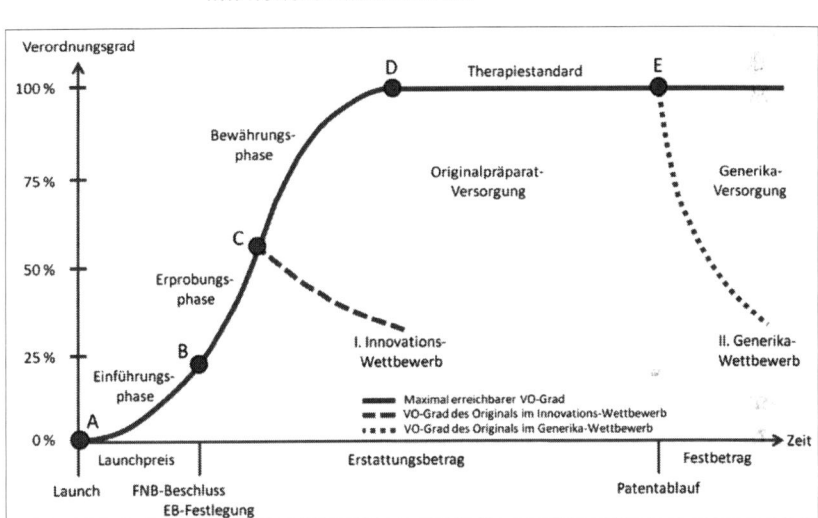

Abbildung 2-18: Marktphasen einer Arzneimittel-Innovation mit hohem Zusatznutzen*

*Schematische Darstellung der maximalen Marktdurchdringung (Diffusion) eines neuen Arzneimittels mit beträchtlichem oder erheblichem Zusatznutzen, gemessen am Verordnungsgrad (VO-Grad).

Quelle: Eigene Darstellung.

---

96 Die Benennung der Phasen wird von uns in Anlehnung an das *Heuss'*sche Marktphasenschema gewählt und soll den Produktbesonderheiten von Arzneimitteln im Diffusionsprozess Rechnung tragen.
97 Eingehender dazu siehe *AMNOG-Report* 2016, S. 213 ff. Einem Interview von *Greiner* zufolge werden AMI ein Jahr nach dem Launch durchschnittlich erst von 12 % der infrage kommenden Ärzte verordnet (*Storm/Greiner* 2017, S. 6.).

2. Problembereiche des AMNOG: Mythen und Fakten

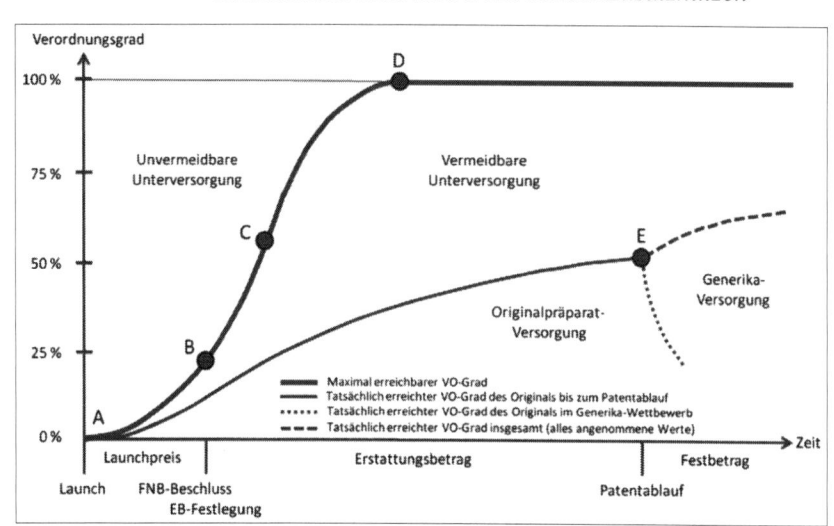

Abbildung 2-19: Unterversorgung bei der Marktdurchdringung einer Arzneimittel-Innovation mit hohem Zusatznutzen*

*Schematische Darstellung von Formen der Unterversorgung bei der Marktdurchdringung (Diffusion) eines neuen Arzneimittels mit beträchtlichem oder erheblichem Zusatznutzen, gemessen an der Differenz von maximalem und tatsächlichem Verordnungsgrad (VO-Grad).

Quelle: Eigene Darstellung.

in der Alltagspraxis, positive Ergebnisse der Marktüberwachung (Post-Marketing Surveillance) und neue Anwendungsgebiete (nAWG) des Wirkstoffs getrieben. Diese Entwicklung kann jedoch jederzeit abbrechen und einen nach unten gerichteten Verlauf nehmen (Punkt C), falls im Zuge des therapeutischen Wettbewerbs innovative Therapiealternativen auf den Markt kommen und die ursprüngliche, nun aber therapeutisch unterlegene AMI mehr oder weniger rasch verdrängen. Dagegen kann sich der Gesamtmarkt auch nach Auslaufen des Patentschutzes auf dem erreichten Diffusionsniveau halten (Punkt E): In diesem Fall setzt allerdings meist der Generikawettbewerb durch Imitation des ungeschützten Wirkstoffs ein, so dass dessen VO-Grad zurückgeht und die Generika-Versorgung zunehmend an die Stelle der Originalpräparat-Versorgung tritt.

Normative Aspekte kommen in diesem Denkansatz in zweifacher Weise zum Tragen: Zum einen in der Wahl des Maßstabs der Marktdurchdringung bzw. Diffusion, zum anderen in der Fokussierung auf neue Produkte mit hohem Zusatznutzen:

2.6 Verordnungslücken bei Innovationen mit hohem Zusatznutzen

- Erstens messen wir die Marktdurchdringung nicht an der tatsächlichen (absoluten) VO-Menge, sondern an ihrem prozentualen Anteil an dem nach medizinisch-therapeutischen Kriterien geschätzten maximalen (prospektiven) Verbrauch eines Wirkstoffs zur Behandlung aller Patienten in einer Zielpopulation. Denn wir wollen ja mit dem Konzept der „Versorgungslücke" erfassen, ob und inwieweit alle Patienten, die aus der AMI einen zusätzlichen Nutzen ziehen könnten, auch wirklich damit therapiert werden – und zu welchem Anteil nicht.
- Zweitens beschränken wir uns auf die Analyse neuer Produkte mit beträchtlichem und erheblichem ZN. Denn ihre Bewertung ist meist unbestritten, so dass ihnen anerkanntermaßen aufgrund ihres neuartigen Therapieansatzes und der hohen Wirksamkeit im Vergleich zu bewährten Bestands- bzw. Vergleichspräparaten der Status eines therapeutischen „Solisten" oder gar – wie im Falle der neuen Hepatis-C-Wirkstoffe – einer „Break-Through-Therapie" zukommt. Im Gegensatz etwa zu Präparaten mit geringem ZN – noch dazu, wenn er wenig wahrscheinlich ist – sind solche Medikamente therapeutisch nicht oder nur mit Einschränkungen substituierbar, so dass „Versorgungslücken", die ja negativ konnotiert sind, methodisch verlässlicher identifiziert und reformpolitisch leichter thematisiert werden können.

Diese erkenntnisleitenden Entscheidungen zur Wertbasis unserer Analyse sind aus dem Leistungsversprechen der GKV als Solidargemeinschaft (§ 1 SGB V) in Verbindung mit dem Wirtschaftlichkeitsgebot (§ 12 (1) SGB V) ableitbar. Danach stehen jedem GKV-Versicherten im Bedarfsfall die zur Herstellung seiner Gesundheit erforderlichen Leistungen zu, sofern sie ausreichend, zweckmäßig und wirtschaftlich sind. Von daher besteht ein besonderes privates und öffentliches Interesse an der Frage, ob dieser Leistungsanspruch auch im Falle der GKV-Versorgung mit fortschrittlichen Arzneimitteltherapien in vollem Umfang eingelöst wird oder ob es trotz oder wegen der AMNOG-Regulierung zu einer merklichen, ethisch nicht vertretbaren „Unterversorgung" während des Diffusionsprozesses kommt.[98] Umso wichtiger ist es, einen analytischen Ansatz zu verfolgen, der belastbare empirische Ergebnisse zu erbringen verspricht.

---

98 Zur Beantwortung dieser Frage dient uns die in Abbildung 2-18 dargestellte S-Kurve als normativer Referenzrahmen zur Bemessung und Bewertung der faktischen Abweichungen davon. Immerhin hat der Gesetzgeber mit dem AMNOG auch die Erwartung verbunden, dass sich therapeutisch fortschrittliche Innovatio-

2. Problembereiche des AMNOG: Mythen und Fakten

Unvermeidbare und vermeidbare Unterversorgung

Auf dem Marktphasenschema aufbauend, veranschaulicht Abbildung 2-19 die hypothetischen Implikationen dieser normativen Basis. Da es sich annahmegemäß um eine AMI mit hohem therapeutischen ZN handelt, sollte der maximal erreichbare VO-Grad in der Einführungsphase nach Abschluss der FNB, spätestens aber nach Festlegung des EB (Punkt B), rasch ansteigen und im Idealfall nach wenigen Jahren die 100 %-Marke erreichen (Punkt D), um die Zielpopulation möglichst schnell und im vollen Umfang mit dem neuen Präparat zu therapieren. Aus den bereits genannten Gründen kann der VO-Grad jedoch nicht unmittelbar auf das „Vollversorgungs-Niveau" von 100 % steigen, so dass in Höhe der Differenz dazu eine Versorgungslücke entsteht, die zumindest kurzfristig als „unvermeidbare" Unterversorgung hinzunehmen ist und ethisch mit objektiven Sachzwängen gerechtfertigt werden kann.[99]

Aller Erfahrung nach erreichen AMI selbst mit hohem Zusatznutzen nur selten den maximalen VO-Grad. Vielmehr bleibt der tatsächliche VO-Grad bis zum Auslaufen des Patents (Punkt E) mehr oder weniger deutlich darunter, was mit der unteren Kurve in Abbildung 2-19 schematisch dargestellt ist. Sobald der Wirkstoff des Originals nicht mehr geschützt ist (Punkt E), setzt üblicherweise der Generika-Wettbewerb ein. Er wird von den Anbietern der Nachahmer-Produkte primär mit dem Mittel der Preisunterbietung geführt. Dies ist möglich, weil Generika-Hersteller kostenlos auf die Zulassungsunterlagen des Innovators Bezug nehmen können, keine Kosten des Scheiterns im Innovationsprozess zu tragen haben und nichts zur Deckung der beträchtlichen F&E-Kosten beitragen müssen. Sofern der Innovator seinen Preis nicht oder nicht genügend senkt, verliert er rasch Marktanteile, so dass der VO-Grad seines Produkts rapide sinkt und er den Markt meist verloren gibt.

---

nen rascher am Markt durchsetzen (*Schlette/Hess* 2013, S. 2) und so die mit der Marktdurchdringung verbundene Unterversorgung minimieren.

99 „Unvermeidlich" soll jedoch nicht heißen, dass die Unterversorgung nach Ausmaß und Dauer nicht beeinflussbar wäre. So könnte längerfristig ein verbessertes Arztinformationssystem (AIS) oder die Beschleunigung des AMNOG-Prozesses zu ihrer Verringerung – d. h. graphisch gesehen zu einem steileren Verlauf der S-Kurve – beitragen. Dies wäre nicht nur ethisch geboten, sondern auch wirtschaftlich für alle vorteilhaft, weil dann der Absatz des Produktes höher, mehr Patienten versorgt und der Preis niedriger als im Status quo sein könnte.

Dagegen ist häufiger zu beobachten, dass der tatsächliche VO-Grad im Generika-Wettbewerb über den Punkt E hinaus noch weiter steigt. Der Grund dafür sind niedrige Generika-Preise auf dem Niveau der Produktions- und Vertriebsgrenzkosten, die der Preiswettbewerb der Generika-Anbieter erzwingt. Angesichts des Preisverfalls entfällt nun für manchen niedergelassenen Arzt die moralische Schranke, die ihn bis dahin vom Verordnen hochpreisiger Originale abgehalten hat – von der Regressfurcht bei Wirtschaftlichkeitsprüfungen ganz abgesehen.[100] Schließlich entfällt auch der Grund für den Widerstand der Krankenkassen gegen die Verordnung von hochpreisigen Innovationen, sind sie doch aus Kostengründen kaum an einer umfassenden Substitution von Bestandspräparaten mit niedrigen Preisen durch bessere, aber wesentlich teurere Produkte interessiert. Dies ändert sich jedoch, sobald der Wirkstoff im Generika-Wettbewerb zu deutlich niedrigen Preisen erhältlich ist. Ein solcher Anstieg des VO-Grades ist jedoch bislang empirisch nicht nachweisbar, weil noch keines der AMNOG-Präparate bis dato ungeschützt ist.

Was zunächst bleibt, sind jährlich wiederkehrende, im günstigsten Fall sinkende Verordnungslücken. Über die Jahre hinweg kumuliert, ergeben sie eine „vermeidbare" Unterversorgung der Zielpopulation im Ausmaß der Fläche zwischen den beiden Kurven in Abbildung 2-19. Im Gegensatz zur unvermeidbaren Unterversorgung oberhalb des Kurvenverlaufs von A nach D bezeichnen wir diese Unterversorgung als vermeidbar, weil sie auf eine Vielzahl individuell und kollektiv gestaltbarer Ursachen zurückgeht – darunter nachfrage- und angebotsseitige Verhaltensweisen der Akteure, produkt- und marktspezifische Gegebenheiten, die Intensität des Innovations-Wettbewerbs und nicht zuletzt auch versorgungs-, industrie-, und politikbezogenen Determinanten.[101] Hinzu kommen neuerdings auch noch die regulierungsbedingten Einflussfaktoren des AMNOG – wie Bewertungs-, Preisfindungs- und Informationsdefekte sowie das verbreitete Un-

---

[100] Erfahrungsgemäß ist die arzneimitteltherapeutische Innovationsbereitschaft in der stationären Versorgung auch und gerade bei hochpreisigen AMI nicht zuletzt wegen der weitgehenden Therapiefreiheit und fehlenden Wirtschaftlichkeitsprüfung der Verordnungen im Krankenhaus deutlich höher.

[101] Siehe dazu eingehender *Schöffski* 2002; *Gothe et al.* 2010; *Kleinfeld/Luley* 2014; *Souladaki* 2015; *de Millas et al.* 2017. Bemerkenswerterweise unterscheidet sich in Deutschland der VO-Grad von AMI nicht nur regional, sondern auch zwischen GKV und PKV. Siehe zu letzterem *Wild* 2016, S. 38 ff; *Jacke/Wild* 2017, S. 36 ff.

terlaufen der Mischpreise durch die Kassen.[102] Gelänge es, diese Ursachen auch nur halbwegs zu beseitigen, würde das paradigmatisch bedeuten, dass sich die Kurve mit den tatsächlichen VO-Graden nach oben verschöbe und die verbleibende Fläche darüber immer kleiner würde: Die vermeidbare Unterversorgung könnte also im Interesse der Patienten weitgehend vermieden werden.

Datenbasis und Methodik
Sechs Jahre AMNOG-Erfahrung – davon das erste Jahr noch ohne verwertbare Ergebnisse – sind allerdings noch nicht genug, um in jeder Hinsicht valide empirische Evidenz dafür zu finden, ob und inwieweit das AMNOG systematisch zu Verordnungslücken und mithin zu vermeidbarer Unterversorgung führt. Wie sich zeigen wird, gilt dies selbst für solche Arzneimittel-Innovationen, die als Solisten oder Break-Through-Therapien gelten. Gründe dafür gibt es mehr als genug: Generell sind die Interdependenzen zwischen den Kausalfaktoren höchst komplex, die Anwendungsbereiche der Wirkstoffe vielfach nicht überschneidungsfrei, die Kategorisierung des Zusatznutzens zu unbestimmt und Angaben zu Zielpopulationen nicht hinreichend valide bzw. unrealistisch. Als besonders hinderlich erweist sich jedoch, dass uns keine subgruppenspezifischen GKV-Verordnungsdaten zur Verfügung stehen, so dass wir bei manchen Schlussfolgerungen methodisch gesehen auf „Surrogatparameter" angewiesen sind. Dies alles macht ökonometrische Analysen nahezu unmöglich und Ergebnisinterpretationen der deskriptiven Statistik recht schwierig.[103] Dennoch erweist sich der hier verfolgte Ansatz als zielführend, lassen sich doch unter den gemachten Vorbehalten durchaus „evidenzbasierte" Ergebnisse erzielen. Das methodische Vorgehen erläutern wir nachfolgend in Box 2-4, während die Datenbasis zur Berechnung der VO-Grade in der nachfolgenden Tabelle 2-8.I-IV und die Berechnungsergebnisse in Tabelle 2-9.I-III zusammengefasst sind.

---

102 Siehe *Cassel/Ulrich* 2015,2, S. 11 ff., sowie Abschnitt 2.3.
103 Hierauf verweisen auch die bereits genannten Studien zum Wirkstoffverbrauch bzw. zur Marktdurchdringung im *AM-Atlas* 2015, S. 95 ff.; 2016, S. 104 ff.; sowie im *AMNOG-Report* 2016, S. 214 ff.; 2017, S. 239 f. Speziell zur Bestimmung der Patientenpopulationen siehe *Thoren et al.* 2017.

2.6 Verordnungslücken bei Innovationen mit hohem Zusatznutzen

Box 2-4: Methodik, Definitionen und Abkürzungen zu den Tabellen 2-8.I-IV und 2-9.I-III

(1) Die Tabellen 2-8 und 2-9 gehören inhaltlich zusammen: Sie enthalten die epidemiologischen Marktpotenziale (2-8.I-IV) und ihre am Verordnungsgrad (VO-Grad) gemessene Ausschöpfung (2-9.I-III) für insgesamt 19 von 52 Arzneimitteln (36,5 %), die bis zum 31.12.2016 in der Frühen Nutzenbewertung (FNB) des G-BA für die gesamte Indikation oder zumindest für eine (Patienten-)Subgruppe einen beträchtlichen oder erheblichen Zusatznutzen (ZN) attestiert bekamen.

(2) Ausgeschlossen haben wir Onkologika (mit Ausnahme von Yervoy®, Zelboraf® und Zytiga®), Orphan Drugs (mit Ausnahme von Kalydeco®) und Arzneimittel bzw. Produkte, die erst weniger als ein Kalenderjahr oder nicht mehr auf dem deutschen Markt verfügbar sind. Onkologika und Orphans haben wir aufgrund der therapeutischen Besonderheiten und Statusüberschreidungen ausgeschlossen. Die genannten vier Produkte sind davon ausgenommen, weil sie zu den wenigen seit 2012 bzw. 2013 ganzjährig verfügbaren Präparaten gehören. Von den 19 analysierten Produkten hat nur Hemangiol® einen erheblichen ZN, alle anderen haben einen beträchtlichen.

(3) Das epidemiologische Marktpotenzial wird im Bewertungsbeschluss des G-BA für die Indikation oder die bei der Stratifizierung gebildeten Subgruppen eines Arzneimittels festgelegt. Angegeben werden in den jeweiligen Nutzenkategorien zum einen die potenzielle (maximale) Patientenzahl bzw. Zielpopulation (ZP), zum anderen die potenzielle Verordnungsmenge (VO-Menge) in DDD (Defined Daily Dose). Bei stratifizierten Arzneimitteln haben wir die Subgruppen mit gleicher ZN-Bewertung zusammengefasst und deren aufsummierte Patientenzahlen ausgewiesen (Tabelle 2-8, Spalten (5) und (6)).

(4) Die potenziellen VO-Mengen ergeben sich rechnerisch als Produkt aus der Zielpopulation, den durchschnittlichen Behandlungstagen pro Jahr und der Menge pro Behandlungstag in DDD wie sie vom G-BA festgelegt sind. Sie werden benötigt, um den Verordnungsgrad (VO-Grad) berechnen zu können, der als prozentualer Anteil der tatsächlichen VO-Menge eines Kalenderjahres an der vom G-BA festgelegten potenziellen VO-Menge definiert ist. Alle Angaben dazu beziehen sich auf die GKV.

(5) Da die tatsächlichen VO-Mengen nicht subgruppenspezifisch, sondern nur für die Verordnungen des Produkts insgesamt verfügbar sind, haben wir bei stratifizierten Medikamenten die VO-Grade jeweils zweifach berechnet, um daraus Schlüsse für die Marktdurchdringung ziehen zu können: a) bezogen auf die potenzielle VO-Menge in den Subgruppen mit beträchtlichem oder erheblichem ZN und b) bezogen auf die potenzielle VO-Menge aller Subgruppen (Tabelle 2-9, Spalten (3) und (9)-(13)).

(6) Vier Medikamente (Brilique®, Cosentyx®, Yervoy® und Zytiga®) wurden nach der Erstbewertung zusätzlich für ein neues Anwendungsgebiet (nAWG) zugelassen, ein weiteres (Kalydeco®) für zwei (in Spalte (4) von Abbildung 2-8 jeweils mit d) bzw. d1) und d2) bezeichnet). Die dafür vom G-BA festgelegten potenziellen Patientenzahlen und VO-Mengen werden den bis dahin geltenden Werten im Jahr der FNB zugerechnet, wenn diese bis Mitte des Jahres abgeschlossen wurde, anderenfalls erst im darauffolgenden Jahr. Dementsprechend werden auch die VO-Grade berechnet. Unstimmigkeiten der Berechnungen nach Werten aus den Spalten (7) in Tabelle 2-8 und (3) in Tabelle 2-9 resultieren aus Rundungen.

(7) Mischpreise sind Erstattungsbeträge, die bei stratifizierten Präparaten gemittelt über alle Subgruppen mit unterschiedlichem ZN berechnet werden. Sie sind als Besonderheiten in Tabelle 2-8, Spalte (8), angeführt, weil sie ursächlich für geringe VO-Grade und damit für eine vermeidbare Unterversorgung mit dem betreffenden Arzneimittel sein können.

(8) Die in Tabelle 2-8, Spalte (3), angegebenen Apothekenverkaufspreise (AVP) sind Bruttopreise pro abgegebener Packung für die jeweils gängigste Packungsgröße vor Abzug der gesetzlichen Apothekenrabatte (6,00 € und 3 % des AVP). Ausgewiesen wird unter a) der aktuelle AVP mit Stand vom 31.05.2017 und dem Datum seit seiner Gültigkeit und unter b) der AVP zum Zeitpunkt der Markteinführung (Launch). Der daraus ersichtliche Rückgang des AVP seit dem Launch resultiert zum einen aus einmalig oder wiederholt vereinbarten oder durch die Schiedsstelle verfügten Absenkungen des Erstattungsbetrages (EB) auf der Herstellerebene wie auch aus weitergehenden Preissenkungen der pharmazeutischen Unternehmer (pU) im Zuge des therapeutischen Wettbewerbs mit gleichwertigen oder besseren Produkten.

Seit Beginn der FNB wurden bis Ende 2016 bei 52 AMNOG-Präparaten für die gesamte (Zulassungs-)Indikation oder zumindest für eine Subgruppe ein beträchtlicher oder erheblicher ZN attestiert. Davon konnten wir aufgrund der in Box 2-4, Tz (1)-(2) genannten Kriterien nur 19 Produkte in die Analyse einbeziehen, wobei Orphan Drugs und Onkologika bis auf wenige Ausnahmen ausgeschlossen wurden. Sie verteilen sich auf acht Indikationsgebiete, von denen wir die Infektionskrankheiten der besseren Übersichtlichkeit wegen noch in HIV-, Clostridium- und Hepatitis-C-Infektionen unterteilt haben, so dass sich insgesamt 10 Einzelgebiete ergeben (Abbildung 2-8.I-IV, Spalte (1). Dabei entfallen auf sechs Gebiete je 1 Produkt, auf zwei Gebiete 2, auf ein Gebiet (Onkologie) 3 und auf ein weiteres Gebiet (Hepatitis C) 6 Produkte. Wie aus dem jeweiligen a) Zu-

2. Problembereiche des AMNOG: Mythen und Fakten

Tabelle 2-8.I: Marktpotenzial von Arzneimitteln mit beträchtlichem und erheblichem Zusatznutzen, 2012-2016*

Indikations-gebiet (1)	Präparat / Wirkstoff / ATC-Code / Hersteller (2)	Apothekenverkaufspreis in Euro a) AVP aktuell b) AVP beim Launch gültig ab dem angegebenen Datum (3)	Datum von: a) Launch b) FNB-Beschluss c) EB-Festlegung d) nAWG Monat/Jahr (4)	Zusatznutzen-Kategorie nach Subgruppen (5)	Potenzielle Patientenzahl – Epidemiologisches Marktpotenzial nach Anzahl der Patienten = Zielpopulation (6)	Potenzielle Verordnungsmenge – Epidemiologisches Marktpotenzial in DDD nach a) Subgruppen mit beträchtlichem/erheblichem ZN b) allen Subgruppen (7)	Besonderheiten (8)
Augen-erkrankungen	Jetrea* / Ocriplasmin / S01XA22 / Novartis	a) 3.247,97 01.05.2014 b) 3.830,03 01.05.2013	a) 05/2013 b) 10/2013 c) 05/2014	beträchtlich / nicht belegt / alle Subgruppen	23.450 / 1.185 / 24.635	a) 23.450 / --- / b) 24.635	Mischpreis für alle Subgruppen mit und ohne ZN
Herz-Kreislauf-Erkrankungen	Brilique* / Ticagrelor / B01AC24 / AstraZeneca	a) 137,42 01.04.2014 b) 167,77 01.01.2011	a) 01/2011 b) 12/2011 c) 06/2013 d) 09/2016	beträchtlich / nicht belegt / alle Subgruppen bis 2016 / gering (nAWG) alle Subgruppen ab 2017	201.000 / 74.500 / 275.500 / 105.000 / 380.500	a) 73.365.000 / --- / b1) 100.557.500 / --- / b2) 138.882.500	Mischpreis für alle Subgruppen mit und ohne ZN
Krankheiten des Muskel-Skelett-Systems	Benlysta* / Belimumab / L04AA26 / GlaxoSmithKline	a) 559,69 01.04.2014 b) 641,04 15.08.2011	a) 08/2011 b) 08/2012 c) 06/2013	beträchtlich	7.000	a) 2.940.000	
	Cosentyx* / Secukinumab / L04AC10 / Novartis	a) 5.277,83 15.11.2016 b) 5.682,88 01.06.2015	a) 06/2015 b) 11/2015 c) 09/2016 d) 06/2016	beträchtlich / gering / nicht belegt / alle Subgruppen bis 2016 / alle Subgruppen ab 2017	10.650 / 53.900 / 78.550 / 143.300 / 91.000 / 234.300	a) 3.906.000 / --- / b1) 51.588.000 / --- / b2) 84.348.000	Mischpreis für alle Subgruppen mit und ohne ZN
Krankheiten des Atmungs-systems	Duaklir*Genuair*/ Brimica*Genuair* / Aclidiniumbromid/ Formoterol / R03AL05 / AstraZeneca	a) 204,43 01.02.2016 b) 214,66 01.03.2015	a) 02/2015 b) 07/2015 c) 01/2016	beträchtlich / gering / nicht belegt / alle Subgruppen	139.650 / 2.199.000 / 212.200 / 2.550.850	a) 50.972.250 / --- / b) 931.060.250	Mischpreis für alle Subgruppen mit und ohne ZN

*Stand: 31.12.2016; AVP: 31.05.2017. Methodik, Abkürzungen und Definitionen siehe Box 2-4.

Quelle: Eigene Darstellung und Berechnungen nach Daten von *IMS Health* und *LAUER-TAXE*.

2.6 Verordnungslücken bei Innovationen mit hohem Zusatznutzen

Tabelle 2-8.II: Marktpotenzial von Arzneimitteln mit beträchtlichem und erheblichem Zusatznutzen, 2012-2016*

Indikations-gebiet	Präparat Wirkstoff ATC-Code Hersteller	Apothekenverkaufspreis in Euro a) AVP aktuell b) AVP beim Launch gültig ab dem angegebenen Datum	Datum von: a) Launch b) FNB-Beschluss c) EB-Festlegung d) nAWG Monat/Jahr	Zusatznutzen-Kategorie nach Subgruppen	Potenzielle Patientenzahl Epidemiologisches Marktpotenzial nach Anzahl der Patienten = Zielpopulation	Potenzielle Verordnungsmenge Epidemiologisches Marktpotenzial in DDD nach a) Subgruppen mit beträchtlichem/ erheblichem ZN b) allen Subgruppen	Besonderheiten
(1)	(2)	(3)	(4)	(5)	(6)	(7)	(8)
Stoffwechsel-krankheiten	Kalydeco® Ivacaftor R07AX02 Vertex	a) 21.337,31 15.01.2017 b) 25.504,69 15.08.2012	a) 08/2012 b) 02/2013 c) nicht verfügbar d1) 02/2015 d2) 04/2016	beträchtlich gering alle Subgruppen bis 2014 gering (nAWG) alle Subgruppen ab 2015 gering (nAWG) alle Subgruppen ab 2016	143 27 170 11 181 44 15 240	a) 52.195 b1) 62.050 b2) 66.065 b3) 87.600	Mischpreis für alle Subgruppen mit ZN
Blut-schwämm-chen bei Säuglingen	Hemangiol® Propranolol C07AA05 Pierre Fabre	a) 251,21 15.07.2015 b) 289,13 01.09.2014	a) 09/2014 b) 02/2015 c) 07/2015	erheblich nicht quantifizierbar	1.452 2.904 4.356	a) 66.429 b) 199.287	Mischpreis für alle Subgruppen mit ZN
Onkologische Erkrankungen	Zytiga® Abirateronacetat L02BX03 Janssen Cilag	a) 4.102,13 03.04.2014 b) 5.450,40 01.10.2011	a) 10/2011 b) 03/2012 c) 06/2013 d) 07/2013	beträchtlich nicht belegt alle Subgruppen bis 2013 beträchtlich (nAWG) alle Subgruppen ab 2014	5.355 945 6.300 21.990 28.200	a1) 1.954.575¹ a2) 9.948.075² b1) 2.299.500 b2) 10.293.000	Mischpreis für alle Subgruppen mit und ohne ZN ¹gilt bis 2013 ²gilt ab 2014
	Yervoy® Ipilimumab L01XC11 Bristol-Myers Squibb	a) 3.957,73 01.01.2015 b) 5.266,55 01.08.2011	a) 08/2011 b) 08/2012 c) 06/2013 d) 06/2014	beträchtlich nicht belegt (nAWG) alle Subgruppen ab 2014	3.100 1.000 4.100	a) 310.000 b) 410.000	Mischpreis für alle Subgruppen mit und ohne ZN
	Zelboraf® Vemurafenib L01XE15 Roche Pharma	a) 1.492,33 15.12.2016 b) 2.888,69 15.03.2012	a) 03/2012 b) 09/2012 c) 06/2013	beträchtlich	1.400	a) 511.000¹	¹Neubewertung 03/2014 mit gleichem Ergebnis

*Stand: 31.12.2016; AVP: 31.05.2017. Methodik, Abkürzungen und Definitionen siehe Box 2-4.

Quelle: Eigene Darstellung und Berechnungen nach Daten von *IMS Health* und *LAUER-TAXE*.

2. Problembereiche des AMNOG: Mythen und Fakten

Tabelle 2-8.I-III: Marktpotenzial von Arzneimitteln mit beträchtlichem und erheblichem Zusatznutzen, 2012-2016*

Indikations-gebiet	Präparat Wirkstoff ATC-Code Hersteller	Apotheken-verkaufspreis in Euro a) AVP aktuell b) AVP beim Launch gültig ab dem angegebenen Datum	Datum von a) Launch b) FNB-Beschluss c) EB-Festlegung d) nAWG Monat/Jahr	Zusatznutzen-Kategorie nach Subgruppen	Potenzielle Patientenzahl Epidemiologisches Marktpotenzial nach Anzahl der Patienten = Zielpopulation	Potenzielle Verordnungsmenge Epidemiologisches Marktpotenzial in DDD nach a) Subgruppen mit beträchtlichem/ erheblichem ZN b) allen Subgruppen	Besonderheiten
(1)	(2)	(3)	(4)	(5)	(6)	(7)	(8)
Infektions-krankheiten I (HIV Infektion)	Tivicay® Dolutegravir J05AX12 ViiV Healthcare	a) 725,33 15.02.2015 b) 926,36 15.02.2014	a) 02/2014 b) 08/2014 c) 02/2015	beträchtlich gering nicht belegt alle Subgruppen	6.300 14.933 26.186 57.399	a) 3.449.250 --- b) 31.425.953	Mischpreis für alle Subgruppen mit und ohne ZN
	Triumeq® Dolutegravir/Aba-cavir/Lamivudin J05AR13 ViiV Healthcare	a) 3.532,18 01.04.2017 b) 4.837,55 01.10.2014	a) 10/2014 b) 03/2015 c) 10/2015	beträchtlich nicht belegt alle Subgruppen	4.900 49.500 54.400	a) 1.788.500 --- b) 19.856.365	Mischpreis für alle Subgruppen mit und ohne ZN
Infektions-krankheiten II (Clostridium-Infektion)	Dificlir® Fidaxomicin A07AA12 Astellas Pharma	a) 1.841,48 15.01.2016 b) 2.190,04 15.01.2013	a) 01/2013 b) 07/2013 c) 12/2013	beträchtlich nicht belegt alle Subgruppen	13.500 19.600 33.300	a) 135.000 --- b) 333.000	Mischpreis für alle Subgruppen mit und ohne ZN

*Stand: 31.12.2016; AVP: 31.05.2017. Methodik, Abkürzungen und Definitionen siehe Box 2-4.

Quelle: Eigene Darstellung und Berechnungen nach Daten von *IMS Health* und *LAUER-TAXE*.

2.6 Verordnungslücken bei Innovationen mit hohem Zusatznutzen

Tabelle 2-8.I-IV: Marktpotenzial von Arzneimitteln mit beträchtlichem und erheblichem Zusatznutzen, 2012-2016*

Indikations-gebiet (1)	Präparat Wirkstoff ATC-Code Hersteller (2)	Apotheken-verkaufspreis in Euro a) AVP aktuell b) AVP beim Launch gültig ab dem angegebenen Datum (3)	Datum von a) Launch b) FNB-Beschluss c) EB-Festlegung d) nAWG Monat/Jahr (4)	Zusatznutzen-Kategorie nach Subgruppen (5)	Potenzielle Patientenzahl Epidemiologisches Marktpotenzial nach Anzahl der Patienten = Zielpopulation (6)	Potenzielle Verordnungsmenge Epidemiologisches Marktpotenzial in DDD nach a) Subgruppen mit beträchtlichem/erheblichem ZN b) allen Subgruppen (7)	Besonderheiten (8)
Infektions-krankheiten III (Chronische Hepatitis C)	Sovaldi® Sofosbuvir J05AX15 Gilead Sciences	a) 16.808,56 01.02.2016 b) 19.999,46 15.02.2014	a) 02/2014 b) 07/2014 c) 02/2015	beträchtlich gering nicht belegt alle Subgruppen	4.600 35.350 59.950 99.900	a) 579.600 --- --- b) 12.587.400	Mischpreis für alle Subgruppen mit und ohne ZN
	Harvoni® Ledipasvir/Sofosbuvir J05AX65 Gilead Sciences	a) 17.666,23 01.05.2017 b) 22.260,80 15.12.2014	a) 12/2014 b) 05/2015 c) 09/2015	beträchtlich nicht quantifizierbar gering nicht belegt alle Subgruppen	58.800 11.700 100 3.500 74.100	a) 6.585.600 --- --- --- b) 8.817.900	Mischpreis für alle Subgruppen mit und ohne ZN
	Daklinza® Daclatasvir J05AX14 Bristol-Myers Squibb	a) 8.964,08 15.12.2015 b) 13.325,25 15.09.2014	a) 05/2014 b) 02/2015 c) 12/2015	beträchtlich gering nicht belegt alle Subgruppen	1.000 14.700 54.800 70.500	a) 168.000 --- --- b) 8.742.000	Mischpreis für alle Subgruppen mit und ohne ZN
	Olysio® Simeprevir J05AE14 Janssen Cilag	a) 9.359,53 15.01.2015 b) 16.245,96 15.06.2014	a) 06/2014 b) 11/2014 c) 01/2015	beträchtlich gering nicht belegt alle Subgruppen	58.800 3.000 3.000 64.800	a) 4.939.200 --- --- b) 5.443.200	Mischpreis für alle Subgruppen mit und ohne ZN
	Exviera® Dasabuvir J05AX16 AbbVie	a) 1.554,04 01.03.2017 b) 1.655,00 15.02.2015	a) 02/2015 b) 07/2015 c) 02/2016	beträchtlich gering alle Subgruppen	36.450 25.250 61.700	a) 3.061.800 --- b) 6.293.400	Mischpreis für alle Subgruppen mit ZN
	Viekirax® Ombitasvir/Paritaprevir/Ritonavir J05AX67 AbbVie	a) 15.924,68 01.01.2017 b) 16.995,00 15.02.2015	a) 02/2015 b) 07/2015 c) 02/2016	beträchtlich gering nicht belegt alle Subgruppen	36.450 26.850 1.500 64.800	a) 3.061.800 --- --- b) 6.609.600	Mischpreis für alle Subgruppen mit und ohne ZN

*Stand: 31.12.2016; AVP: 31.05.2017. Methodik, Abkürzungen und Definitionen siehe Box 2-4.

Quelle: Eigene Darstellung und Berechnungen nach Daten von *IMS Health* und *LAUER-TAXE*.

lassungs- und b) Bewertungsdatum in Spalte (4) hervorgeht, sind nur fünf der 19 Präparate seit 2012 bewertet und seitdem ganzjährig verfügbar, so dass VO-Grade für eine fünfjährige Zeitreihe berechnet werden können. Dagegen sind 11 Produkte erst ein bis zwei Jahre ganzjährig auf dem Markt, darunter alle sechs Hepatitis-C-Präparate, was einen längeren intertemporären Vergleich ausschließt.

Aus Spalte (5) wird ersichtlich, wie die 19 Produkte vom G-BA in der FNB kategorisiert wurden. Darunter sind nur zwei Präparate nicht stratifiziert (Benlysta® und Zelboraf®), so dass ihnen ein beträchtlicher ZN für die gesamte Indikation des Wirkstoffs attestiert wurde; in allen anderen Fällen hat der G-BA bis zu 9 Subgruppen (Sovaldi®) gebildet, für die er den ZN meist unterschiedlich nach den Kategorien: „erheblich" und „beträchtlich", „nicht quantifizierbar" und „gering" sowie „nicht belegt" quantifiziert hat. Übersichtshalber haben wir die Subgruppen mit gleicher ZN-Bewertung zusammengefasst und die auf die einzelnen Gruppen entfallenden Patientenzahlen addiert und in Spalte (6) nach den einzelnen (zusammengefassten) Gruppen und für alle Subgruppen ausgewiesen. Zudem wurden fünf der Wirkstoffe nach der Erstbewertung für ein oder zwei nAWG zugelassen und bewertet, so dass die dabei neu gebildeten Subgruppen zum Zeitpunkt der Bewertung – d) in Spalte (4) – gesondert ausgewiesen sind und ihre Patientenzahlen zu denen der bisherigen Subgruppen zeitlich gestaffelt hinzuaddiert wurden.

Alle Patientenzahlen sind den Bewertungsbeschlüssen des G-BA entnommen und wurden unserer Subgruppengliederung entsprechend berechnet. Sie geben an, wie viele Patienten in der jeweiligen Indikation bzw. Subgruppe vom jeweils dafür vom G-BA angegebenen ZN therapeutisch profitieren könnten. Demgemäß werden sie als personenbezogenes epidemiologisches Marktpotenzial bzw. als „Zielpopulation" bezeichnet. Für das weitere Vorgehen sind bei den stratifizierten Wirkstoffen in Spalte (6) aber nur die Zielpopulationen für die Subgruppe mit beträchtlichem oder erheblichem ZN sowie diejenige für alle Subgruppen relevant; bei den beiden nicht stratifizierten Präparaten gibt es praktisch nur eine „Subgruppe", so dass beide Werte zusammenfallen. Werden sie mit den durchschnittlichen Behandlungstagen pro Jahr und der Wirkstoffmenge pro Behandlungstag in DDD nach Angaben des G-BA multipliziert, ergibt sich daraus das mengenbezogene epidemiologische Marktpotenzial. Es wird in Spalte (7) mit dem Wert für a) die Subgruppe mit beträchtlichem oder erheblichem ZN sowie b) für alle Subgruppen – gegebenenfalls zeitlich gestaffelt – berechnet und ausgewiesen. Beide Werte bilden nachfolgend den

Dividend der tatsächlichen Verordnungsmengen zur Berechnung der VO-Grade.

Empirische Evidenz für Verordnungslücken
Die Ergebnisse sind aus den Spalten (9)-(13) der Tabelle 2-9.I-III ersichtlich. Maßgeblich sind die fett ausgedruckten Werte für den VO-Grad als prozentualer Anteil der tatsächlichen VO-Menge in den Spalten (4)-(8) an der mit a) gekennzeichneten potenziellen VO-Menge in den Subgruppen mit beträchtlichem oder erheblichem ZN in der Spalte (3). Da uns die tatsächlichen jährlichen VO-Mengen nicht für einzelne Subgruppen, sondern nur für das Medikament insgesamt zur Verfügung stehen, basiert dieser Berechnungsmodus auf der Hypothese, dass alle ärztlichen Verordnungen zur Versorgung der Zielpopulation in den Subgruppen mit beträchtlichem oder erheblichem ZN erfolgen. Wir halten dies für plausibel, weil von den insgesamt 30 Subgruppen in den 17 stratifizierten Produkten mit einer anderen Bewertung als in den zwei besten Kategorien die eine Hälfte keinen ZN und die andere nur einen geringen oder nicht quantifizierbaren ZN hat. Zudem entfallen auf die Zielpopulationen in den Subgruppen ohne ZN knapp zwei Drittel (64,8 %) der Patienten.[104] Von daher ist es angesichts der vergleichsweise hohen Preise der AMI und der daraus resultierenden hohen Therapiekosten unwahrscheinlich, dass sie in diesen Subgruppen überhaupt oder in beachtenswertem Umfang verordnet werden. Dennoch haben wir bei den stratifizierten Präparaten auch auf jeweils alle Subgruppen bezogene VO-Grade berechnet und in der unteren Zeile in den Spalten (9)-(13) ausgewiesen, um im Einzelfall daraus Rückschlüsse ziehen zu können.

---

104 Hierbei bleiben die erhaltungstherapeutischen Kombipräparate bei chronisch-obstruktiver Lungenerkrankung (Duaklir®Genuair® / Brimica®Genuair®) als statistische „Ausreißer" bei den Zielpopulationen mit geringem und nicht belegtem ZN (rund 2,4 Mio. Patienten) gegenüber rund 140 Tsd. Patienten mit beträchtlichem ZN außer Betracht. Siehe zur Berechnung der Angaben die Spalte (5) in der Tabelle 2-8.I-IV.

2. Problembereiche des AMNOG: Mythen und Fakten

Tabelle 2-9.I: Verordnungsgrade von Arzneimitteln mit beträchtlichem und erheblichem Zusatznutzen, 2012-2016*

Indikations-gebiet	Präparat Wirkstoff	DDD-Verordnungsmenge (VO-Menge) in Tsd.							Verordnungsgrad (VO-Grad) in %					Besonderheiten
		Potenzielle VO-Menge in a) Subgruppen mit beträchtlichem/ erheblichem ZN b) allen Subgruppen	Tatsächliche VO-Menge in allen Subgruppen für 365 Tage						VO-Grad = tatsächliche VO-Menge in Prozent der potenziellen in a) Subgruppen mit beträchtlichem/ erheblichem Zusatznutzen b) allen Subgruppen					
			2012	2013	2014	2015	2016		2012	2013	2014	2015	2016	
(1)	(2)	(3)	(4)	(5)	(6)	(7)	(8)		(9)	(10)	(11)	(12)	(13)	(14)
Augen-erkran-kungen	Jetrea® Ocriplasmin	a) 23,5 b) 24,6	--	--	0,266	0,943	0,779		--	--	1,13 1,08	4,02 3,83	3,32 3,16	
Herz-Kreislauf-Erkran-kungen	Brilique® Ticagrelor	a) 73.365,0 b1) 100.557,5 b2) 138.882,5¹	7.213	13.381	15.933	17.555	19.772		9,83 7,17	18,24 13,31	21,72 15,84	23,93 17,46	26,95 19,66	VO mit Acetylsalicyl-säure (ASS) ¹gilt ab 2017
Krank-heiten des Muskel-Skelett-Systems	Benlysta® Belimumab	a) 2.940,0	40,7	57,6	75,4	92,9	117,8		1,38	1,96	2,56	3,16	4,00	VO als Zusatz-therapie u. a. zu nichtsteroidalen Antiphlogistika
Krank-heiten des Muskel-Skelett-Systems	Cosentyx® Secukinumab	a) 3.906,0 b1) 51.588,0 b2) 84.348,0¹	--	--	--	--	2.498		--	--	--	--	63,95 4,84	VO mit Metho-trexat (MTX) ¹gilt ab 2017
Krank-heiten des Atmungs-systems	Duaklir®Genuair®/ Brimica®Genuair® Aclidiniumbromid/ Formoterol	a) 50.972,3 b) 931.060,3	--	--	--	--	17.102		--	--	--	--	33,55 1,84	VO mit inhalativen Corticosteroiden
Stoff-wechsel-krank-heiten	Kalydeco® Ivacaftor	a) 52,2 b1) 62,1 b2) 66,1¹ b3) 87,6²	--	33,0	38,6	44,2	49,2		--	63,30 53,25	74,03 62,27	84,76 66,96	94,19 56,12	Orphan Drug ¹gilt ab 2015 ²gilt ab 2016
Blut-schwämm-chen bei Säuglingen	Hemangiol® Propranolol	a) 66,4 b) 199,3	--	--	--	24,9	37,1		--	--	--	37,49 12,50	55,82 18,61	

*Stand: 31.12.2016. Methodik, Abkürzungen und Definitionen siehe Box 2-4.
Quelle: Eigene Darstellung und Berechnungen nach Daten von *IMS Health*.

2.6 Verordnungslücken bei Innovationen mit hohem Zusatznutzen

Tabelle 2-9.II: Verordnungsgrade von Arzneimitteln mit beträchtlichem und erheblichem Zusatznutzen, 2012-2016*

Indikations-gebiet	Präparat Wirkstoff	Potenzielle VO-Menge in a) Subgruppen mit beträchtlichem/ erheblichem ZN b) allen Subgruppen	DDD-Verordnungsmenge (VO-Menge) in Tsd. Tatsächliche VO-Menge in allen Subgruppen für 365 Tage					Verordnungsgrad (VO-Grad) in % VO-Grad = tatsächliche VO-Menge in Prozent der potenziellen in a) Subgruppen mit beträchtlichem/ erheblichem Zusatznutzen b) allen Subgruppen					Besonderheiten
			2012	2013	2014	2015	2016	2012	2013	2014	2015	2016	
(1)	(2)	(3)	(4)	(5)	(6)	(7)	(8)	(9)	(10)	(11)	(12)	(13)	(14)
Onkologische Erkrankungen	Zytiga® Abirateronacetat	a1) 1.954,6 a2) 9.948,1¹ b1) 2.299,5 b2) 10.293,0¹	667,2	1.365	1.649	1.536	1.462	34,14 29,01	69,83 59,35	16,58 16,02	15,44 14,92	14,69 14,20	VO mit Prednisolon oder Prednison ¹gilt ab 2014
	Yervoy® Ipilimumab	a) 310,0 b) 410,0¹	12,9	18,1	23,4	17,8	11,0	4,16 --	5,83 --	7,53 5,70	5,75 4,35	3,54 2,67	Überschneidung mit Zelboraf® und Tafinlar® ¹gilt ab 2014
	Zelboraf® Vemurafenib	a) 511,0	62,3	108,5	71,7	56,2	55,7	12,19	21,23	14,02	10,99	10,91	Überschneidung mit Yervoy® und Tafinlar®
Infektionskrankheiten I (HIV-Infektion)	Tivicay® Dolutegravir	a) 3.449,3 b) 31.425,9	--	--	--	1.563	2.144	-- --	-- --	-- --	45,32 4,97	62,16 6,82	
	Triumeq® Dolutegravir/ Abacavir/ Lamivudin	a) 1.788,5 b) 19.856,4	--	--	--	1.459	2.261	-- --	-- --	-- --	81,55 7,35	126,42 11,39	
Infektionskrankheiten II (Clostridium-Infekt.)	Dificlir® Fidaxomicin	a) 135,0 b) 333,0	--	2,6	4,6	7,0	8,4	-- --	1,89 0,77	3,40 1,38	5,16 2,09	6,24 2,53	

*Stand: 31.12.2016. Methodik, Abkürzungen und Definitionen siehe Box 2-4.
Quelle: Eigene Darstellung und Berechnungen nach Daten von *IMS Health*.

2. Problembereiche des AMNOG: Mythen und Fakten

Tabelle 2-9.III: Verordnungsgrade von Arzneimitteln mit beträchtlichem und erheblichem Zusatznutzen, 2012-2016*

Indikations-gebiet	Präparat Wirkstoff	DDD-Verordnungsmenge (VO-Menge) in Tsd.							Verordnungsgrad (VO-Grad) in %					Besonderheiten
		Potenzielle VO-Menge in a) Subgruppen mit beträchtlichem/ erheblichem ZN b) allen Subgruppen	Tatsächliche VO-Menge in allen Subgruppen für 365 Tage						VO-Grad = tatsächliche VO-Menge in Prozent der potenziellen a) Subgruppen mit beträchtlichem/ erheblichem Zusatznutzen b) allen Subgruppen					
			2012	2013	2014	2015	2016		2012	2013	2014	2015	2016	
(1)	(2)	(3)	(4)	(5)	(6)	(7)	(8)		(9)	(10)	(11)	(12)	(13)	(14)
Infektions-krankheiten III (Chronische Hepatitis C)	Sovaldi® Sofosbuvir	a) 579,6 b) 12.587,4	---	---	---	424,0	256,3		---	---	---	73,15 3,37	44,22 2,04	VO mit Ribavirin und Peginter-feron alpha
	Harvoni® Ledipasvir/ Sofosbuvir	a) 6.585,6 b) 8.817,9	---	---	---	1.014	513,4		---	---	---	15,39 11,50	7,80 5,82	VO mit Ribavirin
	Daklinza® Daclatasvir	a) 168,0 b) 8.742,0	---	---	---	201,9	166,7		---	---	---	120,17 2,31	99,21 1,91	VO mit Sovaldi®, Ribavirin und Peginterferon alpha
	Olysio® Simeprevir	a) 4.939,2 b) 5.443,2	---	---	---	25,6	6,8		---	---	---	0,52 0,47	0,14 0,12	VO mit Ribavirin und Peginter-feron alpha
	Exviera® Dasabuvir	a) 3.061,8 b) 6.293,4	---	---	---	---	174,1		---	---	---	---	5,69 2,77	VO mit Viekirax® und Ribavirin
	Viekirax® Ombitasvir/Parita-previr/Ritonavir	a) 3.061,8 b) 6.609,6	---	---	---	---	197,2		---	---	---	---	6,44 2,98	VO mit Exviera® und Ribavirin

*Stand: 31.12.2016. Methodik, Abkürzungen und Definitionen siehe Box 2-4.
Quelle: Eigene Darstellung und Berechnungen nach Daten von *IMS Health*.

Auf den ersten Blick scheinen die Ergebnisse keine klaren Schlussfolgerungen in Sachen Verordnungslücken bzw. Unterversorgung zuzulassen. Dies gilt insbesondere, wenn man die aktuellen VO-Grade von 2016 in Spalte (13) betrachtet: Sie liegen in einer unglaublich großen Spannweite von 0,14 % beim Hepatitis-C-Präparat Olysio® und 126,42 % bei Triumeq® gegen HIV. Bei 8 Medikamenten liegt der VO-Grad unter 10 %, bei 10 – also mehr als der Hälfte der hier betrachteten Produkte – unter 20 %. Andererseits haben sechs Präparate einen VO-Grad von über 50 %, darunter allein drei über 90 %, erreicht – und dies mit Ausnahme von Kalydeko® meist schon im zweiten Jahr nach der Markteinführung. Um klarer zu sehen, werden nachfolgend verschiedene Arzneimittelgruppen und Einzelpräparate betrachtet.

Hepatitis-C-Präparate
Unter den Medikamenten mit den geringsten VO-Graden sind zwei in Kombination miteinander zu verordnende Hepatitis-C-Präparate (Exviera® und Viekirax®), die erst ein Jahr durchgängig verfügbar sind, sich also noch in der Einführungsphase befinden und gegen die vier Innovationen aus 2015 bewähren müssen. Deshalb ist es nicht verwunderlich, dass diese vier Präparate (Sovaldi®, Harvoni®, Daklinza® und Olysio®) schon im zweiten Jahr nach dem Launch einen Rückgang der tatsächlichen VO-Menge und – bei unveränderter potenzieller VO-Menge – notabene auch ihres VO-Grades zu verzeichnen hatten (Tabelle 2.9.III). Allerdings steht dem keine entsprechende Erhöhung der VO-Mengen bei den beiden Newcomern entgegen, so dass das Ausmaß des Rückgangs wohl nur mit der verstärkt eingetretenen Heilung von Patienten bei in etwa konstanter oder geringerer Zahl der Neuerkrankungen erklärbar sein dürfte.[105] Wenn dadurch die Zahl der Patienten insgesamt sinkt, müsste die potenzielle VO-Menge eigentlich nach unten korrigiert werden. Ist das nicht der Fall, wird der VO-Grad zu gering ausgewiesen.
- Bemerkenswert ist, dass Harvoni® – eine Kombination aus dem Polymeraseinhibitor *Sofosbuvir* und dem Replikations-(NS5A-)Inhibitor

---

[105] In Deutschland waren 2014 ca. 300 Tsd. Personen mit dem chronischen Hepatitis-C-Virus (cHCV) infiziert; dazu gab es 5.817 meldepflichtige Neuerkrankungen. Der aktuelle Therapiestandard ist eine interferonfreie Kombination von bis zu fünf direkt wirkenden antiviralen Substanzen, mit der die Therapiezeiten verkürzt und eine dauerhafte Viruseradikation bzw. Heilung der Krankheit bei über 95 % der Patienten erreichbar ist. Vgl. *AVR* 2016, S. 69.

Ledipasvir, die die Erstinnovation Sovaldi® (*Sofosbuvir*) schon wenige Monate später als Therapiestandard ablöste – im Vergleich nach zwei Jahren erst einen so viel geringeren VO-Grad erreicht hat (7,8 % gegenüber 44,2 %). Andererseits weist Olysio® mit dem Proteaseinhibitor *Simeprevir* bei gleicher Verfügbarkeitsdauer und gleich hoher Zielpopulation mit beträchtlichem ZN wie Harvoni® (58,8 Tsd. Patienten) einen noch viel niedrigeren VO-Grad auf (0,14 %).

- Bemerkenswert ist schließlich auch, dass Daklinza® mit dem NS5A-Inhibitor *Daclastavir* und einer Zielpopulation von nur 1.000 Patienten in 2015 einen VO-Grad von 120,2 % und in 2016 immer noch einen von 99,21 % hatte: Entweder bekamen die 14.700 Patienten in der Zielpopulation mit geringem ZN das Medikament zumindest zum Teil ebenfalls verordnet, was bei Mischpreisen nicht verwunderlich ist, oder die Zielpopulation wurde vom G-BA beträchtlich unterschätzt.[106]

Erklärungen dazu bedürften einer eingehenden medizinisch-pharmakologischen Analyse der komplementären und substitutiven Einsatzmöglichkeiten der neuen Wirkstoffe zur Behandlung der nach sechs verschiedenen Genotypen stratifizierten Patientenpopulation mit chronischer Hepatitis-C-Infektion,[107] die jenseits unserer pharmakoökonomischen Kompetenz liegt. Dennoch lässt sich bei einer über die einzelnen Präparate hinausgehenden Betrachtung der Verordnungssituation in diesem Indikationsgebiet kein valider Anhaltspunkt für eine etwaige Unterversorgung ausmachen. Hierfür sprechen nicht zuletzt die quasi aus dem Stand heraus bereits im ersten Jahr nach dem Launch erreichten hohen VO-Grade der 2014 zuerst ausgebotenen drei Innovationen (Sovaldi®, Harvoni® und Daklinza®). Eine solche Verordnungsentwicklung entspricht gänzlich unserem Marktphasen-Paradigma in Abbildung 2-18 und sollte überdies bei einem so hohen Eradikationspotenzial trotz der nach wie vor hohen Preise bzw. Therapiekosten (Spalte (3) in Tabelle 2-8.IV) in einem Land wie Deutschland eine Selbstverständlichkeit sein.

Präparate mit hohem Verordnungsgrad

Dass die VO-Grade auch bei Medikamenten in anderen Indikationsgebieten schon in der Einführungsphase – und erst recht in der Erprobungsphase – beträchtlich sein können, ist jedoch keine Ausnahme: Hierzu gehören

---

106 Zu den Wirkstoffangaben vgl. *AVR* 2016, S. 540.
107 Siehe Spalte (14) in Tabelle 2-9.I-III sowie *AVR* 2016, S. 68 ff. und 539 ff.

2.6 Verordnungslücken bei Innovationen mit hohem Zusatznutzen

zwei Präparate, die erst seit einem Jahr auf dem Markt sind, drei mit einer Verfügbarkeitsdauer von zwei Jahren und ein Medikament, das schon im vierten Diffusionsjahr ist.

- Bei letzterem handelt es sich um Kalydeko®, einem Orphan Drug mit dem Wirkstoff *Ivacaftor* gegen zystische Fibrose (Mukoviszidose). Es wurde 2012 von der EMA im beschleunigten Verfahren zugelassen und ist seit 2013 ganzjährig verfügbar. Wie Abbildung 2-20 zeigt, erreichte es bereits im ersten Jahr einen erstaunlich hohen VO-Grad von 63,3 %, der innerhalb von weiteren drei Jahren nahezu linear bis auf 94,2 % in 2016 angestiegen ist. Damit bestätigt dieses Produkt die in Abbildung 2-18 postulierte rasche Marktdurchdringung bis hin zum Therapiestandard. Allerdings kann Kalydeko® als Orphan Drug mit einem beträchtlichen ZN bei nur 143 und zusätzlich mit geringem ZN bei 27 Patienten nicht als repräsentativ gelten. Inzwischen hat es zwar noch zwei weitere Bewertungen zur Indikationserweiterung für zusätzlich 70 Patienten gegeben, für die aber lediglich ein geringer bzw. nicht quantifizierbarer ZN attestiert wurde (Tabelle 2-8.II).[108] Aus der abknickenden Kurve mit dem VO-Grad für alle Subgruppen lässt sich schließen, dass die ab 2016 hinzugekommenen 59 Patienten offensichtlich nicht mit diesem Präparat therapiert wurden, obwohl es der Mischpreis über alle Subgruppen ermöglicht hätte (siehe Abschnitt 2.3). Hier dürfte aber der hohe Preis als Verordnungshemmnis gewirkt haben.
- Erst zwei Jahre verfügbar, haben sich zwei Medikamente gegen HIV-Infektion seit 2015 an die Spitze der pharmatherapeutischen „Outperformer" gesetzt: das Monopräparat Tivicay® mit dem Wirkstoff *Dolutegravir* und das Kombipräparat Triumeq® mit den Wirkstoffen *Dolutegravir, Abacavir* und *Lamivudin* vom gleichen Hersteller (Tabelle 2-9.II). Unter den zahlreichen Konkurrenzprodukten bekam Tivicay® wegen seiner die Compliance verbessernden Verträglichkeit bei therapienaiven Patienten einen beträchtlichen ZN zuerkannt. Es erreichte trotz seiner beachtlichen Therapiekosten bereits im ersten Jahr

---

108 Seit 2016 ist mit dem Orphan Drug Orkambi® ein weiteres Mukoviszidose-Präparat mit einer Wirkstoffkombination aus *Lumacaftor* und *Ivacaftor* verfügbar (*AVR* 2016, S. 87 f.), das im Falle der Substituierbarkeit von Kalydeko® dessen Marktdiffusion gemäß Punkt C in Abbildung 2-18 mehr oder weniger stark beeinträchtigen könnte. Siehe *AVR* 2016, S. 87 f.

2. Problembereiche des AMNOG: Mythen und Fakten

Abbildung 2-20: Marktdurchdringung von Kalydeco® (Ivacaftor), 2013-2016

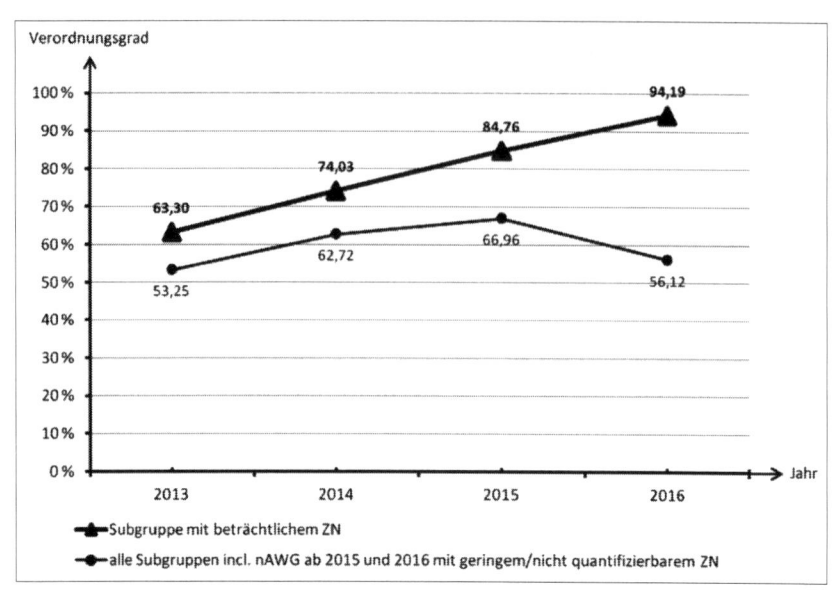

[Diagramm: Verordnungsgrad über Jahre 2013–2016.
Subgruppe mit beträchtlichem ZN: 63,30 (2013); 74,03 (2014); 84,76 (2015); 94,19 (2016).
Alle Subgruppen incl. nAWG ab 2015 und 2016 mit geringem/nicht quantifizierbarem ZN: 53,25 (2013); 62,72 (2014); 66,96 (2015); 56,12 (2016).]

Quelle: Eigene Darstellung mit Daten aus Tabelle 2-9.I.

einen VO-Grad von 45,3 % und konnte sich im darauffolgenden Jahr auf 62,2 % steigern. Obwohl das Kombipräparat Triumeq® fast fünfmal so teuer ist (Spalte (3) in Abbildung 2-8.III), startete es im gleichen Zeitraum schon mit einem beachtlichen VO-Grad von 81,5 % und erreichte im Jahr danach mit 126,4 % sogar den höchsten Wert aller Präparate. Erklärbar könnte dies auf zweifache Weise sein: Zum einen wird bei HIV-Infektion eine Kombination von mindestens drei antiretroviralen Wirkstoffen wie bei Triumeq® als Standardtherapie empfohlen (*AVR* 2016, S. 287 ff.), also erwartungsgemäß bevorzugt verordnet; zum anderen lässt ein VO-Grad>100 % wie bei Triumeq® in 2016 darauf schließen, dass entweder die Zielpopulation mit beträchtlichem ZN unterschätzt wurde oder das Präparat in größerem Umfang auch in der zehnmal größeren Subgruppe ohne ZN verordnet wurde. Ungeachtet dessen, entspricht die hervorragende Performance beider Produkte unseren paradigmatischen Diffusionspostulaten.[109]

- Schließlich sind auch die erst seit einem Jahr (2016) ganzjährig verfügbaren Arzneimittel Cosentyx® und Duaklir®Genuair®/Brimica® Genuair® als Outperformer anzusehen. Cosentyx® hat trotz besonderer Dokumentationspflicht mit einem VO-Grad von fast 64 % den zweitbesten Start in dieser Gruppe gehabt. Das könnte darauf zurückzuführen sein, dass sein Wirkstoff *Secukinumab* der erste Interleukin-17A-Antikörper zur systemischen Behandlung verschiedener schwerer Krankheitsbilder wie Plaque-Psoriasis, Psoriasis-Arthritis und Morbus Bechterew ist. In der FNB wurde ihm bei Patienten mit Kontraindikationen oder Unverträglichkeiten je nach Vorbehandlung in verschiedenen Subgruppen ein beträchtlicher, geringer oder nicht belegter ZN attestiert (vgl. *AVR* 2016, S. 107 f.; Tabelle 2-8.I).

- Der VO-Grad der fixen Kombination von Duaklir®Genuair®/Brimica®Genuair® mit den Wirkstoffen *Aclidiniumbromid* und *Formoterol* ist mit 33,5 % in der Einführungsphase ebenfalls bemerkenswert hoch, kommt aber nur gut auf die Hälfte des VO-Grades von Cosentyx®.[110] Die Fixkombination gilt als bronchodilatatorische Erhaltungstherapie zur Linderung von Symptomen bei der chronisch obstruktiven Lungenerkrankung (COPD) und wird wie Cosentyx® in drei Subgruppen mit beträchtlichem, geringem und nicht belegtem ZN bewertet (*AVR* 2016, S. 118 f. und 408; Tabelle 2-8.I). In beiden Fällen macht die Zielpopulation mit einem beträchtlichen ZN aber nur einen geringen Anteil an der Gesamtpopulation von 7,6 % (Cosentyx®) bzw. 5,5 % (Fixkombinationen) aus. Von daher ist es gut möglich, dass nicht subgruppengerechtes Verordnen, wie es bei Mischpreisen zu erwarten ist, zum Ausweis eines zu hohen VO-Grades bei der Gruppe mit beträchtlichem ZN geführt hat. Dennoch gibt es bei beiden Pharmazeutika keinen validen Anhaltspunkt für bestehende Verordnungslücken.

---

109 Dies gilt auch für das Kinderarzneimittel Hemangiol® (Wirkstoff: *Propranolol*), das bei Säuglingen mit Blutschwämmchen in zwei Subgruppen mit erheblichem und nicht quantifizierbarem ZN angewandt werden kann. Von daher genießt es einen Sonderstatus und wird hier nicht weiter kommentiert.

110 Das könnte damit zusammenhängen, dass die Umstellung bei bronchodilatorischen Therapien nicht ganz unproblematisch ist und von den Ärzten möglichst vermieden wird, solange ihre Patienten mit dem bisher verordneten Medikament zufrieden sind.

2. Problembereiche des AMNOG: Mythen und Fakten

So zufriedenstellend die Diffusionsergebnisse bei den bisher betrachteten 12 Präparaten im Lichte unseres Analyseansatzes auch sind, umso bedenklicher könnten sie für die restlichen 7 Präparate ausfallen, die im Vergleich dazu im Diffusionsprozess weit zurückzufallen scheinen. Lässt man die Gruppe der 6 Hepatitis-C-Präparate als einen im therapeutischen Innovationswettbewerb nicht gerade häufigen Sonderfall (Aussicht auf Heilung einer schweren Krankheit) außer Betracht, geht es dabei bezogen auf die restlichen 13 Präparate immerhin um mehr als die Hälfte (53,8 %) der Produkte.

Präparate mit niedrigem Verordnungsgrad
Interessanterweise befinden sich in dieser Gruppe alle fünf Arzneimittel, die bis dato am längsten – nämlich seit 2012 – ganzjährig verfügbar sind.[111] Hinzu kommen noch ein Präparat (Dificlir®) mit einer Verfügbarkeitsdauer von vier und ein weiteres (Jetrea®) mit nur drei Jahren (Tabellen 2-8.I-III und 2-9.I-II). Da es sich bei der Marktdurchdringung erfahrungsgemäß um einen längerfristigen, meist über viele Jahre erstreckenden Prozess handelt, sind diese Präparate analytisch von besonderem Wert, lassen sie doch im Vergleich zu den erst ein oder zwei Jahre ganzjährig verfügbaren Produkten schon eine gewisse Entwicklungstendenz des Verordnungsgeschehens erkennen. Umso erstaunlicher ist es, dass die aktuellen VO-Grade in 2016 erst bei recht niedrigen Werten zwischen 3,3 % und 26,9 % liegen und in nur drei Fällen (Brilique®, Benlysta® und Dificlir®) zuvor kontinuierlich gestiegen sind; denn in den übrigen vier Fällen wurden die Höchstwerte bereits im zweiten Jahr der Verfügbarkeit (Zelboraf® in 2013 und Jetrea® in 2015) bzw. dritten Jahr erreicht (Zytiga® und Yervoy® in 2014). Damit wäre die kaum begonnene Marktdurchdringung schon in der Einführungs- bzw. Erprobungsphase (Punkt C in Abbildung 2-18) abgebrochen. Es bleibt also zu zeigen, wie sich die einzelnen Präparate in dieses Gesamtbild einfügen und inwieweit sich ihre niedrigen VO-Grade als Unterversorgung deuten lassen.
- Brilique® ist ein ADP-Rezeptorantagonist, der nach einem Herzinfarkt angewendet wird, um atherothrombotische Ereignisse zu verhindern. Sein Wirkstoff *Ticagrelor* steht damit in therapeutischer Konkurrenz mit der generischen Substanz *Clopidogrel* (Original:

---

111 Sie wurden von uns bereits erstmals bis 2013 (*Cassel/Ulrich* 2015,1, S. 93 ff.) und nochmals bis 2014 (*Cassel/Ulrich*, 2015,2, S. 12 ff.) untersucht.

2.6 Verordnungslücken bei Innovationen mit hohem Zusatznutzen

Plavix®), vor allem aber mit dem schon 2009 ausgebotenen *Prasugrel* (Efient®), das ebenfalls für Patienten nach Infarkt ohne ST-Streckenhebung (NSTEMI) zugelassen und noch patentgeschützt ist. Im Gegensatz zu den Konkurrenzsubstanzen ist *Ticagrelor* ein direkt wirksamer und reversibler Antagonist, der keine hepatische Aktivierung erfordert und so die Hemmung der Thrombozytenaggregation schneller bewirkt und nach Absetzen auch rascher beendet. Deshalb wurde ihm für NSTEMI ein beträchtlicher ZN gegenüber *Clopidogrel* und *Prasugrel* als ZVT attestiert, nachdem er 2011 als erster Wirkstoff die FNB durchlaufen hatte.[112] Derart gut bewertet und in der nachfolgenden EB-Vereinbarung als Praxisbesonderheit (PBS) anerkannt, ist Brilique® in der Einführungsphase mit einem VO-Grad von 9,8 % gestartet, konnte im Jahr darauf den Wert fast verdoppeln und hat dann seine Diffusionsdynamik eingebüßt (Abbildung 2-21), was eigentlich erst Jahre später in der Bewährungsphase und bei einem bedeutend höheren VO-Grad zu erwarten sein sollte. Jedenfalls liegt der nach fünf Jahren Verfügbarkeit in 2016 erreichte VO-Grad von rund 27 % deutlich unter dem Wert, der unserem Paradigma in Abbildung 2-18 entsprechen würde.[113] Auf die relativ große Zielpopulation von Brilique® bezogen, würde dies bedeuten, dass in 2016 von 201 Tsd. Patienten nur rund 54 Tsd. lege artis behandelt wurden, während 147 Tsd. Patienten, die einen beträchtlichen Zusatznutzen aus der Therapie hätten ziehen können, andere Substanzen (vornehmlich *Clopidogrel* oder *Prasugrel*) verordnet bekamen.[114]

---

112 Vgl. *AM-Atlas* 2014, S. 401; *AVR* 2014, 285 und 2016, S. 362. Diese Bewertung betrifft 201 Tsd. Patienten – und damit die größte Zielpopulation von allen hier untersuchten 19 Präparaten. In einer weiteren Subgruppe für STEMI mit 74,5 Tsd. Patienten wurde allerdings kein ZN erkannt. In 2016 kam es zu einer Neubewertung für nAWG mit weiteren 105 Tsd. Patienten, die einen geringen ZN ergab, aber erst 2017 relevant wird (Spalte (6) in Tabelle 2-8.I).

113 Ein Hindernis dafür könnten auch Lieferengpässe sein, über die aktuell aus den Apotheken berichtet wird: So soll der Großhandel Bestellungen aus Apotheken nur gegen Vorlage von Rezeptkopien ausführen – vermutlich um zu verhindern, dass Apotheken Lagerbestände aufbauen und damit eine angespannte Versorgungslage beim Großhandel verschärfen.

114 Immerhin ist *Clopidogrel* bereits generisch und von daher ein preiswerter ADP-Rezeptorantagonist mit durchschnittlichen DDD-Nettokosten von 0,38 € gegenüber 2,70 € bei *Ticagrelor* (*AVR* 2016, S. 360), so dass es „*in vielen Fällen aus wirtschaftlichen Gründen*" (*AM-Atlas* 2014, S. 410) auch bei NSTEMI verordnet werden mag; dagegen ist *Prasugrel* unter anderem auch für NSTEMI zugelassen

2. Problembereiche des AMNOG: Mythen und Fakten

Abbildung 2-21: Marktdurchdringung von Brilique® (Ticagrelor), 2012-2016

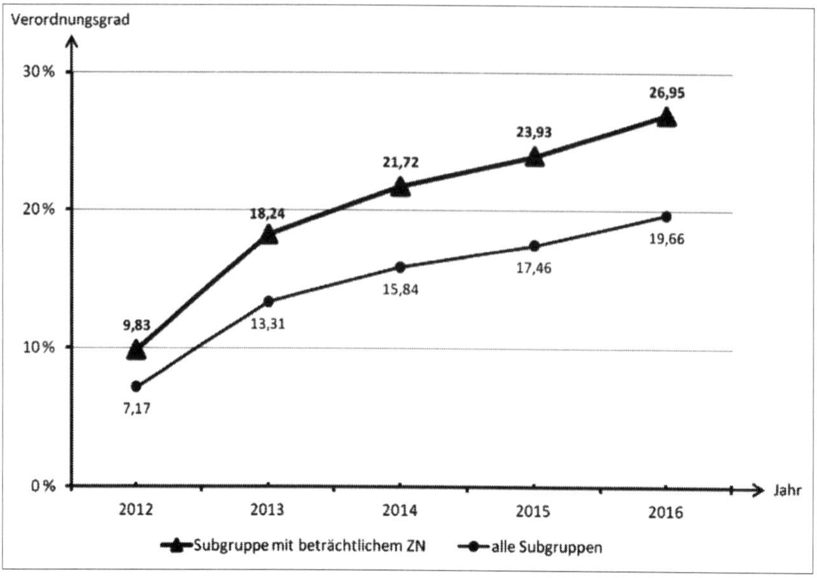

[Diagramm: Verordnungsgrad (%) gegen Jahr 2012-2016
- Subgruppe mit beträchtlichem ZN: 9,83 / 18,24 / 21,72 / 23,93 / 26,95
- alle Subgruppen: 7,17 / 13,31 / 15,84 / 17,46 / 19,66]

Quelle: Eigene Darstellung mit Daten aus Tabelle 2-9.I.

und als patentgeschütztes Bestandspräparat zwar nicht FNB-bewertet, aber mit DDD-Nettokosten von 2,77 € sogar noch etwas teurer als Brilique®. Dennoch können beide Substanzen bei NSTEMI nicht als therapeutische Alternativen gelten und – wie im *AM-Atlas* 2014, S. 410, vorgeschlagen – den VO-Mengen von *Ticagrelor* einfach zugeschlagen werden, um dessen VO-Grad deutlich höher als berechnet erscheinen zu lassen. Schließlich hat sich *Ticagrelor* in der FNB mit beträchtlichem ZN bei NSTEMI als überlegene Therapie erwiesen, was das Weiterverordnen der unterlegenen Substanzen im Regelfall verbieten sollte – sofern der G-BA die Zielpopulation fälschlicherweise nicht überhöht angesetzt hat. Dagegen ist nicht ausgeschlossen, dass der VO-Grad sogar zu hoch ausgewiesen ist, weil Brilique® auch einem Teil der 74,5 Tsd. Patienten in der Subgruppe ohne ZN verordnet werden dürfte, was therapeutisch unbedenklich, wenn auch bei Mischpreisen rechtlich umstritten ist (siehe zuletzt das Urteil des LSG BB vom 29. Juni 2017 und Abschnitt 2.4). In diesem Fall würde sich die diagnostizierte Unterversorgung mit Brilique® bei NSTEMI noch viel gravierender darstellen.

2.6 Verordnungslücken bei Innovationen mit hohem Zusatznutzen

Extrapoliert man diesen VO-Grad mit seiner jahresdurchschnittlichen Zunahme den in den letzten zwei Jahren in Höhe von rund 12 % in die Zukunft, würde es noch 11 weitere Jahre dauern, bis das Verordnungspotenzial von *Ticagrelor* ausgeschöpft wäre. Dabei beliefe sich der Umfang der vermeidbaren Unterversorgung (siehe die Fläche in Abbildung 2-19) von 2012-2026 rein rechnerisch auf gut 1,7 Mio. „Verordnungsjahre". Wie jede unter Ceteris-paribus-Bedingungen angestellte Hochrechnung („Status-quo-Prognose") gibt auch diese nur Anhaltspunkte dafür, wie sich die Dinge weiterentwickeln würden, wenn sich die bis dato beobachtbaren Trends unverändert fortsetzen. Sie vermittelt aber zumindest eine Vorstellung davon, was bei unzureichender Marktdurchdringung in Anwendungsgebieten mit hoher Prävalenz in Form von „entgangenen Therapienutzen" bei den Patienten einerseits und „entgangenen Erlösen" bei den Herstellern andererseits auf dem Spiel steht.

- Jetrea®, Benlysta® und Dificlir® sind drei Medikamente aus unterschiedlichen Indikationsgebieten, die im Gegensatz zu Brilique® noch weit niedrigere VO-Grade (zwischen 3,3 und 6,2 % in 2016) haben und noch dazu deutlich geringe Zielpopulationen mit beträchtlichem ZN (zwischen 7 und gut 23 Tsd. Patienten) aufweisen. Darunter nimmt Jetrea® mit dem Wirkstoff *Ocriplasmin* zur Injektion ins Auge bei Behandlung von altersbedingten Makulatraktionen und -löchern im frühen Stadium bei Erwachsenen (*AVR* 2014, S. 92 ff.) eine gewisse Sonderstellung ein: Erst seit 2014 ganzjährig verfügbar, ist es mit dem geringsten VO-Grad (1,1 %) von allen 19 Präparaten gestartet, hat in 2015 gerade mal 4,0 % erreicht und ist in 2016 mit 3,3 % schon wieder zurückgefallen. Dies könnte darauf zurückzuführen sein, dass es nur von besonders qualifizierten Augenärzten angewandt werden darf, den beträchtlichen ZN nur im Vergleich zum „beobachtenden Abwarten" als ZVT im Frühstadium der Erkrankung attestiert bekam und als hochpreisiges Medikament angesehen wird (Spalte (3) in Tabelle 2-8.I). Dennoch ist unter der Annahme korrekter Festlegung des G-BA bemerkenswert, dass 96,7 % bzw. 22,7 Tsd. Patienten der Zielpopulation nicht mit diesem für sie angeblich so vorteilhaften Medikament therapiert wurden.

- Bei Benlysta® (*Belimumab)* und Dificlir® (*Fidaxomicin*) stellt sich die Versorgungssituation ähnlich dar: Wie Abbildung 2-22 veranschaulicht, steigt der VO-Grad seit dem ersten Jahr ihrer Verfügbarkeit (2012 bzw. 2013) mit ähnlich niedrigen Werten beginnend (1,4 %

2. Problembereiche des AMNOG: Mythen und Fakten

Abbildung 2-22: Marktdurchdringung von Benlysta® (Belimumab) und Dificlir® (Fidaxomicin), 2012 bzw. 2013-2016

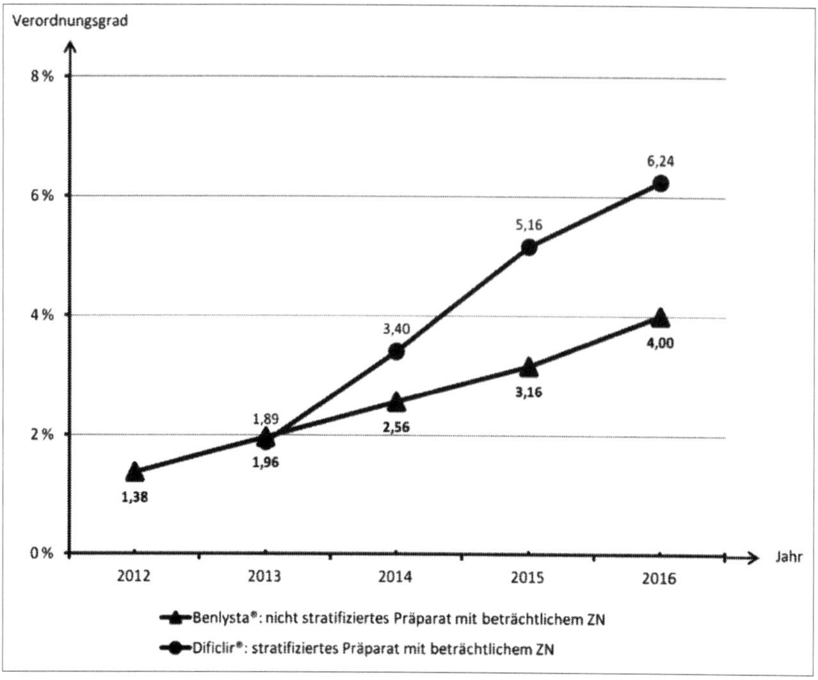

[Diagramm: Verordnungsgrad in % über Jahre 2012–2016.
Benlysta®: nicht stratifiziertes Präparat mit beträchtlichem ZN — 1,38 (2012); 1,89 (2013); 3,40 (2014); 5,16 (2015); 6,24 (2016).
Dificlir®: stratifiziertes Präparat mit beträchtlichem ZN — 1,96 (2013); 2,56 (2014); 3,16 (2015); 4,00 (2016).]

Quelle: Eigene Darstellung mit Daten aus Tabelle 2-9.I. und II.

bzw. 1,9 %) zwar kontinuierlich an, kommt aber im fünften bzw. vierten Verordnungsjahr nicht über 4,0 % bzw. 6,2 % hinaus. Bei Benlysta® ist dies besonders verwunderlich, weil es das erste Biologikum zur Anwendung bei Patienten mit systemischem Lupus erythematodes (SLE) ist[115] und als nicht stratifiziertes Präparat mit einem beträchtlichen ZN für eine relativ kleine Zielpopulation (7 Tsd. Patienten) bewertet wurde. Von daher sollte es die Marktstellung eines „Solisten" einnehmen und trotz des Preises entsprechend häufig verordnet werden. Vermutlich liegt aber der neuartige Wirkstoff bei vielen potenziellen Verordnern außerhalb ihres persönlichen Anwendungsschemas

---

115 Hierbei handelt es sich um eine seltene Autoimmunerkrankung aus dem Formenkreis der rheumatischen Erkrankungen, die alle Organe befallen kann.

2.6 Verordnungslücken bei Innovationen mit hohem Zusatznutzen

und wird aus Mangel an therapeutischen Erfahrungen und Leitlinien erst im fortgeschrittenen Krankheitsverlauf eingesetzt. Auch ist nicht auszuschließen, dass der G-BA eine unrealistisch hohe Zielpopulation angegeben hat, was den VO-Grad rechnerisch zu gering ausfallen ließe.[116]

- Dificlir® mit dem makrozyklischen Antibiotikum *Fidaxomicin* als Wirkstoff gegen den Erreger der schweren nosokomialen Diarrhö im Krankenhaus ist dagegen stratifiziert: Es hat in den beiden Subgruppen mit beträchtlichem und nicht belegtem ZN jeweils eine deutlich höhere Zielpopulation von 13,5 bzw. 19,8 Tsd. Patienten und wird als Reserveantibiotikum bei schweren Clostridium-Infektionen im Krankenhaus empfohlen (*AVR* 2014, S. 70 ff.). Als Begründung für einen VO-Grad von nur 6,2 % im vierten Jahr kann dies ebenso wenig als Begründung herhalten wie die eher überschaubaren Therapiekosten. Bei allen drei Pharmazeutika bedarf es deshalb einer weitergehenden Untersuchung der Gründe für die aus Sicht der Patienten und Hersteller unzureichenden Marktdurchdringung, von denen es bezeichnenderweise bislang kein Produkt unter die 3.000 umsatzstärksten GKV-Präparate im jährlichen AVR geschafft hat.

Als weit abgeschlagen in der Marktdurchdringung könnten schließlich auch die drei Onkologika unserer Produktauswahl gelten: Yervoy®, Zelboraf® und Zytiga®. Sie liegen nämlich nach fünf Verfügbarkeitsjahren mit ihren VO-Graden nur noch bei 3,5 %, 10,9 % und 14,7 %, nachdem sie in der Spitze schon einmal sehr viel höhere Werte von 7,5 % (Yervoy® in 2014), 21,2 % (Zelboraf® in 2013) und 69,8 % (Zytiga® in 2013) erreicht hatten. Sie sind somit nicht über die Erprobungsphase hinausgekommen und haben im Anschluss an ihren Spitzenwert einen starken Rückgang der VO-

---

116 Falls der Hersteller von Benlysta® (GSK) realistischerweise von einem geringeren epidemiologischen Marktpotenzial ausgegangen sein sollte, würde dies erklären, warum er im fünften Verordnungsjahr immer noch mit einem an der G-BA-Zielpopulation gemessenen VO-Grad von maximal nur 10 % rechnet (vgl. *AM-Report* 2016, S. 109). Selbst diese Zielmarke liegt aber immer noch meilenweit über dem für 2016 ausgewiesenen VO-Grad von 4,0 %. Wie auch immer: Wenn der G-BA einem Solisten wie Benlysta® eine Zielpopulation von 7.000 Patienten zuschreibt und diesen einen beträchtlichen ZN in Aussicht stellt, stellen nach fünf Jahren Verfügbarkeit lediglich 280 damit versorgte Patienten eine nicht hinnehmbare „Unterversorgung" bei den übrigen 6.720 Erkrankten dar – oder die vom G-BA vorgegebene Berechnungsbasis ist falsch, was ebenfalls nicht hinnehmbar wäre.

Mengen hinnehmen müssen (Spalten (4)-(8) in Tabelle 2-9.II). Dies lässt auf ihre teilweise Verdrängung im therapeutischen Innovations-Wettbewerb durch neue, bessere Produkte schließen (siehe Punkt C in Abbildung 2-18), wofür das Indikationsgebiet der onkologischen Erkrankungen in den letzten Jahren exemplarisch ist (*Wörmann* 2017).

- Einen besonders starken Rückschlag hat dabei Zytiga® mit dem Androgensynthesehemmer *Abirateronacetat* gegen Prostatakarzinom hinnehmen müssen (Abbildung 2-23). Hierfür sind vor allem zwei Gründe zu nennen: Erstens hat sich Zytiga gemessen an den VO-Mengen bis 2014 trotz seiner hohen Therapiekosten[117] therapeutisch durchsetzen können und sogar 2013 in einem nAWG mit beträchtlichem ZN weitere 21,9 Tsd. Patienten hinzugewonnen, so dass die Zielpopulation in 2014 von ursprünglich 5,4 sprunghaft auf 27,3 Tsd. Patienten gewachsen ist; zweitens ist die VO-Menge nicht etwa parallel dazu gestiegen, sondern war seit 2015 sogar rückläufig. Letzteres dürfte auf die seit 2014 stark zunehmende VO-Menge des Newcomers und therapeutischen Konkurrenten Xtandi® (*Enzalutamid*) zurückzuführen sein. Er bekam Anfang 2014 zunächst für 6,3 Tsd. potenzielle Patienten mit Prostatakarzinom und danach Mitte 2015 in einem nAWG für eine weitere Zielpopulation von 21,9 Tsd. Patienten einen beträchtlichen ZN attestiert (*IMS Health* 2017). Außerdem hat er gegenüber Zytiga® Vorteile bei der Verträglichkeit (*AVR* 2016, S. 609 ff.). Die sprunghafte Zunahme der Zielpopulation durch das nAWG und der Markteintritt eines therapeutisch überlegenen Konkurrenzprodukts haben Zytiga® mit einem seit 2013 von 69,8 % auf 14,7 % (2016) gesunkenen VO-Grad rein rechnerisch zu einem Präparat mit geringer Diffusionsperformance werden lassen. Dies wird sich in dieser Konkurrenzsituation auch nicht ändern: Denn es erscheint unrealistisch, dass seine tatsächliche VO-Menge von aktuell knapp 1,5 Mio. DDD wieder kräftig ansteigt und die neue potenzielle VO-Menge von rund 9,9 Mio. DDD (Spalte (3) in Tabelle 2-9.II) auch nur annähernd erreicht. Ob sich allerdings aus der nun bei Zytiga® seit 2014 rechnerisch bestehenden Versorgungslücke auf eine akute Unterversorgung

---

117 Zytiga® ist nach wie vor bei weitem das teuerste unter den bei Prostatakarzinom angewandten Medikamenten und lag 2015 mit Nettokosten von rund 234 Mio. € an dreizehnter Stelle der 30 Präparate mit den höchsten Therapiekosten in der GKV (*AVR* 2016, S. 10; zu den Preisen siehe Spalte (3) in Abbildung 2-8.II).

2.6 Verordnungslücken bei Innovationen mit hohem Zusatznutzen

bei Prostatakarzinom schließen lässt, hängt wesentlich davon ab, inwieweit Xtandi® durch beschleunigte Diffusion diese Lücke schließen kann und weiter prosperiert.[118]

Abbildung 2-23: Marktdurchdringung von Zytiga® (Abirateronacetat), 2012-2016

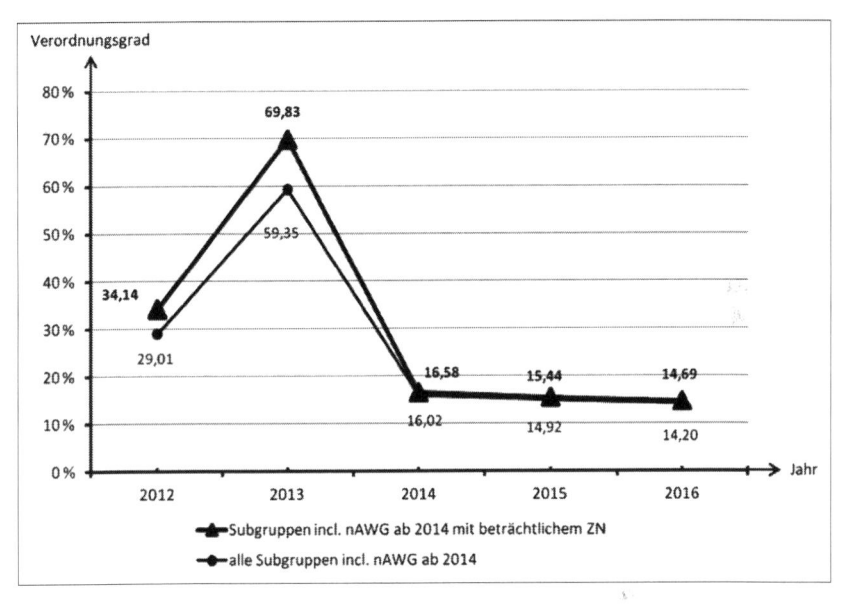

```
Verordnungsgrad

80%
         69,83
70%
60%
50%        59,35
40%
   34,14
30%
   29,01
20%              16,58      15,44       14,69
                 16,02      14,92
10%                                     14,20
0%
   2012   2013   2014      2015        2016    Jahr

▲ Subgruppen incl. nAWG ab 2014 mit beträchtlichem ZN
● alle Subgruppen incl. nAWG ab 2014
```

Quelle: Eigene Darstellung mit Daten aus Tabelle 2-9.II.

---

118 Die VO-Menge beider Substanzen zusammengenommen ist von 2,1 Mio. (2014) auf 3,2 Mio. DDD (2016) – also immerhin um 52,4 % – gestiegen (*IMS Health* 2017). Daraus errechnet sich bezogen auf die Zielpopulation von Zytiga® in Höhe von 9,948 Mio. DDD für 2016 ein VO-Grad von 32,2 %, bezogen auf die etwas höhere Zielpopulation (10.293 Mio. DDD) von Xtandi® ein solcher von 31,3 % – sofern man unterstellt, dass sich die Indikationen weitgehend überschneiden. Da die nAWG erst 2014 (Zytiga®) bzw. 2015 (Xtandi®) hinzugekommen sind, befinden sich beide Produkte diesbezüglich noch in der frühen Erprobungsphase, so dass man kaum von einer Unterversorgung im Sinne unseres Paradigmas sprechen kann.

2. Problembereiche des AMNOG: Mythen und Fakten

- Etwas anders verhält es sich dagegen bei den beiden anderen Onkologika Yervoy® und Zelboraf®, die beide zur Melanom-Therapie eingesetzt werden:[119] Sie haben den Diffusionsprozess 2012 mit einem relativ geringen VO-Grad von 4,2 % bzw. 12,2 % begonnen und ihn schon kurz nach der Einführungsphase mit dem Höchstwert von 7,5 % (2014) bzw. 21,2 % (2013) abgebrochen (Abbildung 2-24). Yervoy® (*Ipilimumab*) ist ein CTLA-4-Antikörper (Protein) zur Therapie vorbehandelter Patienten mit fortgeschrittenem Melanom („second line"). Er wurde bereits 2011 als neues Therapieprinzip zugelassen und bekam für die gesamte Indikation mit 3,1 Tsd. Patienten einen beträchtlichen ZN für die Verlängerung der Überlebensdauer von 3,6 Monaten gegenüber der ZVT („best supportive care") attestiert. Seit 2014 gibt es ein nAWG mit weiteren 1,0 Tsd. Patienten, für die jedoch kein ZN erkannt wurde (*AVR* 2012, S. 87 ff.). Zelboraf® (*Vemurafenib*) ist ein BRAF-Inhibitor zur Monotherapie von Erwachsenen mit nicht resezierbarem oder metastasiertem Melanom. Seit 2012 zugelassen, wurde die nicht stratifizierte Substanz mit einem beträchtlichen ZN für das progressionsfreie Überleben von 3,7 Monaten gegenüber dem chemotherapeutischen Generikum *Dacarbazin* bei einer Zielpopulation von 1,4 Tsd. Patienten bewertet (*AVR* 2013, S. 101 ff.). Beide Präparate sind zudem hochpreisig und verursachen mit Jahrestherapiekosten von rund 65,8 bzw. 98,6 Tsd. € beträchtliche Jahrestherapiekosten (*AVR* 2016, S. 94).

- Zur Beurteilung der Diffusion beider Präparate ist zu berücksichtigen, dass Zelboraf® nur bei BRAF-Mutationen zugelassen ist und seine Zielpopulation eine Teilmenge derjenigen von Yervoy® bildet (*AM-Atlas* 2014, S. 410). Deshalb könnte man unter der zugegebenermaßen heroischen Annahme, dass beide Präparate nur den Patienten mit BRAF-Mutationen verordnet werden,[120] ihre VO-Grade wie in Abbil-

---

119 Das Melanom ist ein maligner Tumor, der überwiegend die Haut befällt, früh Metastasen bildet und dann bei einer mittleren Überlebenszeit von weniger als einem Jahr zum Tod führt.

120 Der *AM-Atlas* 2016, S. 110, macht eine andere Rechnung auf, die auf einer nicht minder heroischen Annahme basiert: „*Unter der Annahme, dass mit Ipilimumab ausschließlich Patienten behandelt würden, die nicht zur Zielpopulation von Vemurafenib gehören, hätte der Verbrauchsanteil von Ipilimumab in 2013 20 % erreicht*" – statt der vom AM-Atlas ausgewiesenen 11 %.

dung 2-24 addieren. Dann wäre zwar mit rund 27 % in 2013 ein nach unseren Maßstäben akzeptabler VO-Grad in der frühen Erprobungsphase erreicht worden; nach fünf Diffusionsjahren läge er aber mit 14,5 % in 2016 bei weitem zu niedrig.

- Erklärbar wird letzteres einmal mehr durch den therapeutischen Wettbewerb: In 2013 kam zunächst Tafinlar® (*Dabrafenib*) als zweiter BRAF-Inhibitor und danach in 2015 Mekinist® (*Trametinib*) als erster MEK-Inhibitor zur Behandlung der gleichen Zielpopulation wie bei Zelboraf® – und damit als unmittelbare therapeutische Konkurrenten mit Jahrestherapiekosten von rund 96,6 bzw. 111,4 Tsd. € – auf den Markt. Als Monotherapien sollen sie dem G-BA zufolge zwar keinen ZN gegenüber Zelboraf® haben, aber als Kombinationstherapie wurde ihnen im Vergleich zur selben ZVT ein beträchtlicher ZN attestiert. Dies dürfte sich aber erst in 2016 in den rückläufigen VO-Mengen von Zelboraf® niedergeschlagen haben. Doch schon vorher hat sich Tafinlar® immer stärker gegenüber den beiden Erstinnovationen durchsetzen können und ist 2015 erstmals in die Gruppe der meistverordneten Onkologika aufgestiegen, während Zelboraf® diesen Status nur einmal in 2013 erlangen konnte.[121]

Wie schon zuvor bei Zytiga® kann also nicht ohne Weiteres aus dem Rückgang der VO-Grade auf eine zunehmende Unterversorgung mit Yervoy® und Zelboraf® geschlossen werden: Es hängt vielmehr davon ab, wie stark die Kombitherapie aus Tafinlar® und Mekinist® oder andere, gleichfalls mit beträchtlichem ZN bewertete Monotherapien – wie die ebenfalls erst 2015 zugelassenen Melanom-Therapeutika Cotellic® (*Cobimetinib*) und Opdivo® (*Nivolumab*) – trotz ihrer vergleichbar hohen Therapiekosten – verordnet werden und den Rückgang der VO-Mengen der Altoriginale in der Bewährungsphase übersteigen.

Unterversorgung: viel Licht, aber auch Schatten
Erklärtes Ziel des AMNOG ist es, allen GKV-Versicherten im Wege der Frühen Nutzenbewertung und der sich daran anschließenden nutzenorientierten Preisfindung eine fortschrittliche und bezahlbare „Vollversorgung"

---

121 Als Grund dafür vermutet der *AVR* 2016, S. 604, dass Tafinlar® vergleichsweise weniger kutane Nebenwirkungen – wie Plattenepithelkarzinome, Hautausschläge und Photosensitivität – hat.

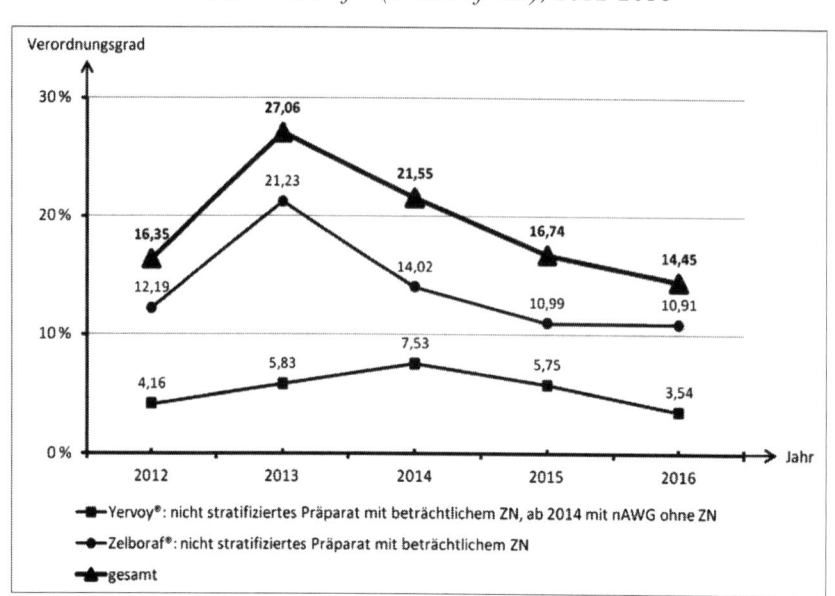

Abbildung 2-24: Marktdurchdringung von Yervoy®(Ipilimumab) und Zelboraf® (Vemurafenib), 2012-2016

[Diagramm: Verordnungsgrad in % für Yervoy®, Zelboraf® und gesamt, 2012-2016]

- Yervoy®: 16,35 (2012); 27,06 (2013); 21,55 (2014); 16,74 (2015); 14,45 (2016)
- gesamt: 12,19 (2012); 21,23 (2013); 14,02 (2014); 10,99 (2015); 10,91 (2016)
- Zelboraf®: 4,16 (2012); 5,83 (2013); 7,53 (2014); 5,75 (2015); 3,54 (2016)

■ Yervoy®: nicht stratifiziertes Präparat mit beträchtlichem ZN, ab 2014 mit nAWG ohne ZN
● Zelboraf®: nicht stratifiziertes Präparat mit beträchtlichem ZN
▲ gesamt

Quelle: Eigene Darstellung mit Daten aus Tabelle 2-9.II.

mit neuen Pharmazeutika zu gewährleisten. Bei allen Vorzügen, die dieses regulatorische Konzept hat, wäre es aber verwunderlich, wenn es nicht auch Gefahren für die Arzneimittelversorgung in Deutschland bergen würde. Eine davon besteht darin, dass Medikamente mit attestiertem Zusatznutzen und vereinbartem Erstattungsbetrag nicht zügig genug bei jenen Patienten angewendet werden, die davon therapeutisch profitieren könnten. Sind aber die tatsächlichen Verordnungen gemessen an den zur Vollversorgung erforderlichen Anwendungen zu gering, entstehen als Differenz zwischen Sein und Sollen „Verordnungslücken" als Maß für eine pharmatherapeutische „Unterversorgung" der Patienten.

Je größer diese sind, umso besser stellen sich finanziell die Kostenträger, weil die meist teuren Innovationen erst gar nicht zum Patienten gelangen. Die Kehrseite davon sind jedoch Erlösausfälle der pharmazeutischen Unternehmer, die zur Unterdeckung ihrer laufenden Forschungs- und Entwicklungskosten führen und somit laufende Innovationsprojekte gefährden können. Von daher würden unterversorgte Patienten gleich zweifach geschädigt: Kurzfristig, weil ihnen therapeutisch überlegene

2.6 Verordnungslücken bei Innovationen mit hohem Zusatznutzen

Arzneimittel vorenthalten werden; und längerfristig, weil sich der Zufluss von fortschrittlichen Therapien zur Linderung und Heilung ihrer Krankheit wie auch zur Bewahrung vor dem vorzeitigen Tod verringert – von den gesellschaftlichen Wohlfahrtsverlusten in Form von Krankheits-, Pflege- und Invaliditätskosten sowie Arbeitsausfällen und Familienleid bei nicht lege artis behandelten Krankheiten ganz abgesehen. Von daher zielt die Frage nach Verordnungslücken im Kontext mit dem AMNOG-Procedere nicht nur auf die medizinischen und ökonomischen Aspekte eines existenziellen Problems, sondern auch auf die Verlässlichkeit ethischer Standards in der GKV-Solidargemeinschaft.

Um sie zu beantworten, haben wir einen theoretisch-normativen Ansatz (Paradigma) entwickelt: Ausgehend von der markttheoretischen Idee der phasenweisen Marktdurchdringung (Diffusion) eines Produkts, wird ein normativer Rahmen für die zeitliche Entwicklung des „Verordnungsgrades" von neuen Medikamenten mit beträchtlichem und erheblichem Zusatznutzen entwickelt. Der Verordnungsgrad (VO-Grad) ist definiert als der prozentuale Anteil der tatsächlich verordneten Menge eines Wirkstoffs an der vom G-BA festgelegten maximalen bzw. potenziellen Menge (epidemiologisches Marktpotenzial in DDD). Unter einer Verordnungslücke ist dann die Differenz zwischen dem hypothetischen VO-Grad bei Vollversorgung (100 %) als dem normativen Rahmen und dem aus den tatsächlichen Versorgungsmengen errechneten VO-Grad zu verstehen.

Ein Messkonzept für Versorgungslücken zu entwickeln, ist eine Sache, den empirischen Nachweis für Prävalenz und Ausmaß zu führen, ist eine andere: So konnten wir aufgrund der notwendigen Auswahlkriterien – keine Onkologika und Orphan Drugs, durchgehende Verfügbarkeit von mindestens einem Jahr – bis auf wenige Ausnahmen aus den 52 AMNOG-Präparaten, die vom G-BA bis Ende 2016 mit einem beträchtlichen oder erheblichen ZN in mindestens einer Subgruppe bewertet wurden, nur 19 in die Analyse einbeziehen. Davon sind 11 Produkte erst ein bis zwei Jahre ganzjährig verfügbar, darunter alle sechs Hepatitis-C-Präparate, was einen intertemporären Vergleich praktisch ausschließt und insbesondere ökonometrische Berechnungen nahezu unmöglich macht. Nur 5 Medikamente waren über die gesamte Zeitspanne von 2012-2016 ganzjährig verfügbar.

Die VO-Grade aller 19 Produkte lagen 2016 in einer unglaublichen Spannweite von 0,14 % bis 126,42 %. Darunter haben 6 Präparate schon in der Einführungsphase nach ein bis zwei Jahren Verfügbarkeit einen VO-Grad von über 50 % erreicht, was bei Innovationen mit einem so hohen Zusatznutzen auch erwartet werden kann. Dagegen kommen 10 Präparate – also mehr als die Hälfte – selbst nach langjähriger Verfügbarkeit nicht über 20 % hinaus. Hieraus lässt sich allerdings erst aufgrund der Gegebenheiten im Einzelfall – wie therapeutische Alternativen, Überschneidung von Zielpopulationen, Verordnungen in Subgruppen mit abweichendem ZN – auf eine Unterversorgung schließen. Dazu haben wir die Produkte nach ihrer Marktentwicklung in drei Gruppen aufgeteilt – Hep-C-Präparate sowie Präparate mit hohem und solchen mit niedrigem Versorgungsgrad – und sie einzeln auf erklärungsrelevante Besonderheiten hin untersucht.

- Der Markt für neue Wirkstoffe gegen die chronische Hepatitis C ist seit dem Break through von Sovaldi® vor drei Jahren durch einen äußerst intensiven therapeutischen Innovations-Wettbewerb geprägt. Infolgedessen sind die für eine Einführungsphase überaus hohen VO-Grade der Erstinnovationen (Sovaldi®, Harvoni®, Daklinza®) schon im zweiten Verfügungsjahr wieder rückläufig. Dazu hat aber auch beigetragen, dass über 95 % der Patienten innerhalb weniger Wochen geheilt werden konnten. Dass der vierte Innovator in 2014 (Olysio®) nach zwei Jahren trotz seiner großen Zielpopulation einen VO-Grad von nur 0,14 % erreicht hat, dürfte eher medizinisch-pharmakologische Gründe haben. Dagegen konnten die in Kombination verordneten, erst in 2016 erstmals ganzjährig verfügbaren Innovationen Exviera® und Viekirax® erst relativ niedrige, aber für die Einführungsphase typische VO-Grade von 5,7 % bzw. 6,4 % erreichen. Insgesamt gesehen findet sich somit trotz der außergewöhnlich hohen Therapiekosten kein valider Anhaltspunkt für eine Unterversorgung bei dieser Indikation, was bei einem so hohen Eradikationspotenzial der neuen Substanzen durchaus den Erwartungen entspricht.

- Zu den Produkten mit einer hohen Diffusionsperformance zählen wir sechs Präparate mit VO-Graden zwischen 33,5 % und 126,45 % in der Einführungs- bzw. Erprobungsphase. Darunter sind zwei Produkte mit einer einjährigen (Cosentyx® gegen Psoriasis und die Fixkombination Duaklir®Genuair®/Brimica®Genuair® als Erhaltungstherapie bei COPD), drei Produkte mit einer zweijährigen (Tivicay® und Triumeq® gegen HIV und Hemangiol® gegen Blutschwämmchen bei Säuglingen) und ein Produkt mit einer vierjährigen Verordnungsdauer (Kalydeko® bei zystischer Fibrose). Bei allen Besonderheiten im Einzelfall lässt sich auch in dieser Gruppe kein Anhaltspunkt für eine etwaige Unterversorgung ausmachen.

2.6 Verordnungslücken bei Innovationen mit hohem Zusatznutzen

- Die restlichen 7 Präparate unserer Produktauswahl bilden die Gruppe mit geringer Diffusionsperformance: Sie haben unter Berücksichtigung der jeweiligen Verfügungsdauer einen vergleichsweise recht niedrigen VO-Grad zwischen 3,3 % und 26,9 %. Darunter sind alle fünf Präparate, die seit 2012 ganzjährig verfügbar sind, sich somit in der Bewährungsphase befinden und unserem Paradigma entsprechend in 2016 bereits hohe zweistellige VO-Grade hätten aufweisen müssen: Brilique® gegen atherothrombotische Ereignisse nach Herzinfarkt mit 26,9 %, Benlysta® gegen SLE mit 4,0 % und die drei onkologischen Präparate Zytiga® gegen Prostatakarzinom mit 14,7 % sowie Yervoy® und Zelboraf® zur Melanom-Therapie mit 3,5 % bzw. 10,9 %. Bei näherer Betrachtung wird aber deutlich, dass die drei Onkologika im therapeutischen Wettbewerb stehen und bereits seit einigen Jahren VO-Mengen zugunsten ihrer Konkurrenten in den jeweiligen Indikationen eingebüßt haben, so dass ihre VO-Grade rückläufig waren bzw. auf sehr niedrigem Niveau stagnierten. Sofern jedoch die therapeutischen Newcomer die entstandenen Verordnungslücken schließen und darüber hinaus weiter prosperieren können, kann in diesen Fällen von einer „Unterversorgung" keine Rede sein.
- Somit bleiben mit Brilique®, Benlysta®, Dificlir® und Jetrea® nur noch 4 (21 %) der 19 untersuchten Produkte übrig, die durch beträchtliche Versorgungslücken auffallen und dafür keine Erklärung im Rahmen unseres Paradigmas liefern. Somit kann man bei diesen Medikamenten zu recht von einer „vermeidbaren Unterversorgung" sprechen. Bei den drei zuletzt genannten Präparaten, die angesichts ihrer sehr niedrigen VO-Grade in 2016 Verordnungslücken von 93,8 % (Dificlir®), 96,0 % (Benlysta®) und 96,7 % (Jetrea®) aufweisen, obwohl sie sich schon in der Erprobungs- bzw. Bewährungsphase befinden, dürfte die Unterversorgung der AMNOG-Terminologie entsprechend sogar als „erheblich" gelten.

Allerdings sind die davon betroffenen Zielpopulationen relativ klein, was aber keine Rechtfertigung für diesen bedenklichen Befund sein kann. Dagegen hat Brilique® ein erheblich höheres epidemiologisches Marktpotenzial, das nach fünf Verfügbarkeitsjahren mit einem VO-Grad von knapp 30 % bei weitem nicht ausgeschöpft ist. Unserer Hochrechnung zufolge würde es noch 11 Jahre dauern, bis die Vollversorgung mit diesem Medikament erreicht wäre. Bis dahin würde sich die seit dem Launch kumulierte Unterversorgung auf 1,7 Mio. „Verordnungsjahre" belaufen.

Fazit

Wer den Zusatznutzen von Arzneimittel-Innovationen von einem untergesetzlichen Normgeber wie dem G-BA rechtsverbindlich bewerten lässt und dafür sorgt, dass darauf aufbauend ein Erstattungsbetrag zwischen Hersteller und Spitzenverband der Krankenkassen vereinbart wird, der die Wirtschaftlichkeit indikationsgerechter Verordnungen gewährleisten soll, darf auch erwarten, dass die derart ausgezeichneten Medikamente auch im Bedarfsfall verordnet werden. Deshalb muss sich die mit dem AMNOG eingeleitete Pharmawende auch daran messen lassen, ob und inwieweit das amtlich festgestellte epidemiologische Marktpotenzial der therapeutisch fortschrittlichen Innovationen bei der Marktdurchdringung bzw. Diffusion schnellstmöglich bis zur „Vollversorgung" ausgeschöpft wird. Dies liegt nicht nur im vitalen Interesse der Patienten, sondern ist auch eine wirtschaftliche Conditio sine qua non der Innovationsbereitschaft und -fähigkeit der Hersteller. Und bedenkt man die persönlichen, sozialen und ökonomischen Folgen nicht oder nicht adäquat behandelter Krankheiten, hängt davon letztlich auch die Vermeidung größerer gesellschaftlicher Wohlfahrtsverluste ab.

Gemessen am „Verordnungsgrad" als Anteil der tatsächlichen an der potenziellen Verordnungsmenge zeigt sich, dass es zwischen den 19 ausgewählten Präparaten mit beträchtlichem und erheblichem Zusatznutzen große Unterschiede nach Höhe und zeitlicher Entwicklung gibt. Sie sind erklärungsbedürftig, um im Einzelfall auf eine „Unterversorgung" schließen zu können. Dabei spielt der therapeutische Wettbewerb, in dem sich Innovationen einerseits erst gegen die Bestandspräparate durchsetzen müssen und andererseits im Diffusionsprozess vorzeitig durch bessere Therapeutika verdrängt werden können, eine zentrale Rolle. Zieht man dies – wie auch sich überschneidende Zielpopulationen, divergierende medizinische Endpunkte oder unterschiedliche Anwendungsformen – in Betracht, findet sich bei 15 (79 %) der untersuchten Präparate kein valider Hinweis auf eine Unterversorgung. Das sollte bei Innovationen mit hohem Zusatznutzen auch nicht weiter überraschen. Andererseits lassen die Gegebenheiten bei 4 (21 %) der Produkte auf eine gravierende Unterversorgung schließen.

Dieser Befund sollte zum einen Anlass sein, auch Arzneimittel-Innovationen mit geringem, nicht quantifizierbarem oder als nicht belegt geltendem Zusatznutzen zu untersuchen; denn bei Präparaten in diesen Nutzenkategorien dürfte das ärztliche Verordnungsverhalten vergleichsweise stärker durch Faktoren wie Preise, Regressrisiken, Informationsdefizite

2.6 Verordnungslücken bei Innovationen mit hohem Zusatznutzen

und Therapieerfahrungen geprägt sein und möglicherweise mehr Unterversorgung nach sich ziehen, als es bei Produkten mit hohem ZN zu erwarten ist. Auch wäre zur Einschätzung der GKV-Versorgungslage bei Arzneimittel-Innovationen ein Vergleich mit den Verordnungsgraden in der PKV – quasi als „Surrogatparameter" – hilfreich. Zu alledem bedürfte es aber einer verbesserten Datenbasis: Die Krankenkassen müssten für die GKV insgesamt subgruppenspezifische Verordnungsmengen liefern und der G-BA realistischere und präzisere Angaben zu potenziellen Patientenzahlen und Verbrauchsmengen machen.

Die von uns vorgelegten Ergebnisse sind von daher weder umfassend, noch abschließend. Sie sind vielmehr als ein heuristischer Anstoß zu verstehen, um in theoretisch, methodisch und empirisch weiterentwickelten Analysen denkbare Schattenseiten im Verordnungsgeschehen bei AMNOG-Präparaten besser erhellen, erklären und reformpolitisch angehen zu können.

3. AMNOG nach den Wahlen – was bleibt zu tun?

Empirische Befunde und Lerneffekte
Sechs Jahre AMNOG bedeuten sechs Jahre Erfahrung sammeln mit einem bei Einführung 2011 gänzlich neuen Verfahren (HTA – Health-Technology-Assessment) zur Erstattung von therapeutisch fortschrittlichen Medikamenten in der GKV-Arzneimittelversorgung. In ihm bilden die Frühe Nutzenbewertung (FNB) und die anschließende Preisfindung im Wege von Vereinbarungen oder Schiedsentscheidungen den prozeduralen Kern. Nach 228 abgeschlossenen Verfahren (Stand 31.12.2016) möchte man annehmen, dass das AMNOG-Procedere durch „Learning by Doing" so weitgehend korrigiert und verbessert wurde, dass es nun in jeder Hinsicht rund läuft. Unsere empirischen Befunde nähren allerdings Zweifel daran, dass die beteiligten Akteure in jedem Falle bereit und in der Lage waren, konsequent aus den sichtbar gewordenen Problemen der Regulierungsstruktur (Governance) und ihrer Umsetzung (Practice) bei der Nutzenbewertung, Preisfindung und Marktdurchdringung zu lernen und die erforderlichen Verbesserungen vorzunehmen.

Bei den 228 Bewertungsverfahren erkannte der G-BA in 130 Fällen (57 %) einen Zusatznutzen (ZN) für mindestens eine Teilpopulation, in 98 Fällen (43 %) dagegen nicht. Bezogen auf die untersuchten 486 Subgruppen, attestierte er in 296 Gruppen (61 %) keinen Zusatznutzen. Bezogen auf die Anzahl der potenziell zu behandelnden Patienten, lautete das Ergebnis sogar für 76 % der Patienten: „kein Zusatznutzen belegt". Auffällig ist weiterhin, dass die meisten Präparate ohne belegten ZN nicht etwa wegen mangelnder therapeutischer Vorteilhaftigkeit derart bewertet wurden, sondern weil dem G-BA „unzureichende" Daten vorlagen: Nur für 34 (11,5 %) von 296 Subgruppen wurde das Ergebnis „kein Zusatznutzen" aus den bewerteten Studienergebnissen abgeleitet. In allen anderen Fällen fehlten aus Sicht des G-BA Nachweise, oder die vorgelegten Daten wurden von ihm als unvollständig oder ungeeignet eingestuft, so dass der ZN nach der Gesetzeslage als „nicht belegt" gilt. Damit fallen die bisherigen Lerneffekte eher bescheiden aus: In vielen Fällen konnte nicht belegt werden, dass kein ZN besteht; andererseits ist es vielfach wegen der angewandten Methoden des HTA-Verfahrens und der überwiegend aus klinischen Studien stammenden Daten aber auch nicht möglich zu zeigen, dass es einen ZN gibt.

Lerneffekte können auch beim Blick auf unterschiedliche Indikationsgebiete entstehen wie auch bei der Frage, ob das AMNOG-Verfahren zu Ungleichbehandlungen bei der FNB führt: So wurde in der Onkologie für 34 % der potenziell betroffenen Patienten kein Zusatznutzen festgestellt, bei Stoffwechselerkrankungen betrifft dies dagegen über 80 % der Patienten. Die FNB bedarf in diesen besonders häufigen Indikationsgruppen einer besonderen Analyse, um die zunehmende Diskussion über möglicherweise verzerrte Bewertungen empirisch unterlegen zu können. Denn wenn sich methodisch bedingt der ZN für onkologische Arzneimittel insbesondere im Endstadium der Krankheit besser nachweisen lässt als bei lang andauernden chronischen Krankheiten, könnte dies einen negativen Einfluss auf die künftige Forschung zu großen Volkskrankheiten haben und anschließend zu Versorgungslücken bei den betroffenen Patienten führen.

Für die Bewertungspraxis besonders relevante Lerneffekte lassen Vergleiche der Bewertungsverfahren und -ergebnissen von G-BA und IQWiG mit denen ausländischer HTA-Agenturen erwarten. Studien dazu zeigen, dass unterschiedliche Basisinformationen und Bewertungsmaßstäbe in anderen Ländern zu erheblich divergierenden Ergebnissen führen. So unterscheiden sich die untersuchten Länder vor allem darin, wie Studienendpunkte bewertet und ob Surrogatparameter akzeptiert werden, welche Vergleichstherapien man ansetzt, oder wie man damit umgeht, wenn keine ausreichende Evidenz verfügbar ist. Die Entscheidung über den ZN ist deshalb immer auch eine Entscheidung unter Unsicherheit. Je rigoroser die Bewertung ausfällt, desto größer ist das Risiko, dass therapeutische Optionen durchfallen und nicht beim Patienten ankommen. Umgekehrt gilt aber auch: Je weniger strikt die Bewertung, desto größer ist das Risiko, dass Präparaten ein ZN attestiert wird, der sich in der Versorgungspraxis nicht bestätigt. Auf dieser Gratwanderung findet letztlich die Bewertung von Arzneimitteln in allen Ländern statt, was dementsprechend zu unterschiedlichen Resultaten führt.

Von den bislang 120 Erstattungsbeträgen wurde die überwiegende Mehrzahl (99) im Verhandlungsweg erzielt, lediglich 21 EB kamen durch Schiedsstellenentscheidungen zustande. Im letzteren Fall verblieben davon lediglich 10 Präparate (47,6 %) auf dem deutschen Markt, bei den übrigen

3. AMNOG nach den Wahlen: was bleibt zu tun?

kam es zur Marktrücknahme.[122] In den meisten Verfahren hat sich die Schiedsstelle zumindest anfangs statt als „Schlichter" eher als „Richter" in dem Sinne verstanden, dass sie Erstattungsbeträge festsetzte, die von ihr formal bzw. algorithmisch – d. h. letztlich ohne Marktbezug – generiert wurden.[123] Nur so ist erklärlich, dass EB festgesetzt wurden, die außerhalb der Bandbreite lagen, die in den Vertragsverhandlungen zwischen Hersteller und GKV-SV strittig blieben. Auch lagen die von der Schiedsstelle festgesetzten EB mitunter über den Therapiekosten der generischen ZVT, obwohl der G-BA keinen ZN erkannt hatte; umgekehrt endete das Schiedsverfahren in manchen Fällen mit vergleichsweise sehr niedrigem EB, obwohl den betreffenden Präparaten ein ZN zuerkannt worden war. Das führt in der Praxis dazu, dass das Risiko einer nicht leitliniengerechten Behandlung steigt, weil der Preis des Medikaments die Verordnungsentscheidung beeinflusst – was die Kassen im Interesse der Wirtschaftlichkeit von Verordnungen fordern, aber vom AMNOG gar nicht intendiert ist. Auch hieraus könnte man lernen.

Erforderliche Kurskorrekturen
Die aufgezeigten Defekte des AMNOG resultieren im Wesentlichen aus dem Geburtsfehler einer nicht ausbalancierten Governance und der dadurch im Vollzug auftretenden Probleme bei der Nutzenbewertung und Preisverhandlung. Eine dringend notwendige Kurskorrektur bestünde darin, die Governance und ihre praktische Handhabung stärker auszubalancieren, um in den Bewertungs- und Verhandlungsabläufen sowohl kassenseitige als auch industrieseitige Belange besser aufgreifen bzw. abbilden zu können. Ein wichtiger Schritt in diese Richtung wäre die strikte Trennung der Nutzenbewertung von der Preisfindung – vorzugsweise durch Errichtung eines neutralen Arzneimittel-Bewertungsausschusses als phar-

---

122 Darunter ist auch das Präparat Imnovid® (*Pomalidomid*), das nach dem Rückzug von zwei Wirkstärken (1 mg und 2 mg) Anfang 2015 nur noch mit den verbliebenen Wirkstärken verfügbar war und nach Einigung mit dem GKV-SV über den EB seit Oktober 2016 wieder voll verfügbar ist (solche „Teilrückzüge" werden neuerdings aber nicht mehr als besondere Kategorie ausgewiesen). Das in Abbildung 2-14 aufgeführte Präparat Provenge® (*Sipuleucel T*) bleibt hier unberücksichtigt, weil es die Zulassung zeitnah zum FNB-Beschluss zurückgegeben hat und nicht mehr gelistet wird.
123 Siehe dazu ausführlich *Cassel/Ulrich* 2014,2. Unter ihrem neuen unparteiischen Vorsitzenden *Jürgen Wasem* tendierte die Spruchpraxis der AMNOG-Schiedsstelle seit Mitte 2015 eher in Richtung „Schlichter".

matherapeutisches Expertengremium (*Cassel/Wille* 2009, S. 145 ff.). Solange nämlich der GKV-SV als dominante „Bank" im G-BA vertreten und zugleich Vertragspartei bei den Rabattverhandlungen mit dem Hersteller ist, bleibt die Nutzenbewertung höchst strategieanfällig.

Eine weitere Kurskorrektur wäre auch hinsichtlich der Berücksichtigung weiterer Zuschlagfaktoren auf die Therapiekosten der ZVT bei den EB-Vereinbarungen wie auch bei den Schiedsstellenentscheidungen erforderlich. Bisher sind nämlich als Zuschlagfaktoren lediglich drei Komponenten zulässig: das Ausmaß des Zusatznutzens, die Jahrestherapiekosten der ZVT und die gewichteten europäischen Preise des Produkts. In den verhandelten und festgesetzten Erstattungsbeträgen sollten sich grundsätzlich aber auch die F&E-Leistungen der Hersteller niederschlagen können. Anderenfalls bestünde die Gefahr, dass die Erstattungsbeträge keine Deckungsbeiträge für die laufenden oder künftig zu erwartenden F&E-Kosten enthalten und herstellerseitig als wirtschaftlich nicht ausreichend betrachtet werden. Diese Gefahr scheint bei den Beschlüssen der Schiedsstelle besonders virulent zu sein, denn die Quote von bislang 52,4 % Marktrücknahmen nach erfolgter Festsetzung des EB ist anders nicht erklärbar. Zumindest sollte sich die Schiedsstelle als „Schlichter" verstehen mit dem Ziel, doch noch eine marktkonforme Verhandlungslösung zu erreichen (*Cassel/Ulrich* 2015,1, S. 126 ff.). Diesbezüglich drohen jedoch neuerdings Rückschläge durch die Rechtsprechung des Landessozialgerichts Berlin-Brandenburg (*LSG BB* 2017).[124] Hier ist nun dringend der

---

124 Die Rechtmäßigkeit einer eher schlichtenden Spruchpraxis der Schiedsstelle wird im jüngsten Urteil des LSG BB vom 28. Juni 2017 infrage gestellt; denn die Schiedsstelle werde nach § 130 (5) SGBV „... *nicht etwa wie ein privater Schlichter tätig, der, ungebunden von rechtlichen Maßstäben, nach einem freien Kompromiss suchen kann*", vielmehr nehme sie „... *Aufgaben der öffentlichen Verwaltung wahr*" (*LSG BB* 2017, S. 17 f.). Und weil die Schiedsstelle „*Behördeneigenschaft*" besitze und das Schiedsverfahren ein „*Verwaltungsverfahren*" sei, verlange er von ihr eine Preisbildung, „... *die eine einzelfallbezogene, nachvollziehbare und alle rechnerischen Elemente objektivierende Begründung enthält*" – einen „*feststehenden, regelbindenden Entscheidungsalgorithmus*" nicht ausgeschlossen (*LSG BB* 2017, S. 22). Da fragt man sich als Ökonom, was im Falle einer im Rechtsrahmen des § 130b SGB V angestrebten, aber nicht zustande gekommenen Vereinbarung zwischen GKV-SV und Hersteller über die Höhe des Preises bzw. Erstattungsbetrages im anschließenden Schiedsverfahren vernünftigerweise anders sein sollte, als ein auf Schlichtung bedachtes „*freies Aushandeln*" des Erstattungsbetrages zum Ausgleich der finanziellen Interessen beider Vertragsparteien. Und wenn dies dazu beiträgt, dass daraufhin weniger

3. AMNOG nach den Wahlen: was bleibt zu tun?

Gesetzgeber gefragt, welche Spruchpraxis er der Schiedsstelle abverlangen will, um Ergebnisse zu erzielen, die nicht nur im Interesse der Vertragsparteien liegen, sondern vor allem auch die Patienten vor Marktrücknahmen fortschrittlicher Arzneimitteltherapien bewahren.

Einer Kurskorrektur bedarf es auch mit Blick auf drohende Versorgungslücken, die als Verfügbarkeits- und Verordnungslücken zunehmend in das Visier der Gesundheitsökonomen und medizinischen Fachgesellschaften rücken. Denn von den EMA-zugelassenen AMNOG-Präparaten treten immer weniger Produkte hierzulande in den Markt ein oder im Zuge des AMNOG-Verfahrens wieder aus, so dass die Verfügbarkeitsquote inzwischen nur noch knapp 70 % beträgt. Außerdem gelangen die noch verfügbaren Arzneimittel-Innovationen mit Zusatznutzen wegen verhaltener ärztlicher Verordnungsweise nicht immer bzw. nicht schnell genug zu jenen Patienten, die therapeutisch davon profitieren könnten. Die mangelnde Marktdurchdringung (Diffusion) der Produkte führt dann zu Verordnungslücken mit vermeidbarer Unterversorgung der Zielpopulationen. Sie kann zahlreiche rechtliche, medizinische und ökonomische Gründe haben, ist aber unter dem AMNOG-Regime vor allem der Mischpreisproblematik und dem Unterlaufen des dahinterstehenden Kalküls zuzuschreiben. Auch diesbezüglich besteht dringender Handlungsbedarf.

Gesundheitspolitische Reformagenda
Mit dem Arzneimittelversorgungsstärkungsgesetz (AMVSG) ist das letzte große Reformprojekt zur Weiterentwicklung der Arzneimittelversorgung vor dem Ende dieser Legislaturperiode in Kraft getreten. Wie der Bundesgesundheitsminister dazu erklärte, sei mit diesem Gesetz dafür gesorgt, dass sich „*Patientinnen und Patienten auch in Zukunft auf eine hochwertige und bezahlbare Arzneimittelversorgung verlassen können*" und „*Arzneimittel mit einem Mehrnutzen schnell den Weg in die Versorgung finden*" (*Gröhe* 2017, S. 1). Dieser Bewertung kann man grundsätzlich zustimmen; denn wie mit dem AMNOG begonnen, wurden die gesetzlichen Rahmenbedingungen für die Anwendung der notwendigen HTA-Verfahren – so z. B. die Kriterien für die Aufnahme innovativer Arzneimittel in den GKV-Leistungskatalog und die Modalitäten für die Festlegung der

---

AMNOG-Präparate wieder vom Markt genommen werden, liegt das auch im Patienteninteresse an einer ungeschmälerten Verfügbarkeit von Arzneimittel-Innovationen.

3. AMNOG nach den Wahlen – was bleibt zu tun?

Erstattungsbeträge – im AMVSG in Übereinstimmung mit dem Value-Based-Pricing-Paradigma weiterentwickelt.[125] Auch ist dem Gesetzgeber hoch anzurechnen, dass er einer Reihe von Forderungen nicht nachgegeben hat, die auf reine Kostendämpfung abzielten und die mit dem AMVSG verfolgten Ziele konterkariert hätten:[126]

- So wurde im Vorfeld des AMVSG von den Kassen- und Ärzteverbänden vehement gefordert, die selbst vom G-BA-Vorsitzenden unterstützte Suspendierung des Bestandsmarktaufrufs in 2014 wieder rückgängig zu machen, um auch für die noch patentgeschützten Bestandspräparate rabattierte Erstattungsbeträge vereinbaren zu können. Dagegen sprachen jedoch gewichtige rechtliche, administrative und wirtschaftliche Gründe, die den Gesetzgeber zur Ablehnung dieser Forderung bewogen haben.
- Kassen und Ärzteschaft hatten sich auch für eine rückwirkende Geltung der Erstattungsbeträge eingesetzt. Damit sollte der Ausgabenbelastung durch Arzneimittel-Innovationen mit ihren vergleichsweise hohen Launchpreisen im ersten Jahr nach der Markteinführung entgegengewirkt werden. Die damit drohenden „Kosten" eines zusätzlichen Barriereeffekts für neu zugelassene Präparate sowie der kalkulatorischen Risiken und administrativen Hemmnisse hätten jedoch die zu erwartenden Einsparungen bei weitem überwogen und haben zur Ablehnung der Forderung geführt.
- Alternativ dazu wurde von gleicher Seite eine Umsatzschwelle für Arzneimittel-Innovationen gefordert. Damit sollte der Budgeteffekt der aus dieser Sicht weit überhöhten („Mond"-)Preise im ersten Jahr nach dem Launch begrenzt werden. Im Gespräch war eine Schwelle in Höhe von 250 Mio. €, ab der der zu vereinbarende Erstattungsbetrag rückwirkend gelten sollte. Auch in diesem Fall hat das überschaubare

---

125 Hierzu gehören etwa die bessere Berücksichtigung von Kinderarzneimitteln und resistenzbedrohten Antibiotika bei der Nutzenbewertung, die Einzelfallregelung zur Vereinbarung von Erstattungsbeträgen wichtiger Therapieoptionen mit nicht belegtem ZN oder die Fristenregelung zur Vorlage der Dossiers bei Bündelung mehrerer Bewertungsverfahren. Andererseits enthält das AMVSG auch eine Fülle von versorgungs- und qualitätssichernden Einzelregelungen für Arzneimittelgruppen (Impfstoffe, Zytostatika) und Apotheken, die nicht AMNOG-spezifisch sind und hier außer Betracht bleiben.

126 Siehe hierzu und im Folgenden die Begründung in den Abschnitten 2.1 und 2.2.

3. AMNOG nach den Wahlen: was bleibt zu tun?

Einsparpotenzial die „Kosten" der zusätzlichen Regulierung nicht gerechtfertigt.

- Andererseits hat die forschende Pharmaindustrie gefordert, die rechtskräftig zustande gekommenen Erstattungsbeträge „geheim" zu halten, indem sie nur solchen Institutionen und Personen zur Kenntnis gegeben werden sollten, die sie zur Erfüllung ihrer Aufgaben benötigen. Angesichts der inzwischen deutlich unter den europäischen Vergleichspreisen liegenden Erstattungsbeträge wollte die Pharmaindustrie damit verhindern, dass sie Nachteile auf ihren Auslandsmärkten befürchten muss, wenn vergleichsweise niedrige, allgemein zugängliche Erstattungsbeträge international referenziert werden. Dies ist vornehmlich am Widerstand der Kassen gescheitert, die auf Preistransparenz für die Ärzte beim Verordnen bestanden haben.[127] Zudem wäre die Umsetzung der Vertraulichkeit mit erheblichen Problemen verbunden gewesen, denn zumindest die Privatversicherten hätten notwendigerweise die EB kennen müssen. Nicht zuletzt hätte auch die Vielzahl der Beteiligten die Geheimhaltung praktisch unmöglich gemacht.

Des Weiteren betreffen einige der von uns im Gutachten diskutierten Reformerfordernisse nicht unmittelbar den Gesetzgeber, sondern die Verbände der GKV-Selbstverwaltung und Leistungserbringer, die den rechtlich vorgegebenen Rahmen ausfüllen müssen. Dies betrifft insbesondere die Rahmenvereinbarung (RV), in der die maßgebenden Verbände der pharmazeutischen Unternehmer gemeinsam mit dem GKV-SV, wie gesetzlich gefordert, die zentralen Prozeduren der Preisfindung festgelegt haben. So findet sich hier beispielsweise die vom Gesetz nicht zwingend vorgegebene Festlegung der Preisfindung im „Bottom-up-Verfahren" mit Aufschlägen auf die Therapiekosten der ZVT, statt im „Top-down-Verfahren" Rabatte auf den Launchpreis zu vereinbaren, womit die oben ge-

---

[127] Teilweise haben die Kassen aber auch mit der Forderung der Hersteller sympathisiert, weil sie sich von der „Geheimhaltung" eine größere Nachgiebigkeit bei den Preisverhandlungen versprochen haben. Für die Hersteller wiederum erschien die Geheimhaltung als Second-best-Lösung, nachdem echte Rabattverhandlungen auf den Launchpreis, die ihre Verhandlungsposition zur Vereinbarung auskömmlicher Erstattungsbeträge im Vergleich zu Aufschlägen auf die ZVT-Kosten hätte stärken können, in den Rahmenvereinbarungen mit dem GKV-SV nicht durchsetzbar waren.

forderte Einbeziehung von F&E-Leistungen in den Erstattungsbetrag zumindest ansatzweise hätte gelingen können.[128]

Gleichwohl zeigen unsere Ergebnisse, dass für den Gesetzgeber noch genug Handlungsbedarf in der nächsten Legislaturperiode besteht, sollen sich die mit dem AMVSG verbundenen Erwartungen tatsächlich erfüllen. Dazu zählen insbesondere die folgenden Problemfelder, für die wir in den obigen Abschnitten 2.3 bis 2.6 bereits detaillierte Reformoptionen aufgezeigt haben.

- *Problemfeld Governance:* Der zentrale Defekt der Regelungsstruktur des AMNOG besteht nach wie vor darin, dass Nutzenbewertung und Preisfindung institutionell und personell nicht scharf genug voneinander getrennt sind. So soll die Quantifizierung des Zusatznutzens administrativ durch die GKV-Selbstverwaltung in Gestalt des G-BA erfolgen, während die darauf aufbauende Preisfindung bilaterale Verhandlungen zwischen GKV-SV als Repräsentant der Kassenseite und dem einzelnen Hersteller des bewerteten Präparats vorsieht. Und weil die FNB hinsichtlich der Bewertungskriterien und Auswahl der Vergleichstherapien strategieanfällig ist und der GKV-SV die maßgebliche Stimme im G-BA hat, sind gravierende Interessenkonflikte mit Nachteilen für die Anbieter von Arzneimittel-Innovationen hinsichtlich der für sie wirtschaftlich relevanten Ergebnisse des AMNOG-Prozesses nicht ausgeschlossen. Eine strikte institutionelle und personelle Trennung im Wege der Übertragung der FNB auf ein unabhängiges deutsches Expertengremium oder eine gesamteuropäische Bewertungsagentur analog zur EMA scheint aber politisch vorerst außer Reichweite zu sein. Deshalb sind pragmatische, rasch umsetzbare „Second-best-Lösungen" dringend gefragt, um Patienten vor Versorgungslücken bei fortschrittlichen Arzneimitteltherapien zu bewahren.[129] Als Einstieg hierzu empfehlen wir erstens, den Stimmblock der Leistungserbringer im „Plenum" des G-BA um einen Vertreter der forschenden pharma-

---

128 Siehe dazu ausführlich *Cassel/Ulrich* 2015,1, S. 140 ff.
129 Die hier gemachten Reformvorschläge könnten auch Bestandteil einer verschiedentlich geforderten Generalrevision der G-BA-Governance sein, wie sie z. B. von *Haucap/Coenen/Loebert* 2016 im Auftrag der Stiftung Münch ausgearbeitet und von deren *Reformkommission G-BA* 2016 zum Programm erhoben wurde.

3. AMNOG nach den Wahlen: was bleibt zu tun?

zeutischen Industrie zu ergänzen,[130] und zweitens, den wissenschaftlichen medizinischen Fachgesellschaften in Deutschland Sitz und Stimme zu Fragen der FNB im „Unterausschuss Arzneimittel" des G-BA einzuräumen. Darüber hinaus müsste der Gesetzgeber eine Weiterentwicklung der Rahmenvereinbarung (RV) zwischen GKV-SV und den maßgeblichen Pharmaverbänden anstoßen: Er müsste striktere Verfahrensvorgaben für die Preisfindung – wie im Übrigen auch für die Spruchpraxis der Schiedsstelle – machen, um wie ursprünglich intendiert echte „Rabattverhandlungen" im Top-down-Verfahren zur Regel zu machen – statt dysfunktionale Aufschläge auf die Kosten der Vergleichstherapien nach der geltenden RV vereinbaren zu lassen.[131]

- *Problemfeld Nutzenbewertung:* Jede fachwissenschaftlich noch so gut fundierte Nutzenbewertung basiert letztlich auf Werturteilen über die Zweckmäßigkeit von Vergleichstherapien, Bewertungskriterien, Subgruppenbildung, Evidenzgraden, Wahrscheinlichkeiten usw. und kann von daher weder objektiv noch ergebnissicher sein. Dies ist vor dem Hintergrund zu sehen, dass der G-BA ein institutionelles „Bewertungsmonopol" in Deutschland hat und seine Beschlüsse rechtsverbindlich sind – mögliche Fehlurteile bzw. Irrtümer mit weitreichenden Folgen für das Wohlergehen der Patienten eingeschlossen. Angesichts der offenkundigen Divergenzen zwischen den indikations- und länderspezifischen Bewertungsergebnissen, der nach Indikationsgebieten unterschiedlichen Berücksichtigung patientenrelevanter Resultate (Outcome), der Strategieanfälligkeit hinsichtlich der Preisfindung und nicht zuletzt der ungeklärten Verwendungsziele der Bewertungsergebnisse,[132] gehört die Methodik der FNB dringend auf einen interdiszip-

---

130 Dies könnte auch mit einer entsprechenden Erhöhung der Stimmen auf Seiten des GKV-SV verbunden sein, um die bisherige Parität von Kassenseite und Leistungserbringern zu wahren.
131 Eine so wichtige Governance-Entscheidung wie die der Preisfindung im Top-down- oder Bottom-up-Verfahren sollte der Gesetzgeber selbst treffen und nicht den korporatistischen und privaten Vertragsparteien der RV (GKV-SV bzw. Pharmaverbände) überlassen.
132 Gemeint ist damit die Frage, ob die FNB lediglich als Basis der Preisfindung oder darüber hinaus auch der Verordnungssteuerung beispielsweise im Rahmen des geplanten Arztinformationssystems (AIS) dienen soll, denn die Anforderungen an diese beiden Zielrichtungen dürften wie gezeigt recht unterschiedlich sein. Ökonomisch gesehen gilt jedenfalls die auf den ersten Nobelpreisträger *Jan*

linären Prüfstand. Dies gilt insbesondere für die ausufernde Stratifizierung, die die Mischpreisbildung und -durchsetzung schon heute erschwert und das vom GKV-SV propagierte NoE-Konzept einer subgruppenspezifisch nutzenorientierten Erstattung in vielen Fällen ad absurdum führen würde – von den progressiv steigenden Kosten der stratifizierten Nutzenbewertung ganz abgesehen. Der Gesetzgeber sollte deshalb so rasch wie möglich klarstellen, dass die Subgruppenbildung in der FNB primär der Preisfindung und nicht der Verordnungssteuerung zu dienen hat. Demzufolge hätten sich G-BA und IQWiG auf eine regelhafte Verfahrensweise für ein weniger subtiles Slicing zu verständigen, das zweckmäßiger, praktikabler und vor allem weniger strategieanfällig und zudem kostengünstiger ist, als die gegenwärtige Praxis.

- *Problemfeld Mischpreis:* Mischpreise ermöglichen durchaus wirtschaftliches Verordnen über alle Subgruppen einer Indikation hinweg, sofern das Mischpreiskalkül nicht von Kassen und Ärzteschaft unterlaufen und von der Rechtsprechung nicht infrage gestellt wird. Deshalb muss der Gesetzgeber dringend für die Einhaltung der ihm zugrundeliegenden Anwendungsbedingungen sorgen: indem er generell AMNOG-Präparate mit einem rechtskräftig vereinbarten oder festgesetzten Erstattungsbetrag zur „wirtschaftlichen Leistung" nach § 12 (1) SGB V und ihre indikationsgerechte Verordnung als „Praxisbesonderheit" mit Bindungswirkung für alle regionalen Vereinbarungen und mit der Freistellung von der „Wirtschaftlichkeitsprüfung" erklärt. Spezifische Details zur Verhandlung von Mischpreisen, der Festlegung prospektiver Verordnungsmengen und der ex post erforderlichen Preisanpassung bei Abweichung der tatsächlichen von den prospektiven Mengen wären ergänzend dazu in der RV zu regeln. Dies gilt insbesondere für die bereits als Kann-Regelung praktizierte „mengenbezogene Staffelung" (Preis-Mengen- bzw. Preis-Volumen-Verträge), mit der die Einhaltung der Mischpreislogik bei unvorhergesehenen Marktentwicklungen effektiv und transaktionskostengünstig gewährleistet werden könnte. Weil hiermit verlässlich verhindert würde, dass nicht antizipierte Verordnungsentwicklungen finanziell zu Lasten der

---

Tinbergen zurückgehende Regel, dass zur Verfolgung unterschiedlicher Ziele stets auch unterschiedliche Mittel erforderlich sind.

3. AMNOG nach den Wahlen: was bleibt zu tun?

Kassen oder Hersteller gehen, müssten derartige Vertragsinhalte zumindest als „Soll-Regelung" in der RV konkretisiert werden.
- *Problemfeld Versorgungslücken:* Empirische Untersuchungen bestätigen die Vermutung, dass das AMNOG-Procedere Innovatoren teilweise davon abhält, ihre international zugelassenen neuen Präparate in Deutschland auszubieten. Zusammen mit den Marktaustritten bereits ausgebotener Produkte als Reaktion der Hersteller auf die ihrer Meinung nach unangemessenen Ergebnisse der Nutzenbewertung und Preisfindung sind hierzulande inzwischen fast ein Drittel der von der EMA zugelassenen AMNOG-fähigen Medikamente nicht oder nicht mehr verfügbar. Über diese „Verfügbarkeitslücken" hinaus kommt es bei einem Fünftel der von uns untersuchten Präparate mit hohem Zusatznutzen sogar zur Unterversorgung durch „Verordnungslücken", die sich bei Produkten mit geringem oder nicht quantifizierbarem Zusatznutzen in noch viel größerem Ausmaß zeigen dürften. Gründe dafür sind unzureichende Verordnungen therapeutisch überlegener Innovationen infolge von Informationsdefiziten, Regressrisiken oder ethischen Bedenken der Ärzte hinsichtlich der hohen Therapiekosten. Zur Lösung dieser Problematik bedarf es dringend einer gesetzlichen Klarstellung zur generellen Wirtschaftlichkeit von Erstattungsbeträgen – insbesondere in Form von Mischpreisen:

Damit wäre der Arzt beim indikationsgerechten Einsatz von AMNOG-Präparaten von Wirtschaftlichkeitserwägungen bei der Behandlung seiner Patienten entbunden, wäre insoweit keinem Regressrisiko mehr ausgesetzt und könnte seine Verordnungen ganz und gar an den medizinisch-therapeutischen Erfordernissen auszurichten. Dagegen können Verfügbarkeitslücken nur dann in Grenzen gehalten werden, wenn Governance, Nutzenbewertung und Preisfindung so weiterentwickelt werden, dass das AMNOG-Verfahren auch aus Herstellersicht zu akzeptablen Erstattungsbeträgen führt. Verfügbarkeits- und Verordnungslücken als Outcome des AMNOG dürften jedenfalls nicht im Interesse einer Gesundheitspolitik sein, die eine qualitativ hochwertige, therapeutisch fortschrittliche Arzneimittelversorgung zu stärken beabsichtigt und den Patienten im Bedarfsfall die Versorgung mit den dazu erforderlichen innovativen Pharmazeutika verspricht.

3. AMNOG nach den Wahlen – was bleibt zu tun?

Fazit
Einen „Königsweg" für die Preisfindung innovativer Arzneimittel gibt es sicherlich nicht. Gleichwohl zielt der Gesetzgeber mit seiner Idee einer nutzenorientierten Preisfindung auf dem Verhandlungsweg grundsätzlich in die richtige Richtung, denn auf diese Weise kann prinzipiell ein ergebnisoffenes Verfahren gewährleistet werden. Faktum ist aber, dass sich Arzneimittel-Innovationen auch unter dem AMNOG permanent verteuern und die Ausgaben dafür weiter steigen werden. Darin kommen ökonomische Sachverhalte und Gesetzmäßigkeiten zum Ausdruck, denen wir den Namen „AMNOG-Paradoxon" gegeben haben. Es ist jedoch ein Mythos, dass daraus eine unbegrenzte Ausgabendynamik in der GKV-Arzneimittelversorgung erwächst, die fortschrittliche Pharmakotherapien unbezahlbar machen und letztlich die finanzielle Stabilität des GKV-Systems gefährden wird. Damit verbietet sich auch eine überzogene Kostendämpfung, die sich an fragwürdigen Einsparpotenzialen bei Arzneimittel-Innovationen orientiert und unerwünschte Versorgungseffekte billigend in Kauf nimmt.

Wer den Zusatznutzen von Arzneimittel-Innovationen allgemeinverbindlich vom G-BA bewerten lässt und dafür sorgt, dass darauf aufbauend Erstattungsbeträge zwischen Hersteller und Spitzenverband der Krankenkassen vereinbart werden, der die Wirtschaftlichkeit indikationsgerechter Verordnungen gewährleisten soll, darf auch erwarten, dass die derart ausgezeichneten Medikamente im Bedarfsfall zur Verfügung stehen und verordnet werden. Deshalb muss sich das AMNOG auch daran messen lassen, ob und inwieweit das epidemiologische Marktpotenzial therapeutisch fortschrittlicher Innovationen bei der Marktdurchdringung bzw. Diffusion ausgeschöpft wird. Dies liegt nicht nur im vitalen Interesse der Patienten, sondern ist auch eine wirtschaftliche Conditio sine qua non der Innovationsbereitschaft und -fähigkeit der pharmazeutischen Unternehmer. Bedenkt man die persönlichen, sozialen und ökonomischen Folgen nicht oder nicht adäquat behandelter Krankheiten, hängt davon letztlich auch die Vermeidung größerer gesellschaftlicher Wohlfahrtsverluste ab.

Sofern sich die Gesundheitspolitik daran orientiert, darf sie angesichts der in diesem Gutachten aufgezeigten Schwächen des AMNOG und seiner unerwünschten Versorgungseffekte im kürzlich in Kraft getretenen AMVSG nicht ihren letzten Reformschritt sehen. Vielmehr zeigen die von uns für notwendig erachteten Kurskorrekturen der mit dem AMNOG eingetretenen Pharmawende und die dazu geeigneten Maßnahmen unserer Reformagenda, dass noch viel zu tun bleibt, um dem nicht mehr ganz so neuen Regulierungssystem zu dem Erfolg zu verhelfen, das es verdient.

Literaturverzeichnis

AM-Atlas – Arzneimittel-Atlas (2013 ff.): Der Arzneimittelverbrauch in der GKV. Herausgeber AM-Atlas 2016: Häussler, B.; Höer, A.; de Millas, C.; Autoren AM-Atlas 2016: Berkemeier, F.; Häussler, B.; Höer, A.; de Millas, C.; Zimmermann, A. (alle IGES Institut Berlin), September 2016, Berlin, Heidelberg.

AMNOG-Daten (2017): Funktionsweise und Ergebnisse der Preisregulierung für neue Arzneimittel in Deutschland. Herausgeber: BPI – Bundesverband der Pharmazeutischen Industrie e.V.; Autoren: Cassel, D.; Ulrich, V. (Universität Duisburg-Essen und Universität Bayreuth). Daten: BPI-MARIS, Stand 31.12.2016, Mai 2017, Berlin.

AMNOG-Report (2016 f.): Nutzenbewertung von Arzneimitteln in Deutschland. Herausgeber AMNOG-Report 2017: Storm, A. (DAK-Gesundheit Hamburg); Autoren AMNOG-Report 2017: Greiner, G.; Witte, J. (Universität Bielefeld), März 2017, Heidelberg.

AOK-BV – AOK-Bundesverband (2017): Verhandelte Erstattungsbeträge für Arzneimittel nicht per se wirtschaftlich – Kein Grund zur Panikmache durch die Pharmaindustrie. Presseinformation vom 26.04.2017, Berlin; www.aok-bv.de.

Arzneimittel-Atlas (2016): Der Arzneimittelverbrauch in der GKV. Häussler, B.; Höer, A.; de Millas, C. (Hg.), Berlin.

AVR – Arzneiverordnungs-Report (1985 ff.): Aktuelle Daten, Kosten, Trends und Kommentare. Schwabe, U.; Paffrath, D. (Hg.), Berlin, Heidelberg.

AWMF – Arbeitsgemeinschaft der Wissenschaftlichen Medizinischen Fachgesellschaften (2017,1): Ad-hoc-Kommission Nutzenbewertung: Frühe Nutzenbewertung neuer Arzneimittel in Deutschland, 2011-2016. Analysen und Impulse, Version 1.0, April 2017, Düsseldorf.

AWMF – Arbeitsgemeinschaft der Wissenschaftlichen Medizinischen Fachgesellschaften (2017,2): Positionspapier der Ad-hoc-Kommission: Frühe Nutzenbewertung neuer Arzneimittel 2017 vom 04.05.2017, Düsseldorf.

BARMER GEK – Arzneimittelreport (2010 ff.): Glaeske, G.; Schicktanz, C.: Auswertungsergebnisse der BARMER GEK Arzneimitteldaten, BARMER GEK (Hg.), Siegburg.

Bauer, C.; May, U.; Wasem, J. (2016): Analyse und Beschreibung des AMNOG-Umsetzungsproblems in die Versorgungspraxis. IBES – Institut für Betriebswirtschaft und Volkswirtschaft, Diskussionsbeitrag 216, Januar 2016, Essen.

Bausch, J. (2016): Preisexplosion bei innovativen Arzneimitteln – Herausforderung für GKV, Ärzte und Politik. In: IMPLICONplus – Gesundheitspolitische Analysen (2016,03), S. 1-15.

Bausch, J. (2017): Der Mischpreis steht auf der Kippe. Das LSG Berlin-Brandenburg torpediert das AMNOG. In: IMPLICONplus – Gesundheitspolitische Analysen – (2017,04), S. 1-9.

Behring, A. (2015): Methodische Zwänge bei der Subgruppenbildung und -bewertung. In: Vier Jahre AMNOG – Diskurs und Impulse, Interdisziplinäre Plattform zur Nutzenbewertung. Roche-Forum, Heft 1, Juli 2015, S. 22-27.

BfArM – Bundesinstitut für Arzneimittel und Medizinprodukte (2017): BfArM erweitert Informationsangebot im Zusammenhang mit Lieferengpässen. Pressemitteilung, 8/17, 2.5.2017; www.bfarm.de/SharedDocs/Pressemitteilungen/DE/2017/pm8-20 17.html.

BMBF – Bundesministerium für Bildung und Forschung (2016): Ergebnisse des Pharmadialogs vorgestellt – Zukunftsweisende Forschung, leistungsstarker Produktionsstandort und hochwertige Arzneimittelversorgung. Pressemitteilung, 036/2016, Berlin.

BMG – Bundesministerium für Gesundheit (2016,1): Das Gesetz zur Neuordnung des Arzneimittelmarktes (AMNOG), Glossar A vom 10.02.2016; http://www.bmg.bund.de/glossarbegriffe/a/das-gesetz-zur-neuordnung-des-arzneimittelmarktes-amnog.html.

BMG – Bundesministerium für Gesundheit (2016,2): Referentenentwurf eines Gesetzes zur Stärkung der Arzneimittelversorgung in der GKV (GKV-Arzneimittelversorgungsstärkungsgesetz – AMVSG) vom 22. Juli 2016, Berlin.

BMG – Bundesministerium für Gesundheit (2016,3): Bericht zu den Ergebnissen des Pharmadialogs. Exzellente Forschung, leistungsstarker Produktionsstandort und bestmögliche Arzneimittelversorgung, Berlin.

BMG – Bundesministerium für Gesundheit (2017,1): Pressemitteilungen des BMG zu den Finanzergebnissen der GKV aus den Jahren 2007 bis 2017; https://www.bundesgesundheitsministerium.de/presse/pressemitteilungen/2017/1-quartal-finanzergebnisse-gkv.html; zuletzt aufgesucht Nr. 16 vom 6. März 2017.

BPI – Bundesverband der Pharmazeutischen Industrie (2017): BPI fordert Bekenntnis zur Wirtschaftlichkeit des Mischpreises. Pressemitteilung vom 17.03.2017.

BPI – Bundesverband der Pharmazeutischen Industrie; Anton, V. (2016): Aktualisierte Auswertung: AMNOG als Innovationshürde oder Innovationsbremse? Mimeo, Berlin.

BPI-MARIS – Market Access, Reimbursement and Intelligence System (2017): Zwischenstand Frühe Nutzenbewertung, Stand vom 31.12.2016. BPI-Bundesverband der Pharmazeutischen Industrie e. V. (Hg.), Berlin.

Busse, R.; Panteli, D.; Schaufler, J.; Schröder, H.; Telschow, C.; Weiss, J. (2016,1): Europäischer Preisvergleich für patentgeschützte Arzneimittel. In: Schwabe, U.; Paffrath, D. (Hg.), Arzneiverordnungs-Report 2016. Aktuelle Daten, Kosten, Trends und Kommentare, Berlin, Heidelberg, S. 193-206.

Busse, R.; Panteli, D.; Schaufler, J.; Schröder, H.; Telschow, C.; Weiss, J. (2016,2): Preise patentgeschützter Arzneimittel im europäischen Vergleich. Die deutschen Arzneimittelpreise im Vergleich zu den Listenpreisen in fünf ausgewählten europäischen Ländern. Wissenschaftliches Institut der AOK (WIdO) und TU Berlin; http://www.wido.de/arz_arzneimittelmarkt/EU-Preisvergleich_2016.html.

Literaturverzeichnis

Cassel, D. (2004): Innovationshürden als Diffusionsbarriere der Arzneimittelversorgung. In: Wille, E.; Albring, M. (Hg.), Paradigmenwechsel im Gesundheitswesen durch neue Versorgungsstrukturen? 8. Bad Orber Gespräche über kontroverse Themen im Gesundheitswesen 2003, Frankfurt am Main, S. 275-287.

Cassel, D.; Ulrich, V. (2012,1): Einsparpotenziale in der GKV-Arzneimittelversorgung. Zur Belastbarkeit von Potenzialberechnungen als Richtschnur für eine rationale Regulierung des Arzneimittelmarktes. Gutachten für den Bundesverband der Pharmazeutischen Industrie e. V. (BPI), Berlin. Endbericht vom 14. September 2012: http://www.bpi.de/daten-und-fakten/arzneiverordnungsreport-2012.

Cassel, D.; Ulrich, V. (2012,2): Herstellerabgabepreise auf europäischen Arzneimittelmärkten als Erstattungsrahmen in der GKV-Arzneimittelversorgung. Zur Problematik des Konzepts internationaler Vergleichspreise. Gutachten für den vfa – Verband Forschender Arzneimittelhersteller. Endbericht vom 22. Februar 2012: http://www.vfa.de/de/presse/gutachten-studien.

Cassel, D.; Ulrich, V. (2013): Einsparpotenziale durch Arzneimittelsubstitution, Arzneiverordnungs-Report wirft mehr Fragen auf als er beantwortet. In: Pharm. Ind. – die pharmazeutische industrie, 75(2013/5), S. 734-746.

Cassel, D.; Ulrich, V. (2014,1): Einsparpotenziale bei Arzneimitteln im Dienst der Kostendämpfung? In: Pharm. Ind. – die pharmazeutische industrie, 76(2014/8), S. 1194-1202.

Cassel, D.; Ulrich, V. (2014,2): AMNOG-Schiedsstelle: Richter oder Schlichter? Schiedsamtliche Preisermittlung bei neuen Arzneimitteln jenseits von Angebot und Nachfrage. Diskussionspapier 03-14 der Rechts- und Wirtschaftswissenschaftlichen Fakultät der Universität Bayreuth, Juni 2014.

Cassel, D.; Ulrich, V. (2015,1): AMNOG auf dem ökonomischen Prüfstand. Funktionsweise, Ergebnisse und Reformbedarf der Preisregulierung für neue Arzneimittel in Deutschland. Gutachten für den Bundesverband der Pharmazeutischen Industrie e. V. (BPI). In: Greiner, W.; Schreyögg, J.; Ulrich, V. (Hg.), Gesundheitsökonomische Beiträge, Bd. 1, Baden-Baden.

Cassel, D.; Ulrich, V. (2015,2): AMNOG – das Bermuda-Dreieck der GKV-Arzneimittelversorgung. Warum kommen Innovationen gar nicht oder erst verspätet beim Patienten an? In: IMPLICONplus – Gesundheitspolitische Analysen (2015,10), S. 1-17.

Cassel, D.; Ulrich, V. (2015,3): Arzneimittel-Innovationen zu Generikapreisen? Zur Problematik generischer Vergleichspreise als Richtschnur für Erstattungsbeträge – ökonomische Analyse und Zwischenbilanz der AMNOG-Preisfindung. Gutachten für Bayer HealthCare Deutschland vom 4. Mai 2015, Duisburg und Bayreuth.

Cassel, D.; Ulrich, V. (2016,1): Nutzenorientierte Erstattung (NoE). Das neue Erstattungskonzept des GKV-Spitzenverbands für stratifizierte Arzneimittel: Generikapreise als Richtschnur? In: Pharm. Ind. – die pharmazeutische industrie, 78(2016,9), S. 1262-1269.

Cassel, D.; Ulrich, V. (2016,2): Ungebremste Umsatzdynamik, Mondpreise und unverändert hohe Einsparpotenziale in der GKV-Arzneimittelversorgung? Potemkinsche Dörfer im Arzneiverordnungs-Report (AVR) 2016. In: RPG – Recht und Politik im Gesundheitswesen, 22(2016,4), S. 89-102.

Cassel, D.; Ulrich, V. (2016,3): Nutzenorientierte Erstattung für stratifizierte AM-NOG-Präparate? Das neue NoE-Konzept des GKV-Spitzenverbandes auf dem gesundheitsökonomischen Prüfstand. In: Wirtschaftswissenschaftliche Diskussionspapiere der Rechts- und Wirtschaftswissenschaftlichen Fakultät der Universität Bayreuth, 01-16, Oktober 2016, Bayreuth.

Cassel, D.; Wille, E. (2009): Weiterentwicklung des Arzneimittelmarktes – Kernelemente eines Reformkonzepts zur wettbewerblichen Steuerung der GKV-Arzneimittelversorgung. In: Wille, E.; Cassel, D.; Ulrich, V. (Hg.), Weiterentwicklung des Gesundheitssystems und des Arzneimittelmarktes, Baden-Baden, S. 79-162.

Chandra, A.; MacEwan, J. P.; Champinha-Bacote, A.; Khan, Z. M. (2015): Returns to Society from Investment in Cancer Research and Development. In: Forum for Health Economics and Policy 2015; DOI 10.1515/fhep-214-0022.

Danzon, P. M.; Towse, A.; Mestre-Ferrandiz, J. (2013): Value-Based Differencial Pricing: Efficient Prices For Drugs In A Global Context. In: Health Economics (2013), published online in: Wiley Online Library (wileyonlinelibrary.com) DOI: 10.1002/hec, S. 1-8.

de Millas, C.; Höer, A.; Zimmermann, A.; Häussler, B. (2017): Marktdurchdringung von neuen Arzneimitteln. Ein Vergleich der zeitlichen Entwicklung vor und nach Einführung der frühen Nutzenbewertung nach § 35a SGB V. In: Gesundheitsökonomie und Qualitätsmanagement, 22(2017,3), S. 150-158.

Deutscher Bundestag (2010,1): Gesetzentwurf der Fraktionen der CDU/CSU und FDP. Entwurf eines Gesetzes zur Neuordnung des Arzneimittelmarktes in der gesetzlichen Krankenversicherung (Arzneimittelmarktneuordnungsgesetz – AMNOG). Drucksache 17/2413 vom 06.07.2010, Berlin.

Deutscher Bundestag (2010,2): Gesetzentwurf der Bundesregierung. Entwurf eines Gesetzes zur Neuordnung des Arzneimittelmarktes in der gesetzlichen Krankenversicherung (Arzneimittelmarktneuordnungsgesetz – AMNOG. Drucksache 17/3116 vom 01.10.2010, Berlin.

Deutscher Bundestag (2013): Entwurf eines Vierzehnten Gesetzes zur Änderung des Fünften Buches Sozialgesetzbuch (14. SGB V-Änderungsgesetz – 14. SGB V-ÄndG). Drucksache 18/201 vom 17.12. 2013, Berlin.

Deutscher Bundestag (2014): Beschlussempfehlung und Bericht des Ausschusses für Gesundheit (14. Ausschuss) zum Entwurf eines Vierzehnten Gesetzes zur Änderung des Fünften Buches Sozialgesetzbuch (14. SGB V-Änderungsgesetz – 14. SGB V-ÄndG). Drucksache 18/606 vom 19.02.2014, Berlin.

Deutscher Bundestag (2016): Regierungsentwurf eines Gesetzes zur Stärkung der Arzneimittelversorgung in der GKV (GKV-Arzneimittelversorgungsstärkungsgesetz – AMVSG). Drucksache 18/10208 vom 07.11.2016, Berlin.

Literaturverzeichnis

Deutscher Bundestag (2017): Beschlussempfehlung und Bericht des Ausschusses für Gesundheit (14. Ausschuss) zu dem Gesetzesentwurf der Bundesregierung eines Gesetzes zur Stärkung der Arzneimittelversorgung in der GKV (GKV-Arzneimittelversorgungsstärkungsgesetz – AMVSG). Drucksache 18/11449 vom 08.03.2017, Berlin.

Die Bundesregierung (2016): Ergebnisse des Pharmadialogs vorgestellt – Zukunftsweisende Forschung, leistungsstarker Produktionsstandort und hochwertige Arzneimittelversorgung. Pressemitteilung, Berlin, 12.04.2016.

DGHO – Deutsche Gesellschaft für Hämatologie und medizinische Onkologie (2016): Einfalt statt Vielfalt? Zu den Plänen des GKV-Spitzenverbands für ein Arztinformationssystem zu neuen Arzneimitteln. Pressemitteilung vom 31. Mai 2016; www.dgho.de.

DGHO – Deutsche Gesellschaft für Hämatologie und medizinische Onkologie; Wörmann, B. (2016): Frühe Nutzenbewertung neuer Arzneimittel in Deutschland – Subgruppen. Definition, Analyse und Kriterienkatalog. In: Gesundheitspolitische Schriftenreihe der DGHO, Bd. 8, Berlin.

DiMasi, J. A.; Grabowski, H. G.; Hansen, R. W. (2016): Innovation in the Pharmaceutical Industry: New Estimates of R&D Costs. In: Journal of Health Economics, 47(2016), S. 20-33.

Dusetzina, S. B. (2016): Drug Pricing Trends for Orally Administered Anticancer Medications Reimbursed by Commercial Health Plans, 2000-2014. In: American Medical Association, JAMA Oncology. Published online April 28, 2016; http://oncology.jamanetwork.com.

Eco-Hep Report – Berg, T.; Herder, J.; Krauth, C.; Rossol, S.; Stahmeyer, J. (2016): DER ECO-HEP REPORT. Eine gesamtökonomische Betrachtung der Virushepatitis C für Deutschland, Leberhilfe Projekt gUG. Herder, B.; Kautz, A. (Hg.), Köln.

Ehlers, A. P. F. (2017): „Die Vierte Hürde steht ante portas". Interview. In: market access & health policy, 7(2017/01), S. 5-9.

Ehlers, A. P. F.; Bickmann, M. (2017): Etabliertes System auf den Kopf gestellt. In: market access & health policy, 7(2017/03), S. 12-13; wieder abgedruckt unter dem Titel: "Essentials aus dem Pharma- und Sozialrecht". In: Pharmind – Die Pharmazeutische Industrie, 79(2017,5), S. 685-686.

EMA – European Medicines Agency (2017): Arzneimittelzulassung, https://europa.eu/european-union/about-eu/agencies/ema_de.

Ernst & Young (2016): Die größten Pharmaunternehmen der Welt. Eine Analyse wichtiger Finanzkennzahlen für die Geschäftsjahre 2013, 2014 und 2015. Stuttgart 2016; www.de.ey.com.

Fischer, K. E.; Heisser, T.; Stargardt, T. (2016): Health benefit assessment of pharmaceuticals: An international comparison of decisions from Germany, England, Scotland and Australia. In: Health Policy (2016); http://dx.doi.org/10.1016/j.healthpol.2016.08.001.

Literaturverzeichnis

Forum aktuell – Gesundheits- und sozialpolitischer Informationsdienst der AOK – Die Gesundheitskasse in Hessen (2016): Abbildung: Immer mehr teure Medikamente. In: Forum aktuell (2016,3), S. 2.

Frick, M. (2015): AMNOG-Subgruppen versus wirtschaftliche Verordnungsweise aus Sicht der Industrie. In: Vier Jahre AMNOG – Diskurs und Impulse, Interdisziplinäre Plattform zur Nutzenbewertung, Roche-Forum, Heft 1, Juli 2015, S. 28-37.

Frick, M. (2016,1): Das AMNOG besser in die Versorgung einpassen. In: G+S – Gesundheits- und Sozialpolitik, 70(2), S. 15-18.

Frick, M. (2016,2): Versorgung, Diffusion & Finanzierung intelligent optimieren: das AMNOG zum Erfolgsmodell machen. Vortragsfolien, GRPG-Symposion, Versorgung & Finanzierung von Arzneimittelinnovationen, Berlin, 15.1.2016.

Friedrichs, J. (2016): Verschreibungspflichtig. In: Zeitmagazin, 25(2016,2), S. 18-26.

gid – Gesundheitspolitischer Informationsdienst (2017): Analysen-Berichte-Kommentare, 22(2017,10), S. 2-11.

GKV-SV – GKV-Spitzenverband (2016,3): Thema: AMNOG-Verhandlungen. Pressemitteilung, Berlin vom 12.12.2016; https://www.gkv-spitzenverband.de/presse/themen/amnog_verhandlungen.

GKV-SV – GKV-Spitzenverband (2016,4): Hepatitis C: Umsatz neuer Arzneimittel sinkt. GAMSI-Telegramm, Dezember 2016; http://www.gkv-gamsi.de/.

GKV-SV – GKV-Spitzenverband (2017): Konzept zur nutzenorientierten Erstattung im Arztinformationssystem. In: GKV 90 Prozent. Das E-Magazin des GKV-Spitzenverbandes (2017,04), S. 1-3; https://www.gkv-90prozent.de/ausgabe/04/meldungen/04_noe-konzept/04_noe-konzept.html.

Glaeske, G. (2016,1): Preisbewertung von Arzneimitteln bei Markteintritt – Anforderungen und Maßstäbe. In: G+S – Gesundheits- und Sozialpolitik, 70(2), S. 19-27.

Glaeske, G. (2016,2): Zwischen Kosteneffektivität und „Mondpreisen" – Zur Preisdiskussion auf dem Pharmamarkt. In: IMPLICONplus – Gesundheitspolitische Analysen – 06/2016, Berlin, S. 1-12.

Gothe, H.; Klein, S.; Storz, P.; Höer, A.; Haag, C.; Marx, P.; Häussler, B. (2010): Erkenntnisse zur Arzneimitteltherapie im Zeitverlauf: Frühe Ergebnisse und späte Umsetzung? Retrospektive Untersuchung für ausgewählte Arzneimittel-Wirkstoffgruppen, Baden-Baden.

Haas, A.; Tebinka-Olbrich, A. (2015): Das Wirtschaftlichkeitsgebot im Einzelfall und der Mischpreis. In: Vier Jahre AMNOG – Diskurs und Impulse, Interdisziplinäre Plattform zur Nutzenbewertung, Roche Forum, Heft 1, Juli 2015, S. 14-21.

Haas, A.; Tebinka-Olbrich, A.; Kleinert, J. M.; Rózynska, C. (2016): Konzeptpapier Nutzenorientierte Erstattung. Vorlage zur Sitzung des VR des GKV-Spitzenverbandes am 08.06.2016; Version 10 vom 28.04.2016, Berlin.

Hammerschmidt, T. (2016): Analyse der AMNOG-Erstattungsbeträge im europäischen Preisumfeld. In: Gesundheitsökonomie & Qualitätsmanagement, Online-Publikation: 21.07.2016, S. 1-9; http://dx.doi.org/10.1055/s-0042-111421; Printversion: 22(2017,1), S. 43-53.

Literaturverzeichnis

Häussler, B. (2016): Der GKV-Arzneimittelmarkt 2015. Präsentation zum IGES Arzneimittel-Atlas 2016, Quadriga-Forum, 18. Oktober 2010, Berlin.

Häussler, B.; Höer, A. (2006): Der IGES-Arzneimittel-Atlas: Für einen realistischen Blick auf den Arzneimittel-Markt. In: IMPLICONplus – Gesundheitspolitische Analysen –, 04/2006, S. 1-11.

Häussler, B.; Höer, A.; de Millas, C. (2016) (Hg.): Arzneimittel-Atlas 2016. Der Arzneimittelverbrauch in der GKV, Berlin, Heidelberg.

Haucap, J.; Coenen, M.; Loebert, I. (2016): Bestandsaufnahme zum Gemeinsamen Bundesausschuss (G-BA). Eine Studie im Auftrag der Stiftung Münch, September 2016, München.

Hecken, J. (2017): Hecken: Streit ums Geld sorgt für Stillstand in der Versorgung. Bericht über den Vortrag des G-BA-Vorsitzenden auf dem Gesundheitskongress des Westens 2017 von Ilse Schlingensiepen. In: AZ – Ärzte Zeitung vom 27.04.2017; http//www.aerztezeitung.de/politik_gesellschaft/arzneimittelpolitik/article 934550.

Heuss, E. (1965): Allgemeine Markttheorie, Tübingen und Zürich.

Hoyle, M. (2008): Future Drug Prices and Cost-Effectiveness Analyses. In: Pharmacoeconomics, 26(2008,7), S. 589-602.

Hoyle, M. (2011): Accounting for the Drug Life Cycle and Future Drug Prices in Cost-Effectiveness Analysis. In: Pharmacoeconomics 29(2011,1), S. 1-15.

IMS Health – Institute for Medical Statistics (2017): Abruf von Verordnungsdaten und Angaben mit Stand bis 31. Dezember 2016, Frankfurt am Main.

IQWiG – Institut für Qualität und Wirtschaftlichkeit im Gesundheitswesen (2015): Allgemeine Methoden. Version 4.2 vom 22.04.2014, Köln; www.iqwig.de.

IQWiG – Institut für Qualität und Wirtschaftlichkeit im Gesundheitswesen (2016): Allgemeine Methoden. Version 5.0 vom 07.12.2016, Köln; www.iqwig.de.

Jacke, C.; Wild, F. (2017): Arzneimittelversorgung der Privatversicherten 2017: Zahlen, Analysen, PKV-GKV-Vergleich. WIP – Wissenschaftliches Institut der PKV, Köln.

Jena, A. B.; Philipson, T. J. (2016): Value In Healthcare – Time To Stop Scratching The Surface; http://www.forbes.com/sites/tomasphilipson/2016/04/05/value-in-health-care-time-to-stop-scratching-the-surface/#709c5af1721e.

Jürges, H. (2014): Gesundheitsökonom verteidigt Therapiekosten: „100.000 Euro sind nicht zu viel Geld". In: Pharma Fakten vom 01.09.2014, S. 1-2; https://www.pharma–fakten.de/news/details/26-100000-euro-sind-nicht-zu-viel-geld/.

KBV – Kassenärztliche Bundesvereinigung (2017): Gericht: Erstattungsbetrag für Arzneien darf kein Mischpreis sein – Folgen für die Ärzte gravierend. Pressegespräch mit Stephan Hofmeister am 26.04.2017 und Stellungnahme der KBV vom 21.04.2017, Berlin.

Kleinfeld, A.; Luley, C. (2014): Durchsetzung innovativer Wirkstoffe nach der frühen Nutzenbewertung. In: Monitor Versorgungsforschung, 2, S. 48-51.

König, M.; Penske, M. (2017): Wie lassen sich wirtschaftliche Erstattungsbeträge verhandeln? Eine Frage der Mischung. In: market access & health policy, 7(2017,03), S. I-IV.

Korzilius, H.; Osterloh, F. (2016): Arzneimittelpreise: Innovationen werden immer teurer. In: Deutsches Ärzteblatt, 113(2016,3), S. B53-B56.

LSG BB – Landessozialgericht Berlin-Brandenburg (2017): Beschluss im Rechtsstreit zwischen GKV-Spitzenverband gegen Schiedsstelle nach § 130b Abs. 5 SGB V vom 22.Februar 2017, Az.: L 9 KR 437/16 KL ER, sowie das Urteil in der Hauptsache vom 28. Juni 2017, Az.: L 9 KR 213/16 KL.

LSG BB – Landessozialgericht Berlin-Brandenburg – Pressesprecher (2017): Erstattungsbeträge: GKV-Spitzenverband obsiegt im Streit mit der Schiedsstelle nach § 130b Abs. 5 SGB V („Mischpreisbildung"), Pressemitteilung vom 29. Juni 2017, Potsdam.

Lu, Y.; Penrod, J. R.; Sood, N.; Woodby, S.; Philipson, T. (2012): Dynamic Cost-Effectiveness of Oncology Drugs. In: The American Journal of Managed Care, 12(2012,11), S. S249-S256.

Ludwig, W.-D. (2016): Milliarden für nutzlose Arzneimittel. In: FAS – Frankfurter Allgemeine Sonntagszeitung (23), 12. Juni 2016, S. 27.

Ludwig, W.-D.; Schildmann, J. (2015): Kostenexplosion in der medikamentösen Therapie onkologischer Erkrankungen. Ursachen, Lösungsansätze und medizinethische Herausforderungen. In: Onkologe, 21(2015/8), S. 708-716.

Ludwig, W.-D.; Schildmann, J. (2016): Kostenexplosion in der medikamentösen Therapie. In: Ersatzkasse Magazin 96(1/2), S. 20-22.

Mahlich, J.; Sindern, J.; Suppliet, M. (2014): Vergleichbarkeit internationaler Arzneimittelpreise: Internationale Preisdifferenzierung in Deutschland durch das AMNOG. In: Haucap, J. (Hg.), DICE Ordnungspolitische Perspektiven, 60, Düsseldorf.

OPG – Operation Gesundheitswesen (2013): Arzneiverordnungs-Report: Mrd. Einsparungen. In: Gesundheitspolitische Nachrichten und Analysen der Presseagentur Gesundheit, 11(2013,24), S. 2-11.

OPG – Operation Gesundheitswesen (2017): Mischpreisbildung rechtswidrig. LSG-Entscheidung sorgt für Alarmstimmung – NOE-Konzept im Aufwind? In: Gesundheitspolitische Nachrichten und Analysen der Presseagentur Gesundheit, 15(2017,06), S. 2-4.

Pfannkuche, M. S.; Hoffmann, F.; Meyer, F.; Glaeske, G. (2007): Vergleichende Bewertung von Methoden zur Ermittlung von Effizienzreserven in der Arzneimittelversorgung. In: Gesundheitswesen, 69(2007), S. 1-9.

Pistollato, M. (2015): Incorporating life-cycle price modelling into pharmaceutical cost-effectiveness evaluations. In: Office of Health Economics, London, Research Paper 15/02, August 2015.

QuintilesIMS (2017): Flashlight. IMS Health (Hg.), 59(2017,3), Frankfurt am Main.

QuintilesIMS; Wald-Eßer, D. (2017): Brutto-Netto Charts zu den GKV-Arzneimittelausgaben. Mastercharts Teil 2. IMS Health (Hg.), März 2017, Frankfurt am Main.

Rahaus, D. (2015): Die teuerste Pille der Welt. In: stern – Das Reporter Magazin – vom 15.10.2015, S. 48-54.

Literaturverzeichnis

Rasch, A.; Dintsios, M. (2015): Subgruppen in der Frühen Nutzenbewertung von Arzneimitteln: eine methodische Bestandsaufnahme. In: ZEFQ – Zeitschrift für Evidenz, Fortbildung und Qualität im Gesundheitswesen, 109(2015,1), S. 69-78.

Reformkommission G-BA (2016): Vorschläge zur Reform des Gemeinsamen Bundesausschusses: Gemeinwohlorientierung und Innovationsoffenheit stärken. Reformkommission G-BA der Stiftung Münch (Autoren: Hartman, S.; Haucap, J.; Wollenschläger, F.) vom 20. September 2016, München.

Roy, V.; King, L. (2016): Betting on hepatitis C: how financial speculation in drug development influences access to medicines. In: BJM – British Medical Journal, 354(2016), S. 1-5.

Scannell, J. (2015): Four Reasons Drugs Are Expensive, Of Which Two Are False. In: Forbes Magazine vom 13.10.2015; http://www.forbes.com/sites/matthewherper/ 2015/10/13/four-reasons-drugs-are-expensive-of-which-two-are-false/print/.

Schlander, M.; Jäcker, A.; Völkl, M. (2012): Preisbildung in einem besonderen Markt. In: Deutsches Ärzteblatt, 109(11), S. A524-A528.

Schlander, M.; Jäcker, A.; Völkl, M. (2013): Arzneimittelpreisregulierung nach dem Prinzip der Sozialen Marktwirtschaft. In: Pharmind – Die Pharmazeutische Industrie 3/2013, S. 384-389 und 4/2013, S. 589-594.

Schlette, S.; Hess, R. (2013): Early benefit assessment for pharmaceuticals in Germany: lessons for policymakers. In: The Commonwealth Fund (Hg.), Issues in International Health Policy, October 2013; http://www.commonwealthfund.org/Publications/Issue-Briefs/2013/Oct/Early-Benefit-Assessment-for-Pharmaceuticals-in-Germany.aspx.

Schöffski, O. (2002): Diffusion of Medicines in Europe. Health Economic Research Zentrum – HERZ, Burgdorf.

Schwabe, U. (2016): Steigende Arzneimittelausgaben trotz AMNOG, Statement auf der Pressekonferenz zum Arzneiverordnungs-Report 2016 des WIdO – Wissenschaftliches Institut der AOK am 26. 09.2016 in Berlin, S. 1-3.

Schweim, J. K.; Schweim, H. G. (2013): Lieferengpässe – Eine Folge von Sparpolitik und Preiswettbewerb bei Arzneimitteln? In: Deutsche Apotheker Zeitung, 9, S. 56-60.

Souladaki, M. (2015): Welchen Einfluss hat ein erfolgreicher Abschluss der frühen Nutzenbewertung von Arzneimitteln auf das Verordnungsverhalten von Ärzten am Beispiel des NOAK-Marktes. Master-Thesis Healthmanagement vom 30.03.2015, APOLLON Hochschule der Gesundheitswirtschaft, Bremen.

Stackelberg, J.-M. von; Haas, A.; Tebinka-Olbrich, A.; Zentner, A. (2016): Ergebnisse des AMNOG-Erstattungsbetragsverfahrens. In: Schwabe, U.; Paffrath, D. (Hg.), Arzneiverordnungs-Report 2016. Aktuelle Daten, Kosten, Trends und Kommentare, Berlin, Heidelberg, S. 159-179.

Statistisches Bundesamt (2017): Fachserie 12 Reihe 7.1.1, Gesundheit: Ausgaben, Wiesbaden.

Storm, A.; Greiner, W. (2017): Kritik an „Mondpreisen bei Arzneimitteln". Interview von Mutschler, J. In: market access & health policy, 7(2017,03), S. 5-8.

Thoren, C. ten; Mostardt, S.; Schwalm, A.; Zhou, M.; Gerber-Grote, A. (2017): Auf der Suche nach der unbekannten Zahl: Bestimmung der Patientenpopulation für die frühe Nutzenbewertung am Beispiel Diabetes mellitus Typ 2. In: Gesundheitsökonomie & Qualitätsmanagement, 22(2017,1), S. 35-42.

Ulrich, V.; Cassel, D. (2016): Arzneimittelforschung und ihre Finanzierung: Sparen wir am falschen Ende? In: G+S – Gesundheits- und Sozialpolitik, 70(2016,2), S. 28-35.

vfa – Verband Forschender Arzneimittelhersteller (2016,1): Ausschluss von Arzneimitteln aus der Erstattung? – warum das „NOË-Modell" des GKV-Spitzenverbandes ein politischer Irrweg ist. Stellungnahme vom Januar 2016, Berlin, S. 1-3.

vfa – Verband Forschender Arzneimittelhersteller (2016,2): Seit AMNOG: Erstattungsniveau unter europäischem Durchschnitt, ppt-Folie vom 22. Dezember 2016.

vfa – Verband Forschender Arzneimittelhersteller; Rasch, A. (2017,1): Übersichtsreport Frühe Nutzenbewertung, ppt-Folien vom 03. Mai 2017, Berlin.

vfa – Verband Forschender Arzneimittelhersteller; Rasch, A. (2017,2): Lieferengpässe bei Medikamenten, Berlin, https://www.vfa.de/de/patienten/arzneimittelsicherheit/lieferengpaesse.

Walzer, S.; Dröschel, D. (2014): Mischpreise im AMNOG. In: Market Access & Health Policy, 3, S. 23-25.

Wasem, J. (2017): „Der Mischpreis ist nicht tot, aber behandlungsbedürftig". Gastkommentar zum LSG-Urteil. In: OPG – Operation Gesundheitswesen, 15(2017,19), S. 6-8.

Weegen, L.; May, U.; Bauer, C.; Walendzik, A.; Wasem, J. (2016): Umsetzung des AMNOG in die Versorgungspraxis, IBES – Institut für Betriebswirtschaft und Volkswirtschaft. Diskussionsbeitrag 217, Januar 2016, Essen.

WIdO – Wissenschaftliches Institut der AOK; Schwabe, U. (2016): Ungebremste Umsatzdynamik bei patentgeschützten Arzneimitteln. Einladung und Pressemitteilungen zur Pressekonferenz „Arzneiverordnungs-Report 2016" am 26. September 2016 in Berlin; www.aok-presse.de.

Wild, F. (2016): Arzneimittelversorgung der Privatversicherten 2014. Zahlen, Analysen, PKV-GKV-Vergleich. In: Wissenschaftliches Institut der PKV (Hg.), Mai 2016, Köln.

Wörmann, B. (2017): Bemerkungen zur Arzneimittelversorgung 2017. Beispiel Onkologie. Präsentation auf dem öffentlichen Teil der Hauptversammlung 2017 des BPI – Bundesverband der Pharmazeutischen Industrie e. V vom 20. Juni 2017 in Hamburg.

Wörmann, B.; Lüftner, D. (2017): Gesundheitspolitische Schriftenreihe der DGHO. Band 9, Arzneimittelengpässe in der Hämatologie und Onkologie, Berlin.

Autorendaten

Prof. Dr. Dieter Cassel

Emeritus für Wirtschaftspolitik, Gesundheitsökonom und Beauftragter für Internationale Beziehungen an der Mercator School of Management der Universität Duisburg-Essen, Campus Duisburg.

Jahrgang 1939. Nach dem Studium der Volkswirtschaftslehre in Marburg und München war er von 1971-77 Ordinarius für Wirtschaftspolitik an der Universität Wuppertal und bis 2007 in Duisburg. Von 2001-05 war er Vorsitzender des Ausschusses für Gesundheitsökonomie der Gesellschaft für Wirtschafts- und Sozialwissenschaften – Verein für Socialpolitik – und von 2013-15 Vorsitzender des Beirats beim Wissenschaftlichen Institut der AOK (WIdO), Berlin. Seit 2006 ist er Vorsitzender des Kuratoriums der APOLLON Hochschule der Gesundheitswirtschaft, Bremen, sowie Mitglied des Gemeinsamen Beirats der Barmenia Versicherungen, Wuppertal. In seinen gesundheitsökonomischen Veröffentlichungen und Gutachten befasst er sich u. a. mit Fragen des Kassen- und Vertragswettbewerbs, der Gestaltung des Risikostrukturausgleichs, der Steuerung der Arzneimittelversorgung und der nachhaltigen Finanzierung der GKV.

Prof. Dr. Volker Ulrich

Ordinarius für Volkswirtschaftslehre, insb. Finanzwissenschaft an der Universität Bayreuth, Rechts- und Wirtschaftswissenschaftliche Fakultät. Jahrgang 1958. Nach dem Studium der Volkswirtschaftslehre in Mannheim war er 1996 Lehrstuhlvertreter an der Universität der Bundeswehr in München, 1997-2002 Ordinarius für Volkswirtschaftslehre an der Universität Greifswald und ist seit 2002 in Bayreuth. Er ist Mitglied des Ausschusses für Gesundheitsökonomie der Gesellschaft für Wirtschafts- und Sozialwissenschaften – Verein für Socialpolitik –, Mitglied im wissenschaftlichen Beirat des Bundesversicherungsamts zur Weiterentwicklung des Risikostrukturausgleichs und Mitglied des wissenschaftlichen Beirats des Bundesverbands Managed Care (BMC). Im akademischen Turnus 2010/11 war er Vorsitzender der Deutschen Gesellschaft für Gesundheitsökonomie (DGGÖ). Seit 2015 ist er Präsident der Gesellschaft für Recht und Politik im Gesundheitswesen (GRPG). In seinen gesundheitsökonomischen Veröffentlichungen und Gutachten befasst er sich u. a. mit Fragen der Finanzierung von Gesundheitssystemen, der Reform des Risikostrukturausgleichs und des Arzneimittelmarktes sowie der nachhaltigen Finanzierung der Systeme der sozialen Sicherung.